西南大学经济管理学院学科建设经费专项资助计划

普惠金融体系构建与农村反贫困战略协同研究

王小华 等 著

科 学 出 版 社

北 京

内 容 简 介

在当前中央高度重视“三农”发展，致力于解决制约中国经济发展的深层次矛盾和问题、推进城乡融合发展的现实背景下，深入剖析普惠金融体系构建与农村扶贫反哺的战略协同，科学论证其有效运行的要素配置、组织保障、制度激励和政策调控。本书旨在为各级政府部门制定巩固脱贫攻坚成果和确保农民收入增长稳定性、长效性、超越性的政策提供决策依据，并为实现工业反哺农业、城市支持农村、工农与城乡良性互动和全面建成小康社会提供必要的理论借鉴，进一步为深化中国经济社会体制改革、实施乡村振兴战略和实现全面建成小康社会目标后向全面建成社会主义现代化强国迈进提供理论与实证支持。

本书可作为高等院校、科研院所、政府部门等相关专业师生、研究人员、政策制定者的参考资料，也适合对“三农”问题感兴趣的广大读者阅读。

图书在版编目（CIP）数据

普惠金融体系构建与农村反贫困战略协同研究 / 王小华等著. —北京：科学出版社，2020.9

ISBN 978-7-03-066267-5

Ⅰ. ①普…　Ⅱ. ①王…　Ⅲ. ①农村金融–金融体系–研究–中国　②农村问题–贫困问题–研究–中国　Ⅳ. ①F832.35　②F323.8

中国版本图书馆 CIP 数据核字（2020）第 184626 号

责任编辑：杭　玫 / 责任校对：严　娜
责任印制：张　伟 / 封面设计：无极书装

科学出版社出版
北京东黄城根北街 16 号
邮政编码：100717
http://www.sciencep.com

北京虎彩文化传播有限公司印刷

科学出版社发行　各地新华书店经销

*

2020 年 9 月第　一　版　开本：720×1000　B5
2020 年 9 月第一次印刷　印张：12 3/4
字数：257 000

定价：116.00 元

（如有印装质量问题，我社负责调换）

前　言

金融扶贫最直接的方式就是向贫困型农户提供优惠性质的农贷资金，但是这种外部的“输血性支援”只可能在短期内推动农民收入的提高或者满足农民的生活消费需求，所获得的长期成效往往不够理想，再加上一旦这种外部的“输血性支援”停止，或者农户遭遇一些偶然的不利因素（如子女入学和重疾侵袭），农民极有可能会再次致贫或者返贫，脱贫质量提升道路还很漫长。所以农村反贫困和确保农民收入实现长期、稳定和快速增长，缩小农村内部收入差距和城乡居民之间的收入差距，真正重要的是，一方面需要通过普惠金融体系的构建为农户提供外部“输血性支援”，既要引导农村产业升级、产业融合、乡村振兴推动扶贫，同时也要增强具有一定生产能力的贫困型农户自身的“独立造血性发展功能”，从而使其逐渐摆脱对外部的救济性依赖，最终在农业现代化的基础上带动农民走上独立发展和脱贫致富的良性轨道；另一方面应更加关注农民自身和社会对农民的健康与教育（即健康人力资本和教育人力资本）投入，构建提高贫困型农户教育和健康人力资本的长效机制。因为坚持提升贫困型农户教育和健康人力资本积累水平的基本战略取向，对于农村居民减贫以致农民的长期脱贫和农民的持续、稳定增收具有较强的政策意义，后者也将成为2020年以后中国城乡统筹扶贫的重要研究问题和研究方向。

《普惠金融体系构建与农村反贫困战略协同研究》是国家社会科学基金青年项目（16CJY075）资助研究成果的汇总，同时得到中央高校基本科研业务费专项资金创新团队项目（SWU2009105）和西南大学智能金融与数字经济研究院 2020年度科研基金项目（20YJ0103）资助。本书是在当前中央高度重视“三农”发展，致力于解决制约中国经济发展的深层次矛盾和问题、推进城乡融合发展的现实背景下，深入剖析普惠金融体系构建与农村扶贫反哺的战略协同，科学论证其有效运行的要素配置、组织保障、制度激励和政策调控。旨在为各级政府部门制定巩固脱贫攻坚成果和确保农民收入增长稳定性、长效性、超越性的政策提供决策依据，并为实现农村贫困降低、工业反哺农业、城市支持农村、工农与城乡良性互动和全面建成小康社会提供必要的理论借鉴，进一步为深化中国经济社会体制改革、加快形成城乡经济社会一体化格局、大力推进经济发展方式转变与和谐社会建设提供理论与实证支持。本书的主要结论及核心观点如下：

（1）普惠金融体系构建是现阶段金融供给侧结构性改革的核心目标，更是进一步巩固脱贫攻坚成果和实现由脱贫攻坚向乡村振兴战略转型的关键环节。当前的农村金融仍然是我国金融体系中最薄弱的环节，主要表现在以下方面：农村金融市场供求不平衡，农村金融服务覆盖面、供给规模、服务质量不足，农村金融适度竞争局面还没有形成。伴随着互联网信息技术的普及和渗透，农村社会生产组织形式出现多样化、智能化、专业化、小型化的趋势，农村地区的金融需求也出现了综合化发展趋势，应重点从制度变革和技术创新方面建设更加开放、便利、包容的普惠金融体系，更好地服务于农村小微企业、新型农业经营主体及低收入群体。因此，农村经济发展需要全面推进和深化农村金融供给侧改革，农村普惠金融体系建设是现阶段农村金融供给侧结构性改革的核心目标，更是进一步巩固脱贫攻坚成果和实现由脱贫攻坚向乡村振兴战略转型的关键环节。

（2）当前中国农村仍然存在严重的金融约束，但是这并不意味着金融减贫效率低下，只是金融减贫效应的发挥离不开良好的制度运行和体系运转的基础环境及外部条件。现代商业性金融要引入更为广大的农村地区，以满足农业生产和小农家庭的需要，只可能是农村信用文化、农业经营规模和农民收入水平均提高到一定程度的时候。当然，现代商业性金融和农村金融机构选择加大对贫困地区或者贫困型农户金融服务的支持，尤其是提供优惠性质的农户贷款，并不是说其金融创新或部分农户信贷完全就是无效率的，只是中国当前“三农”问题的复杂性决定了任何单一的金融工具或者金融创新都无法彻底解决农村贫困和真正构建精准扶贫长效机制问题，即便是设计良好的农贷制度和农贷体系，也离不开构建制度运行和体系运转的基础环境和外部条件。

（3）金融是经济的核心，一国的普惠金融发展和金融资本内生形成严重滞后，必然会导致该国金融结构的失衡，进而导致其经济社会的发展不平衡、不充分现象长期存在。马克思金融资本内生形成理论认为，金融资本内生形成是资本体系分工不断细化的必然产物，是市场经济发展的客观基础和内在的结果，是一国金融结构不断优化的前提条件。所以，一国金融资本内生形成滞后必然导致普惠金融发展严重滞后。中国普惠金融发展和金融资本内生形成滞后及金融结构不合理的症结及其根源在于中国政府长期以来同时推行的外生金融深化与内生金融抑制政策，前者激励了国有金融资本的过度扩张和垄断，后者在长时期收入约束的情况下又进一步阻止了金融资本的内生形成。通过循序渐进的方法逐步放开和发展民营金融，既是对国有金融发展的一种有益和必要的补充，更有利于践行普惠金融发展理念，同时也为金融服务实体经济创造了条件，提供了更多可能。

（4）普惠金融体系构建是农村减贫的关键环节，由于贫困型农户普遍面临着严重的信用约束，降低收入不平等已不能仅仅依靠市场机制的作用，同时需要政府的适当介入。贫困型农户普遍面临着信用约束，这其中就必然需要政府适当介入进行信贷调节，如对优惠性质的贷款进行有效监管。因为在优惠性质贷款的发放过程中，特别是在扶贫贷款的发放过程中，作为委托人的国家与作为代理人的金融机构具有不同的目标函数，不可避免地会出现委托—代理现象，因此只有加大富裕型农户获取扶贫贷款的寻租成本，才能更好地实现反贫困目标。特别应注意的是，由于不同农民之间生产率存在较大差异，他们面临的信用约束也各不相同。为了让金融发展更公平地惠及更广泛的人群，仅有市场机制的作用将难以实现。政府可以在尊重市场经济规律条件下，恰如其分地参与，对不同收入水平农户进行适当的信贷调节，进而有助于实现帕累托最优，这仍然是当前避免农户信贷资源因为市场化配置而出现严重失衡进而带来的农民内部收入差距扩大的有效手段。

（5）普惠金融体系构建与农村反贫困战略协同，重点是设计出更具针对性且适合贫困型农户家庭需求的金融服务项目，开发金融精准脱贫模式和构建精准扶贫长效机制。对当前中国的贫困型农户来说，他们的经济行为并没有明显背离经济理性，只是由于他们面临着较为特殊的外部条件：低水平的收入导致低水平的资本积累能力与投资的不可分割性，这最终导致了低水平收入的均衡状态。贫困型农户被排除在金融服务体系之外的现象并不能直接说明金融扶贫的无效率，关键在于金融机构能否设计出适合贫困型农户家庭需求的金融服务项目，开发金融精准脱贫模式和金融精准扶贫长效机制，通过这种必要的外部“输血性支援”来增强具有一定生产能力的农民自身的“独立造血性发展功能”，从而使贫困型农户最终走上独立发展和脱贫致富的良性轨道。在中国开发金融精准脱贫模式和构建精准扶贫长效机制的过程中，普惠金融体系构建具有举足轻重的作用，这一过程中，明白城市金融和农村金融可以做什么、应该做什么，以及在什么条件下和什么时候以什么样的方式去做，明白金融机构如何创新，金融服务如何实现真正意义上的普惠性，普惠金融体系构建与贫困型农户增收如何实现良性互动，缓和优惠性质的农户贷款由于“精英俘获”而发生“使命漂移”现象，才是破解中国农村贫困和金融机构可持续发展难题的关键所在。

（6）普惠金融体系构建与农村反贫困战略协同目标的实现，离不开监管当局对优惠性质贷款的监管，尤其应加大富裕型农户获取优惠贷款的寻租成本。在近年来涉农贷款年年高速增长、农民收入增速逐年下滑的背景下，厘清到底是谁或者是哪些群体成功获得农贷资金，既有助于解决农贷资金错位配置和政策实施的目标偏离问题，同时又有助于精准推进普惠金融体系建设。监管部门对优惠性质的农户贷款提供强有力的监管，首先应加大富裕型农户获得优惠贷款的寻租成本，如此，就会增加低收入农户获得贷款的机会，从而整体上有助于低收入农民的收入水平提高，因而有利于普惠金融发展和农村反贫困战略目标的实现；反之，优惠性质贷款则会被“精英俘获”，导致此类贷款发生“使命漂移”现象，从而不利于普惠金融体系构建与农村反贫困战略目标实现。研究发现，优惠性质的农户贷款在其发放过程中存在明显的“精英俘获”现象，当前中国的农村普惠金融发展仍然严重滞后，普惠金融体系构建与农村反贫困战略协同需要明确金融作用边界和贫困型农户的金融服务新需求。

最后需要特别指出的是，本书是集体智慧的结晶。在写作过程中充分吸取了中国人民大学农业与农村发展学院院长唐忠教授、福建农林大学经济学院院长刘伟平教授、《农业经济问题》杂志社主编李玉勤研究员、中国农业大学管理学院郭沛教授、华南农业大学经济管理学院万俊毅教授、南京农业大学经济管理学院钟甫宁教授等提出的建议，同时根据冉光和、温涛、王定祥、尹虹潘、邓伟平等专家的建议，进一步提炼主要研究内容，并最终确立了整个研究框架和研究内容。王小华负责了本书的总体设计、规划和实施，并全程参与了具体各部分的研究工作。具体参与者主要包括王小华、温涛、何茜、张梓榆、张林、刘达、邓伟平、王汉杰、刘洋、董文杰、韩佳丽；另外，周韩梅、韩林松在最终校稿过程中付出了大量努力。本书能够顺利出版，离不开科学出版社的策划编辑杭玫为本书提供的帮助。在此对上述专家和研究成员表示衷心感谢！同时，在研究过程中课题组还得到了各级政府实务部门和研究机构的大力支持，特别是全国哲学社会科学规划办公室、农业农村部、财政部、中国人民银行、重庆市人民政府、西南大学社会科学处的大力支持，在此深表谢意！学术同行的大量参考文献为本书提供了重要的帮助。

贫困问题是世纪性难题，中国农村反贫困问题有许许多多值得研究之处和大大小小的研究方向，本书只是从其中一个很小的视角研究了普惠金融体系构建与农村反贫困中的某一局部，必然会存在很多不足和需要进一步完善的地方。书中存在的不足之处由本书作者承担，也恳请学术同行批评指正！

目　录

第 1 章　绪论 ······ 1

1.1　中国农村反贫困的成效与现状回顾 ······ 1
1.2　中国农村反贫困的金融缺失与作用 ······ 2
1.3　中国农村反贫困为何需要普惠金融？ ······ 3

第 2 章　普惠金融体系构建与农村反贫困理论借鉴 ······ 6

2.1　普惠金融理论 ······ 6
2.2　金融排斥理论 ······ 7
2.3　金融发展理论 ······ 9
2.4　金融组织理论 ······ 11
2.5　贫困与反贫困理论 ······ 12
2.6　农户经济行为理论 ······ 14

第 3 章　普惠金融体系构建与农村反贫困战略协同机理分析 ······ 23

3.1　普惠金融体系构建与农村反贫困战略协同的概念辨析 ······ 23
3.2　普惠金融体系构建的关键要素与环境分析 ······ 28
3.3　普惠金融体系构建与农村反贫困理论机制分析 ······ 35
3.4　普惠金融体系构建与农村反贫困战略协同的内涵辨析与理论机制 ······ 40

第 4 章　中国普惠金融发展水平测度及空间分布特征研究 ······ 45

4.1　中国普惠金融发展水平测度的指标体系借鉴与选取 ······ 46
4.2　中国普惠金融发展指数的构建与样本选择 ······ 49
4.3　中国普惠金融发展水平的时期差异与空间分布特征 ······ 52
4.4　中国普惠金融发展水平的区域差异分析 ······ 58

第 5 章 中国普惠金融发展与金融资本内生形成约束研究……62

5.1 金融资本内生形成的重要意义……62
5.2 金融资本内生形成理论及其动态均衡机制……64
5.3 中国普惠金融发展滞后和金融结构不合理的症结分析……69
5.4 金融资本内生形成约束破解路径……76

第 6 章 普惠金融体系构建中的小额信贷风险控制理论与实践……78

6.1 小额信贷风险控制的思路与必要性……78
6.2 基于微型金融和自组织理论的小额信贷信用风险控制分析……80
6.3 依托自组织开展小额信贷信用风险控制的实践经验……85
6.4 小额信贷风险控制理论与实践总结……87

第 7 章 中国县域农贷促进农民增收效应的区域差异研究……88

7.1 县域农贷促进农民增收区域差异初探……88
7.2 国内外农贷作用与农贷制度分析……89
7.3 县域农贷促进农民增收的实证研究设计……91
7.4 县域农贷与农民公平增收的差异比较……93

第 8 章 基于农户分化视角的中国农贷市场供求关系再解读……101

8.1 农贷市场供求关系演变事实……101
8.2 农贷市场供求关系的理论分析……104
8.3 数据来源、变量选取与描述性统计……106
8.4 实证模型、估计结果及分析……109

第 9 章 东南亚国家农村扶贫信贷制度的比较与启示……116

9.1 东南亚国家农村扶贫信贷发展概况……116
9.2 东南亚国家农村扶贫信贷发展的比较分析……121
9.3 东南亚国家农村扶贫信贷发展的基本经验……122
9.4 东南亚国家农村扶贫信贷发展对我国的启示……124

第 10 章 “一带一路”沿线国家的金融扶贫模式与经验共享……126

10.1 “一带一路”沿线国家金融扶贫模式与经验总结的意义……126
10.2 “一带一路”沿线国家金融扶贫的实践模式……129
10.3 “一带一路”沿线国家金融扶贫的行动逻辑……138

10.4 中国金融扶贫现实困境及实践模式调整 …… 140

第 11 章 普惠金融体系构建与农村反贫困战略协同能力培育 …… 148

11.1 国内外普惠金融发展的减贫效应研究现状 …… 148
11.2 普惠金融体系构建与农村反贫困战略协同现状与问题 …… 155
11.3 普惠金融体系构建与农村反贫困战略协同能力培育：促进机会 …… 162
11.4 普惠金融体系构建与农村反贫困战略协同能力培育：赋予权力 …… 166
11.5 普惠金融体系构建与农村反贫困战略协同能力培育：提升安全 …… 170

参考文献 …… 174

第1章　绪　论

1.1　中国农村反贫困的成效与现状回顾

立国之道，唯在富民；富民之路，唯有缩小居民收入差距；缩差共富，唯有千方百计保障低收入群体的收入实现持续性、超越性增长。经过 70 年的长期艰辛探索和持续发展，中国逐步走出了一条符合中国国情、具有中国特色的农村发展道路。这条道路就是从中国国情出发，走具有中国特色的多元化、合作共享型农村发展道路（魏后凯，2020）。特别是改革开放以来，在长达 40 多年的改革实践探索中，中国坚持以家庭承包经营为基础，以保障农民权益和主体地位为核心，采取从单领域到全方位、从点到面、从试点到推广的渐进式市场化改革模式（魏后凯和刘长全，2019）。正是这种渐进式市场化改革，极大地激发了农民的生产经营积极性和农业农村发展活力，减少了改革阻力，降低了改革成本。

中国的农村减贫工作经历了从救济式扶贫到开发式扶贫再到精准扶贫的转变。经过中华人民共和国成立 70 年以来尤其是改革开放 40 多年来的持续探索，中国农村减贫事业取得了世界公认的巨大成效。按照 2010 年农村贫困标准，中国农村贫困人口由 1978 年的 77 039 万人减少到 2019 年的 551 万人，共减少 76 488 万人，平均每年减少约 1 866 万人；同期全国农村贫困发生率由 97.5%下降到 0.6%。同时，我们还应该看到，2019 年全国农村居民人均可支配收入已经达到 15 610 元，比上年实际增长 6.8%；贫困地区农村居民人均可支配收入为 11 567 元，收入较上年名义增长 11.5%，扣除价格因素影响，实际增长 8.0%，实际增速比全国农村快 1.8 个百分点，但收入仍然不足全国农村居民可支配收入的 75%；从不同分组看，集中连片特困地区农村居民人均可支配收入为 11 443 元，增长 11.5%；国家扶贫开发工作重点县农村居民人均可支配收入为 11 524 元，增长 12.1%[①]。

① 方晓丹：2019 年全国农村贫困人口减少 1 109 万人. http://www.stats.gov.cn/tjsj/sjjd/202001/t20200123_1724700.html[2020-01-23].

一方面说明我国现行标准下农村贫困人口会在2020年底如期全部脱贫，贫困县也将全部摘帽，区域性整体贫困问题基本得到解决（张琦，2016）；另一方面说明贫困地区农村居民可支配收入与全国还有一定差距，2020年后我国贫困问题事实上并没有完全解决，中国农村扶贫攻坚、脱贫质量提升、巩固脱贫成果和确保农民收入持续较快增长仍然是将来很长一段时间的最艰巨、最繁重的任务。2018年6月，习近平在山东考察时指出："要大力促进农民增加收入，不要平均数掩盖了大多数，要看大多数农民收入水平是否得到提高。"①所以，中国接下来的减贫标准和减贫战略重点思路和政策将会进行调整，与此同时，中国扶贫减贫的治理体系也将出现新的转变，金融扶贫重点领域也将发生相对调整。

1.2 中国农村反贫困的金融缺失与作用

改革开放以来，中国农村反贫困实践取得了举世瞩目的成就。但是长期以来受比较收益的驱动，优质资源要素由农村加速流向城市，非农资源要素配置到农村十分困难。有研究表明，以2012年价格计算，1978~2012年，通过财政、金融机构及工农产品价格剪刀差的方式，中国农村向城市地区大约净流出资金26.66万亿元（周振等，2015）。虽然21世纪以来"三农"问题逐渐得到高度重视，资源要素的投入也不断加大，但是二元经济结构尚未根本改变，农业、农村和农民的弱势决定了"三农"在市场利润机制的作用下，既难以有效地吸纳外部资源要素的持续投入，又难以有效防范资源要素的持续外流。而农村要素资源外流加剧，又进一步强化了"三农"的弱势，单靠传统农业农村内部的资源要素和积累，难以保障贫困型农户走向脱贫致富的良性轨道和农民收入的持续较快增长。

从政策减贫来看，自1986年开始的全国大规模扶贫开发，到1994年的"八七"扶贫攻坚计划及随后两个十年农村扶贫开发纲要，扶贫针对性不强、扶贫资金指向不准等问题仍然没有得到很好解决。党中央在总结长期以来的农村扶贫问题的基础上，于2013年提出了"精准扶贫"战略，力争通过财政、金融、产业等手段协同发力，调动全社会的力量推进农村精准扶贫，标志着全面打响打赢脱贫攻坚战，中国政府将农村扶贫工作提高到了前所未有的高度，制定实施了一系列规划和政策措施，全力加大资金投入，凝聚全党全社会力量，共同参与扶贫开发，形成了专项扶贫、行业扶贫、社会扶贫互为支撑、共同推进的大扶贫格局，走出了一条具有中国特色的扶贫开发道路（魏后凯，2020）。

① 习近平：不要平均数掩盖了大多数. http://news.sina.com.cn/o/2013-11-28/175528838879.shtml[2013-11-28].

值得注意的是，随着扶贫开发的不断推进，扶贫资金投入力度和脱贫难度都在加大，政策减贫的效果尤其是财政扶贫资金的减贫边际效应也在明显下降（朱玲和何伟，2018）。与此同时，在金融扶贫中，商业性金融具有“保本逐利”的要求和“嫌贫爱富”的本性，要想这类金融加入国家的农村反贫困发展战略，首先至少要能使金融机构资金运行安全且能够维持简单再生产。显然，以追逐利润最大化为目标的传统商业性金融机构不可能主动和大规模地直接承担金融扶贫的重任。而政府主导下的金融扶贫又存在效率不高的现象，同时又在一定程度上引致贫困型农户家庭高度依赖金融扶贫这一“输血性支援”外部救济，而欠缺“独立造血性发展”内生动力的现象，严重制约着金融扶贫效果的可持续性。当然，农村金融具有减贫增收功能，并且得到不少学者的充分肯定（温涛等，2018；吴本健等，2019），但这一功能受到金融门槛效应制约，需要通过政府与市场的有效结合，降低金融服务贫困人口的交易成本（温涛和刘达，2019），需要构建农村普惠金融体系，充分发挥金融扶贫功能的基础性条件。

1.3　中国农村反贫困为何需要普惠金融？

显然，在新的扶贫开发阶段，要实现我国农村贫困人口脱贫致富，关键在于创新既有的农村扶贫开发模式，加快改善贫困地区基础设施条件和投融资环境，引导生产要素向贫困地区集聚，按照经济规律优化贫困地区生产力布局，促进贫困地区资源优势向经济优势转化。而这一扶贫开发进程，既需要大量的专项扶贫财政资金的支持，又需要大量的普惠性农贷资金的支持。尤其是面对剩余贫困户的复杂性、新脱贫户的不稳定性和脱贫户的迷茫性的“后扶贫时代”，更需要构建普惠金融体系，不断创新金融扶贫方式，提升金融扶贫可持续性，增强金融扶贫的“造血”功能，夯实脱贫基础、巩固脱贫成果、确保脱贫奔康“活水”长流不息，打好“后扶贫时代”的脱贫攻坚战，决胜全面建成小康社会。

党的十八届三中全会明确提出了“发展普惠金融。鼓励金融创新，丰富金融市场层次和产品”①。2015年底由国务院印发的《国务院关于印发推进普惠金融发展规划（2016—2020年）的通知》对普惠金融的定义、覆盖群体、发展目标做出了明确界定，而且明确其扩展和深化的重点对象是小微企业、农民、城镇低收入人群、贫困人群、残疾人、老年人等缺乏金融服务或金融服务不足群体，足以体现普惠金融发展对于中国居民收入公平和农村反贫困的重要政策含义和地位。

---

① 新华社. 中共中央关于全面深化改革若干重大问题的决定（2013年11月12日中国共产党第十八届中央委员会第三次全体会议通过）. 求是，2013，（22）：3-12.

从市场角度看，中国的金融科技持续向前发展，传统金融机构也在积极探索数字商业模式，对普惠金融发展的推进起到至关重要的作用。移动互联、互联网金融、大数据、云服务、“互联网+”等技术的发展，打破了在微观层面提供普惠金融服务的路径依赖，降低了交易成本，颠覆了农村金融服务必须依赖传统金融机构的传统理念，拓宽了普惠金融实施的方式和途径。与此同时，智能手机的普及和农村互联网普及率的提高，为互联网金融促进农村普惠金融发展创造了巨大的条件。

构建普惠金融体系，让金融改革和发展的成果更多、更好、更快地惠及所有人群、所有地区，尤其是落后地区、弱势产业及低收入群体，对于促进国民经济可持续发展、维护社会公平正义具有极其重要的现实意义。好金融就是让信用成为财富，给人带来改变命运的机会，也就是说，金融制度能够让信用变成财富，能够给每一个人一个改变自己命运的机会（吴晓灵，2015）。普惠金融发展通常被认为是使增长具有包容性的一个关键因素，因为融资渠道可以使经济主体做出长期的消费和投资决策，并参与生产活动，应付意料之外的短期冲击（Park and Mercado，2018）。根据中国人民银行公布的数据，截至 2017 年末，农村地区银行网点数量 12.61 万个；每万人拥有的银行网点数量为 1.30 个，县均银行网点 55.99 个，乡均银行网点 3.93 个，村均银行网点 0.24 个[①]。除此之外，村镇银行在县域覆盖程度明显不足。不难看出，我国的金融体系仍存在不平衡、不协调、不持续问题，特定群体（如农户、低薪工人等）和农村地区的金融需求供给仍然不足甚至根本无法满足。特别是以普通农户和贫困农户为代表的农村低端市场，除了少数带有扶贫性质的互助社涉足以外，商业性金融机构基本不会主动涉足，农业发展银行扶贫信贷功能严重缺失。了解国家层面的普惠金融、贫困和收入不平等之间的联系，将有助于政策制定者设计和实施扩大金融服务渠道的项目，从而减少贫困发生率和保障收入平等（Park and Mercado，2018）。因此，加快构建适应农村多层次、多元化、广覆盖金融需求的普惠金融组织体系，提升农村金融发展的整体绩效，促进农村金融经济良性互动发展，对于最终实现基于新阶段农村扶贫反哺需要的普惠金融发展目标意义重大。

构建普惠金融体系，有助于金融支持脱贫攻坚落到实处，并实现由脱贫攻坚到乡村振兴的转型，更关系到国民经济发展全局。十九大报告首次提出要实施乡村振兴战略，《中共中央 国务院关于打赢脱贫攻坚战三年行动的指导意见》也强调“着力激发贫困人口内生动力，着力夯实贫困人口稳定脱贫基础……切实提高贫困人口获得感，确保到 2020 年贫困地区和贫困群众同全国一道进入全面小康

---

① 2017 年农村地区支付业务发展总体情况. http://www.pbc.gov.cn/goutongjiaoliu/113456/113469/3530027/index.html[2018-04-28].

社会，为实施乡村振兴战略打好基础”。很明显，实施乡村振兴战略和打赢脱贫攻坚战都离不开资源要素向农村流动和集聚，特别是通过普惠金融体系构建引导金融资源要素助力乡村振兴和农村反贫困。因此，实施普惠金融有助于支持乡村振兴战略落到实处（王国刚，2018）。同时应该清楚，普惠金融体系构建与农村扶贫反哺战略协同绝不是简单地向“三农”提供金融服务和注入资金这一过程，许多研究和相关政策往往直接掉入这一“陷阱”，忽视了更为重要的农村资金配置效率的提高和农民的生产及其经营能力的提升。最终，实际政策运行的结果往往是一边不断有外源资金的投入，另一边却是大量资金通过更多的渠道流失，还有许多资金沉淀在一些低效甚至无效的项目上（温涛和熊德平，2008），更有不少农户对外源资金形成长期的过度依赖，最终结果却是农村经济和农民收入水平鲜有提高，甚至有大量农户在外源资金注入一旦缺失和内源资金积累严重不足的情况下再次走向贫困。事实上，普惠金融体系构建与农村扶贫反哺既涉及农业生产要素的科学配置和农业现代化发展，也涉及非农产业的要素反哺与非农产业的结构优化，更关系到国民经济的均衡增长与社会和谐稳定。仅仅依靠政府及金融机构等外源资金的支持，而不加强农村金融市场、农村金融制度、农业经营风险管理体系和普惠金融体系的建设，不注重提升金融机构的服务意识，不强调有效地拓宽金融服务广度和深度，不抓紧改善农户的生产和经营能力，最终既难以提高农业、农村和农户的资金配置效率，又不能保障金融机构的可持续发展，更难以实现农村经济的快速持续发展、农村的脱贫致富和农民收入的稳定增长。

第 2 章　普惠金融体系构建与农村反贫困理论借鉴

本书研究是在深入考察中国普惠金融体系构建与中国农村反贫困的客观实际，并与前人的理论研究成果相结合的基础上提出来并进行研究的。首先需要对相关理论成果进行梳理、综合、分析及归纳，为确定研究的逻辑起点和建立研究的理论框架提供有效的理论借鉴。

2.1　普惠金融理论

普惠金融这一概念是联合国在“2005 国际小额信贷年”上首先提出的，旨在推动建立有效的全方位为社会各阶层和群体提供金融服务的制度体系。普惠金融又称包容性金融，它强调服务对象的普惠性和包容性，倡导建立包容性金融体系；普惠金融还强调金融服务的公平性，为弱势群体提供平等享受金融服务的权利，一定程度上将传统金融服务理念进行了颠覆。

普惠金融理论主要包含以下三个方面的内涵：

（1）信贷是人的基本权利。

（2）为了使更多的人有机会获得金融服务，就必须从制度、产品、机构等方面进行创新，推进金融体系的创新发展。

（3）许多国家或地区的居民，尤其是发展中国家的贫困人口，往往被正规金融机构排斥在外，普惠金融体系的主要任务是为他们提供获得金融服务的机会。

综上，构建完善的普惠金融体系，一方面，要在监管政策和法律层面为普惠金融提供良好的发展空间；另一方面，不仅要批准设立合理的小额信贷机构，还要鼓励传统金融机构适度开展小额信贷业务。

普惠金融体系主张提供金融服务的各类机构和组织要融入体系，使社会中所有的经济主体都得到相应的金融服务。普惠金融体系将贫困群体和弱势群体包括在内，使过去被金融服务所排斥的大群体受益，其体系框架是微观、中观、宏观这三个层面的有机结合。具体而言，普惠金融体系包括如下几个方面。

（1）客户层面。贫困和低收入群体是这一层面的中心和关键，金融体系各个层面的行动决定于这一群体对金融产品的需求情况。这部分群体有还款能力，他们甚至愿意支付较高的贷款利息，且数量庞大。对金融机构来说，这一层面的关键是加强金融创新和提高保障。

（2）微观层面。零售金融服务提供者作为微观层面的核心，其中包括正规金融机构、非正规金融机构及位于中间的各类金融机构，直接为贫困和低收入群体提供金融产品和服务。

（3）中观层面。这一层面既包括基础性金融设施，又包括能降低金融服务提供者交易成本、提高服务技能、拓展服务的广度和深度、促进透明度的各项要求和规则。

（4）宏观层面。金融监管当局、财政部和其他相关政府机构作为这一层面的主要参与者，不论是在政策引导方面，还是在为贫困和低收入群体提供可持续性金融服务方面，均起着重要作用。

2.2　金融排斥理论

金融排斥（financial exclusion）理论产生于 20 世纪 90 年代。金融排斥这一议题最初属于西方金融地理学的研究范畴，随后逐渐被拓展到经济学、管理学、社会学等研究领域。关于金融排斥理论，研究最多的便是金融排斥的内涵和分类。

2.2.1　金融排斥的内涵

金融排斥具有多维度的特征，目前对于金融排斥的内涵仍未形成一致的界定。Leyshon 和 Thrift 最早提出金融排斥这一概念，并基于金融地理学的视角对金融服务网点与居民之间的距离对居民获得金融服务便利度的影响进行了分析（Leyshon and Thrift，1993，1994，1995）。金融排斥的根源有三种：首先，在过去的十几年时间里，贫困社区的金融零售网点大幅度减少，这是由于住房政策导致贫困人口集中在大城市和城市郊区的住宅区区域；其次，在同一时期内，大量银行和建筑协会分支机构被关闭，其余分支机构集中在城镇和城市中心；最后，居住在较贫困社区的人口的汽车拥有率较低，可以依赖的公共交通工具往往昂贵且不可靠，加剧了交通基础设施的不可获得性。但是，金融排斥并不仅仅是由提供金融服务网点的地理位置变化导致的金融资源获得更加困难的问题，在过去十几年时间里，对金融排斥的讨论范围已经扩大到那些很少或根本不使用金融服务的人群（Ford and Rowlingson，1996；Kempson and Whyley，1998，1999a，1999b）。FSA（The Financial Services Authority，英国金融服务管理局）的研究指出，金融排斥的形式不仅包括金融机构网点的缺失，还包括因经济、社会等因素导致的获取金融服务存在的障碍（FSA，2000）。

2.2.2 金融排斥的分类

金融排斥是一个多层次、多维度的复杂概念，可从不同的角度对金融排斥进行划分。目前对于金融排斥的分类方法主要有以下三种。

（1）“六维度”法。这一方法由 Kempson 和 Whyley（1999a，1999b）提出，他们将金融排斥分为地理、价格、评估、条件、自我和市场营销六个维度。其中，地理排斥是指部分群体由于地理因素的制约而无法就近获得金融服务或金融产品，是最为常见的一种排斥；价格排斥是指部分经济主体由于无法承担金融服务或金融产品过高的价格，而被排斥在主流金融服务外的现象；评估排斥是指部分经济主体由于金融机构在提供服务或产品前，利用风险评估手段对该部分经济主体设置准入门槛而造成的排斥；条件排斥是指金融机构将抵押、资信等方面不合理的条件附加于金融产品上，使不满足附加条件的经济主体被排斥的现象；自我排斥是指由经济主体自身的习惯、心理等因素造成的排斥，这些因素使他们主动将自己排斥在金融服务系统之外；市场营销排斥是指金融机构在设计金融产品或服务的营销方案时，将某些经济主体排斥在营销市场和营销目标之外的现象。

（2）按金融排斥的成因分类。按照成因可以将金融排斥分为功能性金融排斥和结构性金融排斥。其中，功能性金融排斥是指经济主体因自我功能的欠缺而被排斥，这部分经济主体通常是社会上的弱势群体，因为身体、年龄、智力、资源等方面存在着不足或欠缺而被主流金融服务系统所排斥。结构性金融排斥是指由社会等级、分层等方面的不合理而造成的金融排斥，这些方面的社会结构通常是通过制度来制定的，因而结构性金融排斥主要又表现为制度性排斥。

（3）按金融排斥的状态分类。按这一方法可将金融排斥划分为暂时性金融排斥和永久性金融排斥。其中，暂时性金融排斥是指之前接触过金融服务或金融产品的经济主体出现暂时性的失业或破产，暂时失去购买金融产品的能力而造成的排斥。而永久性金融排斥是指之前从未接触过金融服务或产品的经济主体因多种原因而永久被排斥的现象。造成永久性金融排斥的原因是复杂的，可能是经济主体所处的地理位置因素，也可能是经济主体自身基本金融知识的缺乏或身体残疾等方面的因素。一般而言，暂时性金融排斥在一定时间内可随着经济主体状况的改善而自动缓解或破除，而永久性金融排斥则很难得到缓解或破除，可谓一大金融难题，被各国政府和国际社会广泛关注。

2.3　金融发展理论

关于金融发展问题的研究可追溯到 20 世纪之前，但金融发展理论研究的正式开端是 20 世纪 50 年代。这一时期，许多经济学家在发展经济学兴起的背景下开始探索发展中国家经济增长缓慢和金融制度落后的根源。格利和肖（Gurley and Shaw，1955）发表在《美国经济评论》上的文章"经济发展与金融方面"，标志着以研究发展中国家经济与金融关系为特征的金融发展理论的开端。到 20 世纪中后期，较为系统全面的金融发展理论才逐渐形成。金融发展理论是系统而复杂的，本节接下来就金融结构论、金融深化论这两个对金融发展理论有重大贡献的理论来详细介绍。

2.3.1　金融结构论

金融结构论是 Goldsmith（1969）通过对长达百余年的金融发展史及当代几十个国家的金融结构现象作了纵向的历史比较和横向的国际比较研究而提出的，他指出，金融理论的职责就在于找出影响一国金融结构、金融工具存量和金融交易流量的经济因素，并阐明这些因素怎样通过相互作用，从而实现金融发展。同时，为了对金融结构进行定量分析，他提出了衡量一国金融结构的一系列数量指标，主要包括：金融资产与实物资产在总量上的比值（即 FIR[①]）、金融资产与负债总额在各种金融工具中的分布等，其中最为重要并作为衡量金融发展程度的经典指标便是 FIR，它是衡量金融上层结构相对规模的最广义指标，这一指标的提出对于金融发展理论和实证研究均具有划时代意义，直至今日，FIR 仍是从宏观层面衡量一国金融发展水平最常用的指标。Goldsmith（1969）提出，金融结构的变化形成金融发展道路，金融结构的异同是可比的，金融发展道路是有规律可循的，金融发展能加速经济的增长。在一定的生产技术水平条件下，假定消费者的

① FIR：financial interrelation ratio，金融关联比率。

储蓄偏好、投资的风险大小均不变，那么金融机构与金融资产越丰富，金融对经济的渗透力越强，经济发展水平越快。发达的金融结构对经济增长的促进作用是通过提高储蓄、投资总水平与有效配置资金这三条渠道实现的。金融机构和金融工具提供的选择机会越多，人们从事金融活动的欲望越强烈，社会资金积累的速度就越快。在资金总量已定的前提下，金融活动越活跃，资金使用效率就越高，因为竞争会保证资金首先流向投资风险小、回收期短、盈利水平高的产业与地区。金融结构的存在和发展，是经济增长的一个必要条件，金融发展与经济增长的相互关系是非常复杂的，金融发展既可促进经济增长，又可阻碍经济增长。

2.3.2 金融深化论

针对发展中国家的二元金融结构、货币化程度低、金融市场落后、金融体制效率低下、政府对金融严格控制的特点，美国经济学家 Mckinnon 和 Shaw 在前人研究的基础上提出了著名的金融抑制论和金融深化论，虽然从名称上看，二者似乎是两个不同的方向，但是就其实质而言，这两者均属于金融深化理论。Mckinnon（1973）和 Shaw（1973）认为，金融制度和经济发展之间存在相互促进和相互制约的关系，健全的金融制度能将储蓄资金有效地聚集起来并引导到生产性投资上去，从而促进经济发展；反之，不健全的金融制度则无法将储蓄资金有效地集聚并引导至生产性投资中，进而阻碍经济的发展。金融发展就是要消除经济体系中固有的金融抑制，并通过开放金融市场、增加金融机构、改革利率政策等一系列措施实现金融的深化，并最终实现金融自由化。Mckinnon（1973）和 Shaw（1973）通过参与及观察大量发展中国家的金融改革与发展，发现大多数发展中国家的金融制度与经济发展之间都处于一种相互制约的恶性循环状态，主要表现为以下几点：一是由于金融机制不健全，金融机构不发达，金融市场落后，从而难以有效地筹集社会资金；二是由于政府实行过分干预和管制的金融政策，将利率、汇率人为压低所造成的金融体系与真实经济同时滞后的现象，这就是“金融抑制”。无法有效筹集社会资金及金融抑制的存在，加剧了发展中国家金融体系发展的不平衡，极大地限制了金融机构的业务活动，约束了金融市场的形成和发展，最终制约国民经济的发展，经济发展落后使得金融发展更加落后。要促进经济的发展必须解除金融抑制，促进金融深化发展。在 Mckinnon 和 Shaw 的基础上，Kapur（1976）、Galbis（1977）、Fry（1980a，1980b，1982）、Cho（1984）等在吸收当代经济学研究成果的基础上，建立了宏观经济模型，使这一模型能适应经济持续增长、金融体制日益完善的发展中国家的实际情况，拓展了金融发展理论的研究框架。金融深化理论及基于金融深化理论所提出的相关政策建议得到世界银行与国际货币基金组织的积极支持和推广，对广大发展中国家的金融体制改革产生了深远的影响。

2.4　金融组织理论

金融组织理论是在研究金融机构经营管理、组织构建及发展模式的基础上逐渐形成的一种理论体系，虽然不及货币供求理论、货币信用理论、利率理论等的系统成熟，但其处于不断发展之中，在一定程度上丰富了现有的金融理论体系。基于不同的研究视角，可将金融组织理论进行细分：一是以金融组织整体视角分析金融组织发展模式及作用的宏观金融组织理论；二是视金融组织为微观企业加以研究的微观金融组织理论。因此，本节将分别展开对宏观、微观金融组织理论的系统介绍。

2.4.1　宏观金融组织理论

从宏观金融组织理论的整个研究领域来看，最具代表性的理论有两个：一是帕特里克（Hugh. T. Patrick）所提出来的供给引导型（supply-leading）和需求追随型（demand-following）这两种金融组织发展模式；二是由格林伍德（Greenwood）、约万诺维克（Jovanovic）、莱文（Levine）等先后提出的内生金融发展理论。

Patrick（1966）指出，金融组织的发展包括供给引导型和需求追随型两种模式。供给引导型模式强调的是金融组织发展的主动性，即金融发展对经济增长起着主动积极的促进作用，认为金融组织及金融服务的供给在前，而经济主体的金融需求在后。需求追随型模式强调的则是金融组织发展的被动性，即金融组织依赖于实体经济，随实体经济部门的发展而发展，认为经济主体的金融服务需求优先，而金融组织及金融服务的供给在后。

格林伍德和约万诺维克（Greenwood and Jovanovic，1990）在理论中引入了固定交易成本和固定进入费用，借以说明人均财富的增加如何使金融组织机构和金融市场得到更快的发展。随后，莱文等进一步指出，较高的固定成本会引发门槛效应（threshold effect），而金融机构形成的必要条件为经济水平发展到一定阶段，这很好地解释了为什么发展中国家与发达国家之间金融发展水平存在着巨大的差距。研究发现，在经济发展早期阶段，人均财富和人均收入过少使得人们无力支付固定进入费用，进而从需求端抑制了金融供给。经济发展步入成熟阶段后，财富和收入水平达到一定程度的那部分人就会去利用金融组织机构和金融市场，从而催生了各类金融组织的出现。

2.4.2 微观金融组织理论

微观金融组织理论的主要理论基础是金融中介理论，其中最具代表性的人物是托宾（James Tobin）和本斯顿（George Bensten），他们着重分析了交易成本和规模经济，在此基础上进一步提出了金融组织形式科学设置论。托宾和布雷纳德（Tobin and Brainard，1962）对金融中介的专业化和规模经济特征进行分析后指出，金融中介组织能有效节约交易成本，所以能发行间接证券。此外，他们还强调不应该单纯以储备和贷款的多少来衡量银行业发展的规模，而应该看重银行业减去存款所造成的成本而获得的净回报。Scholes 等（1976）认为，交易成本应是金融组织理论所分析的关键和核心，他们指出，金融企业之所以能制造金融产品是因为金融企业具有专业化生产的规模经济、低成本获得大量信息、减少信息搜寻成本三大优势。同时，消费者偏好、交易成本和金融产品种类三者之间存在着内在的关系，消费者偏好和技术的变化会改变交易成本，进而促使金融组织调整产品和服务。

此后，盖尔（D. Gale）、赫尔维格（M. Hellwig）、艾伦（F. Allen）等在托宾和本斯顿研究的基础上将金融机构的组织模式视为传统因素外降低交易成本、实现规模经济的一个重要因素。企业规模扩大到一定程度后便会出现规模不经济，因为此时企业的经营单位和员工人数在不断增加，从而使企业的内部交易成本呈非线性的增加。此时，增加管理层次成了金融机构寻求专业化和降低交易成本的必然选择。因此，随着规模经济边界的扩大，大型金融机构的产生和发展便有了体制上的依托。

2.5 贫困与反贫困理论

2.5.1 绝对贫困理论

贫困问题历来为发展经济学家所关注。通常，学者倾向于将贫困状况划分为绝对贫困（生计贫困和基本需求）和相对贫困（相对剥夺）。从历史维度来看，绝对贫困理论是贫困理论研究的开端。Booth 在 19 世纪 80 年代对伦敦贫困的大规模调查，以及英国经济学家 Rowntree（1901）对约克郡进行的家计调查，均把贫困指向绝对的物质匮乏或不平等。绝对贫困是指处于维持一个人的生存和最低限度生活水平的收入状况，即基本生存权和最低限度的经营、休息、温饱和照顾，又被称为生存贫困标准（subsistence poverty standards）或者最低体面生活标准

（minimum decency standards），如果低于这个最低水平，生存就会受到威胁。Rowntree 的研究可以说是开创性的，他第一次清楚地根据家计调查定义了贫困概念和贫困标准线，为此后各国的贫困研究奠定了基础。阿玛蒂亚·森在 1976 年提出了贫困线确认步骤，认为确定贫困线的最直接途径就是确定一揽子基本消费品，并推导出不同的转化率以确定不同特征子群的贫困线。

美国著名经济学家 Sawhill（1988）提出研究社会贫困必须把握如下四个维度：

（1）如何准确定义需求？因为最低生活水平的确定不完全是生理需要，它是随着社会的进步而不断变化的，而且因地域、气候、文化等环境条件的不同，不同人群的最低生存需要也会存在一定的差异。

（2）如何定义收入？Sawhill 认为要用税后收入而不是税前收入，要用一个人一生的总年收入与生命周期的贴现总额来考量。

（3）如何确定适当的收入利益共同体？很显然，如果将家庭所有成员作为整体进行统一核算，这时候往往就会忽略家庭中低收入者的贫困状况，所以，要想准确地对贫困进行核算，就需要把家庭单位划分成更小的单元。

（4）如何确定合适的统计周期？日常的收入和消费往往具有不同的统计周期，对大多数人来说，收入和消费是一个相对指标，所以贫困也是相对的。有一些人的贫困是暂时性的，有一些人的贫困是永久性的，这里需要分开讨论。

所以随着社会经济的不断发展，国外学者对于贫困的研究也在不断深化，一些学者认为贫困不只是收入绝对量处在贫困线以下，它还包括其他社会生活的需求，所以，关于贫困概念的界定也开始由绝对贫困向相对贫困进行转变。

2.5.2　相对贫困理论

Hayek（1960）指出，在一个进步的社会里，富人在物质享受方面只是在时间上领先于他人而已。也就是说，他们生活在一个其余的人尚未达到的发展阶段。因此，贫穷与其说是一个绝对概念，倒不如说是一个相对概念。20 世纪 50 年代开始，学术界对贫困的理解已发生了范式革命。伦敦经济学院的学者如蒂特马斯（Richard M. Timuss）、史密斯（Abel Smith）和汤森（Peter Townsend），以及其他学者如诺兹曼（Runciman）等对贫困的理解都进行了新的拓展。贫困不再是基于最低的生理需求，而是基于社会的比较，即相对贫困。

Runciman（1966）较早地把相对剥夺（relative deprivation）运用于贫困分析中，他指出，不能只从绝对的角度认识贫困，而应采用相对量来研究贫困，他为相对贫困概念的提出提供了新视角和理论基础。相对剥夺可以理解为虽然人们的收入能满足其基本的生活需要，但是不足以达到社会的平均生活水准，仅能维持低于平均生活水平的状况。相对贫困与实际生活水平无关，仅仅与收入差距相关，同时它还包含以其他社会群体为参照物的感受相对剥夺的社会心态（Chamber，1995）。对相对贫困线的测定使用了各种各样的方法：第一种方法是相对收入法。这种方法是把贫困看作一个因不公平问题而产生的方法，它将贫困线定义为平均收入水平即中等收入水平。Fuchs（1967）是最早明确提出相对贫困概念和首次使用相对贫困标准的学者，他使用相对贫困估计了美国的贫困人口，把贫困线确定为全国人口收入分布中值的 50%，这种确定相对贫困的方法为后来学者所沿用。美国和欧盟各国把收入低于平均收入 50%的人确定为贫困人口，而中国到目前为止还没有确定相对贫困线。第二种方法是政策定义法。按照这种方法，把贫困线定在用社会福利指标标志的水平上，以此作为最低标准。为了更好地测量相对贫困，Townsend（1979）采用了贫困的剥夺标准（deprivation standard of poverty），即根据对资源不同程度的剥夺水平，提供一个对贫困的客观评估方法。

2.6 农户经济行为理论

研究中国的“三农”问题，无论研究的视角如何、研究的方法如何，总少不了对农户经济行为的全面梳理和仔细品味。农户经济行为作为农村经济整体框架下必不可少的微观基础，本质上包含和诠释了农户的性质及其动机，理应成为我们探讨“三农”问题的逻辑起点。目前国外对于农户经济理论的研究因其历史的悠久形成了较为丰硕的研究成果，简单来看，主要存在两种迥然不同的研究思路，据此就形成了两种截然不同的农户经济行为理论。一是基于“理性经济人”假设的“理性小农”理论，该理论以舒尔茨（Schultz）、波普金（Popkin）及塔克斯（Tax）为代表；二是基于“生存逻辑”的“道义小农”理论，该理论以恰亚诺夫（Chayanov）、卡尔·波兰尼（Karl Polanyi）及詹姆斯·斯科特（James Scott）为代表。两种理论在被各自的代表性人物提出之后就形成了持久论战。

所以，结合中国“城乡二元”结构的特殊国情与新常态的发展阶段，在全面深化供给侧结构性改革这一大背景下，一方面，对国外农户经济行为理论的梳理与建设性的理性反思，具有极其重要的理论与现实意义；另一方面，总结与完善本土学者的综合主义小农（黄宗智，2000a）和社会化小农（徐勇，2006；徐勇和邓大才，2006；邓大才，2006，2009，2012；刘金海，2007，2013）等理论，对中国语境下的小农经济行为给予本土化的解释，同时兼具重要的理论意义和现实价值。因此，我们首先在本节第一部分和第二部分着重梳理“道义小农”和“理性小农”这两种理论；其次在第三部分和第四部分描述从国内现实出发的

"综合主义小农"与"社会化小农"理论；最后在对经典小农理论范式做出反思的同时，对中国语境下的小农经济行为给予本土化的解读。

2.6.1　"道义小农"理论

"道义小农"学派的代表人物包括恰亚诺夫、卡尔·波兰尼和詹姆斯·斯科特。"道义小农"理论认为，小农并非生活在资本主义市场经济中，其生产动机是为了家庭的生计，主要满足消费需求，而不是追求利润最大化。

恰亚诺夫作为"道义小农"学派的主要代表人物，他在 20 世纪 20 年代通过对苏联小农的研究，提出了"劳动—消费均衡"理论，于是建立了"社会农学"，同时他批判了资本主义大农场，倡导家庭农场与农业纵向一体化。此后，卡尔·波兰尼在对"道义小农"理论的研究过程中加入了社会学、人类学与哲学的思考，从一个崭新的角度传承并发扬了恰亚诺夫的"道义小农"理论，他在《巨变：当代政治与经济的起源》（*The Great Transformation: The Political and Economic Origins of Our Time*）中直截了当地抨击了资本主义经济学中的"经济人"假说和"完全竞争"假说，据此提出了用"实体经济学"取代资本主义的"形式经济学"。另外，詹姆斯·斯科特则通过一系列令人信服的案例阐发了"道义小农"理论，他通过对缅甸南部和越南的考察，在《农民的道义经济学：东南亚的反叛与生存》（*The Moral Economy of the Peasant: Rebellion and Subsistence in Southeast Asia*）中不厌其烦地论述"生存伦理"的道德含义，他指出，强调剥削与反抗不仅仅是一个关乎收入和热量摄入的问题，更是关乎农民正义、权利、义务及互惠的问题。

恰亚诺夫（1996）认为，小农没有能力去雇佣劳动力进行生产，所以，小农生产中的成本就难以度量。同时小农生产的产品主要是用于消费，因此小农的行为选择并非基于成本与收益之间的权衡，而是取决于消费所得的效用与劳动所付出的辛苦之间的均衡。卡尔·波兰尼（Polanyi，1957）则认为小农经济的分析范式理应是"内生性"的，而非"先验式"的。严密的数学推导与演绎逻辑是刻画资本主义市场经济的精致工具，资本主义经济学立足于以价格信号为核心的市场，而"市场只有在市场社会里才能运行"，如果把这种工具应用于尚无此类市场的经济中，无异于把"功利的理性主义"世界化、普遍化。而在资本主义市场出现之前，经济行为根植于特定的社会关系，而绝非根植于市场或是对于利益的追求，因此研究经济需要把经济过程当作社会的制度过程。而詹姆斯·斯科特（Scott，1977）通过对缅甸南部和越南农业社会的调查研究，认为小农行为动机是风险规避和安全第一的统一，强烈的生存取向驱使农民选择"避免灾难"而非追求利润最大化，他甚至还生动地写道："传统的小农就好像是一个长时间站在齐脖深水中的人，只要涌来一阵细浪，他就会陷入灭顶之灾。”

20 世纪 70 年代之后，农民问题得到了美国学界的重新关注，并将研究视野集中于东南亚的“农民社会”。美国著名的政治学和人类学学者詹姆斯·斯科特，通过对缅甸南部和越南农业社会的历史考察写成了《农民的道义经济学：东南亚的反叛与生存》一书。

詹姆斯·斯科特的“道义经济”思想继承了俄国学者恰亚诺夫关于前资本主义社会的农民研究及卡尔·波兰尼对形式主义经济学的批判。卡尔·波兰尼认为，对前资本主义社会的研究不能套用得自资本主义社会的理论，而要代之以“实体经济学”的理论。

应该说，“道义小农”理论真正把小农的行为与西方工业化的一般进程完全区别开来，同时具有相对独立的理论体系和较为完整的逻辑结构。“道义小农”理论能够分析某些长期处于落后状态的小农贫困，如由传统性、文化性因素造成的小农贫困。同时，“道义小农”理论又没有停留在简单的经济学分析中，而是通过社会学、人类学思想丰富了对小农经济行为的研究。可以说，这一理论将关于农户经济行为的研究引入了一个更加广阔的视角。

2.6.2 “理性小农”理论

“理性小农”学派的代表人物包括舒尔茨、波普金和塔克斯。“理性小农”理论认为：在一个完全的竞争市场中，小农和任何资本主义企业家其实没有本质的区别，他们一样都是理性的“经济人”，他们的目标是追求利润的最大化，并且极少出现低效率生产。因此，可以说这一学派坚持“传统农业”是个经济概念，与其他学者从文化形态、政治体制与制度结构等方面理解传统农业完全不同。只不过，关于“理性小农”学派，就其思想源头来说，我们可以直接追溯到亚当·斯密。19 世纪末，一些学者从古典主义的传统，也即当时流行的自亚当·斯密以来的经济理论中的自由主义、理性主义传统出发，认为一切经济行为的准则就是追求“合理化”与最高经济效益，他们把资本主义经济中的自由竞争、自由分化规律支配下的“经济人”形象直接外推至历史上的一切经济行为主体，甚至包括宗法农民。

“理性小农”理论在微观层面上分析了小农的冲突合作与普遍利益的争夺，把小农与家庭农场等同于资本主义市场经济的企业家与企业。强调了小农的理性，这种理性从根本上保证了小农的个人利益最大化。可以说，也正因为如此，才为实体主义学派对“理性小农”的批判留下了余地且提供了合理的基点。但是，“理性小农”理论提供了一个资本主义市场经济的分析范式，构建了一个精致的模型，从此这一视角成为小农经济行为理论的重要支柱。

2.6.3 “综合主义小农”理论

一般而言，理论是对经验现象的抽象总结，而随着时间的推进，理论不再是一个简单的描述，需要以现状作为基本依据。黄宗智（2000a）通过对种植棉花小农的研究，在《华北的小农经济与社会变迁》中指出，对小农的理性与道义而言，“坚持某一方面的特征而排斥其他方面”的争论是毫无意义的。小农的行为不遵循固定模式，由具体生存境遇所决定。较为富裕的农场在很大程度上受利益的诱导，较为贫穷的小农则着重考虑生存而不是利润最大化。杜赞奇（Duara）在《文化、权力与国家：1900—1942 年的华北农村》中佐证了“综合主义小农”理论，他发现“道义”与“理性”都不完全符合华北小农的经济特征，因此需要一个更加综合化的视角。

“综合主义小农”理论认为，要准确了解中国的小农，必须进行综合的分析研究。因为小农既是一个利润追逐者，同时又是一个维持生计的生产者，当然更是受剥削的耕作者。三种不同面貌各自反映了小农这个统一体的一个侧面，因此，三方面综合才能更准确地反映小农这个统一体。“综合主义小农”理论认为小农具有三种不同的面貌：首先，小农是为了自家消费而生产，家庭生产取决于家庭的消费，一个典型的例子就是小农为了维持生计和生产，会到集市上出售细粮买回粗粮；其次，小农也并非没有理性，小农会在满足税费、生产成本和自身消费之外出售剩余的农产品；最后，小农是政权体系与阶级社会的成员，他们生产的产品用于满足非农部门的消费需求，如小农会用现金或粮食等实物来缴租使农产品进入市场。

黄宗智的“综合主义小农”理论则是从现实角度对“理性小农”和“道义小农”的批判与发展，他综合了西方的经典理论，同时立足于中国的实际情况进行了深化与阐发，据此形成了一个综合化的论点。同时黄宗智还指出，不同阶层的小农的行为会有不同选择，一个经济地位上升的、雇佣长工以及生产有相当剩余的富农或经营式农场主，要比一个经济地位下降的、在饥饿边缘挣扎、付出高额地租和领取低报酬的佃、雇农，较为符合形式主义分析模式中的形象。后者则更符合马克思主义的分析模式，而一个主要为自家消费而生产的自耕农，则接近于实体主义所描绘的小农（黄宗智，2000a）。黄宗智这种小农阶层的划分是与农民自家农业的商品化程度相关的，商品化程度高的富裕的农场，更多考虑利润，商品化程度低的贫穷的家庭农场，则更多考虑生计。

不同阶层农民的商品化问题研究在黄宗智的另一部著作《长江三角洲小农家庭与乡村发展》中得到进一步深化。在研究长江三角洲小农问题时，黄宗智（2000b）根据中国小农的三种面貌区分了三种不同类型的商品化。对应“维持生计者”，提出了“生存推动的商品化”，一个重要表现是农民为了支付维持生产和生活的直接开支到市场上出售细粮而买回粗粮。对应“利润追求者”，提出“谋利推动的商品化”，主要表现在为谋利而出售满足租税、生产费用和消费需求之后的剩余农产品。对应“受剥削的耕作者”，提出了“剥削推动的商品化”，表现在农民以现金或实物向通常不在村庄的地主缴租使农产品进入市场。

2.6.4 “社会化小农”理论

“社会化小农”理论最早由徐勇（2006）、邓大才（2006）等学者提出，刘金海（2013）对“社会化小农”的含义、特征及发展趋势进行了详细论述。“社会化小农”理论认为，社会主义市场经济使小农融入一个高度开放的社会化体系，小农表现出行为的外部性、个体的社会化、动机的多样性与综合收益的最大化。

徐勇（2006）基于家庭经营体制长期不变的条件，提出“重识农户”，即将农户放在历史变迁的过程中加以考察，认为尽管当今的农户经营规模小，但他们已越来越深地进入或者被卷入一个开放的、流动的、分工的社会化体系，与传统的、封闭的小农经济形态渐行渐远，进入社会化小农的阶段。邓大才（2006）从乡村治理与转型的视角研究小农的社会化，构建了社会化小农的分析框架，并根据小农行为与动机将小农理论分成四大学派，即道义小农、弱势小农、效用小农、理性小农。他认为四大小农理论可以解释特定研究对象、特定时期的小农行为与动机，但是无法解释中国农村改革以后，生存问题基本解决、社会化程度较高的农户的行为，即社会化小农的行为与动机。社会化小农有其独立性和特殊性，基于货币压力，崇尚“货币伦理”，追求货币收入最大化。刘金海（2007）着重考虑了国家化与市场化对小农行为的影响，国家化实现了国家与农民的政治一体化，在一定程度上化解了国家与农民之间的纵向阻隔；市场化实现了小农由孤立的个人进入社会网络，增加了农民的横向交流。韩轶春（2007）考虑了信息与小农的社会化，并认为信息的社会化使小农能够走出封闭的村子，但信息的作用机理并不会进一步扩大小农的社会化。

刘金海（2013）指出，与传统小农相比，行为的外部性是社会化小农的主要表现，个体的社会化是突出特征，动机的多样性使其经常面临困境，而综合效益的最大化则可能是其发展的必然结果。在当前以家庭承包经营为基础、统分结合的双层经营体制下，小农有可能与社会化生产要素高度融合，在实现农业现代化改造的同时实现自身的社会化改造，从而向社会化小农的高级阶段发展；也有可能在放弃生产经营权的前提下蜕变为市民；还有可能成为家庭式农场的经营者，成为与发达国家相似的现代农民。

对当代中国的小农而言，小农已经不再是社会经济中的“孤立人”，而是一个被人情关系、舆论道德包围的“社会人”。基于地缘、亲缘关系的基因亲和、情感贯通和内在认同就像血缘关系一样深深地烙印在小农的血脉里，其经济行为已经被视作个人道德品行、人格信息的重要组成部分，将直接影响外部对其个人的"社会评价"（陈雨露和马勇，2010）。"社会化小农"理论认为，小农同时进入市场和社会，不仅使村庄内部小农之间的关系发生改变，同时使小农与村外的交流变得更加频繁。在村庄内部主要依据习俗、伦理和传统进行治理，而社会化带来的货币因素挤压了小农的生存空间，小农会因为货币带来的压力追求货币利益最大化。传统乡土社会中小农几乎不与村外交流，而小农的社会化进程模糊与超越了村庄的边界，使小农的经济行为突破了圈层结构。

可以说，"社会化小农"理论是国外小农经济行为理论的"中国化"，是国内学者对现阶段中国小农行为的归纳总结与全面深化。始于20世纪中期的国家化消除了"传统的小农"，其后的社会主义市场化使小农进入市场。在当前中国经济新常态的发展阶段中，由于中国"三农"问题的复杂性和差异性，中国要想全面实现大规模的农业经营或者农业商业化不太现实也不太可能，因此，小农经济仍然有着举足轻重的作用。但是，小农的经济行为无疑会在新时期产生新的特点，"社会化小农"理论为分析现阶段小农的行为和动机提供了一个可贵的分析范式。

2.6.5　中国语境下的小农经济行为解读

国内外经典的小农行为理论所提供的基本框架、研究范式对我们的研究具有宝贵的借鉴价值和重要的启示作用。但是，任何经典理论都会有其理论边界和历史局限性，尤其是西方小农经济行为的理论多源于资本主义国家，因此有必要去糟取精，在对经典小农理论范式做出反思的同时，更应对中国语境下的小农经济行为给予本土化的解读。

1. 理论边界和历史局限性

"理性小农"理论把小农等同于追求利润最大化的企业家，一旦有经济利润的刺激，小农就会改造传统农业。这种观点值得进一步思考，原因如下：首先，处于贫穷落后的状态或相对贫困落后的状态的农民，他们内在的"稳态"在短时间内相对不容易发生变化。其中舒尔茨假设市场是完全竞争的，这与中国尚未成熟的市场机制相去甚远，同时该理论对政府行政干预、市场约束、城乡分割等因素的考虑也有所欠缺。其次，"理性小农"理论把家庭看作企业，这样的分析弱化了亲缘、地缘等社会关系，在一定程度上忽视了小农家庭内部的"利他主义"行为。而中国农村是一个典型的"熟人社会"或"关系型社会"，声誉、面子等因素都是农民十分在意的东西，而且都很难量化。最后，如果真如这一理论所言，中国小农都富于“理性”，那么小农这个精于算计的“商人”或“企业家”怎么会长期处于贫穷落后的状态，同时也并非刻意追求经济利润？因此，把小农是否具有所谓的“理性”当作评判小农经济行为的唯一标尺恐怕并不精确，或者并不契合中国的实际情况。

强调“生存逻辑”的“道义小农”理论通过纳入人类学、社会学、历史学的范畴，以一个历史传承的视角展开分析，对于中国小农长时期处于贫穷落后地位具有一定的解释能力。但仍然还有一些现实问题同样值得我们去思考：其一，由于定性研究者众，定量研究者寡，一些论述性、描述性文献缺乏管理学、经济学的规范性，因此得到的一些研究结论不够有说服力；其二，对中国小农展开分析的时间窗口长短不一，个别逻辑连续性的解释还值得商榷。因此，研究当前中国农户经济行为应有独特的、动态的研究思路。

2. 对主要争论的评价

“理性小农”理论与“道义小农”理论就小农经济行为的判断一直存在争议，主要集中表现在两个方面：家庭经营单位和村庄性质的界定。首先，恰亚诺夫和詹姆斯·斯科特认为，家庭农场与经营性农村存在很大的区别，不同于资本主义企业，农民家庭具有生存取向的特殊经济行为，它既是一个生产单位，同时也是消费单位。这样的争论存在主体之间的差异，如果通过更加清晰的界定，把小农与农业从业者区分开来。小农以安全、稳定的行为满足家庭的最低消费需求，农业从业者是追求利润最大化的资本主义企业家。如此看来，两大理论实际上存在相互转换的可能，农民的经济行为不再是一个选择上的问题，而是一个差异性主体之间的行为逻辑。其次，“道义小农”理论认为乡村是具有高度集体认同感的内聚型共同体，更加强调人人都有生存的权利。这样的生产权利保障了每个小农的安全，在风险来临时，小农通过互惠与庇护保障自身的生存权利（郭于华，2002)。而“理性小农”理论认为村庄是一个松散的开放体，个人利益与集体利益存在冲突，是小农追求个人利益最大化的结果。现阶段小农的社会化淡化了乡村、村庄的概念，“货币伦理”挤压了小农在乡村内部的生存空间，同时乡村之间、乡村与城市之间的交流变得更加容易，也更加频繁。

事实上，传统与现代并不是完全对立的，传统也并不一定意为落后、保守。因为，受信息获取的改善、农业技术进步、资本下乡和支农惠农政策等诸多有利因素的影响，在城镇化、农村剩余劳动力转移的进程中，城乡居民的行为逻辑正在不断趋于一致，过去关于“理性小农”与“道义小农”的界定似乎并不是那么对立的问题。这就启迪我们，对处于转型过程中的中国社会的解读，尤其是对比较完整地保存了中国传统文化因子和本土性知识的中国乡村社会的解读，更需要一种发展的“本土性视角”，而这种本土性视角是以对中国本土性资源的深挖为前提的。

3. 中国语境下农户经济行为的研究启示

上述分析发现，一旦割裂了农户经济行为的动态研究思路，就会得到“理性小农”理论过于乐观的研究结论，或者是“道义小农”理论过于悲观的研究结论。通过对“斯科特—波普金争论”所秉持的观点进行总结，我们可以得到关于中国“三农”问题的一些启示。小农经济理论中主要的争论是农民是理性的还是非理性的，而黄宗智认为无论理性和道义都只是小农的表象，小农的本质介于两者之间，存在动态转换的可能。因此，我们有理由认为无论小农是理性的还是道义的，无疑都是为了追求家庭效用最大化和风险最小化，所以在这一层面上的小农可以说都是理性的。林毅夫（1988）指出，许多被用来证明小农行为不是理性的典型事例，通常都是具有城市偏向的人在对小农所处的外部经济环境缺乏全面了解的情况下做出的论断。所以，如果能设身处地地从小农的角度看待问题，就可以发现这些被认为是不理性的行为恰恰是外部条件限制下的理性表现。如此，中国的农户行为其实并没有明显背离经济理性，只是面临较为特殊的外部条件，割裂地认识“道义小农”和“理性小农”，就容易忽略两者之间可能的动态转化机制，所以，客观认识现代市场经济条件下的农户经济行为需要一个连续的视角（陈雨露和马勇，2010）。与此同时，在分析的过程中，如果把小农当作一个理性主体，我们也要考虑一些文化社会的因素，如地方性知识、非正式制度和农民自身素质等。因为处于低收入水平的农民之所以长期处于“道义小农”的状态，主要原因正是资本初始水平的不足和外部融资能力低下及金融机构“嫌贫爱富”本性的“多重制约”，一旦农民具备了一定的资本水平，就会逐渐获得并增加其外源融资的能力，只要农民在自身资本形成和利用外源融资之间形成良性循环，必然会推动“道义小农”向“理性小农”转换（王小华等，2014a）。

从中国经济改革情况来看，从改革开放初期家庭联产承包责任制的问世，到20世纪80年代乡镇企业异军突起，再到20世纪90年代大规模农村劳动力转移，再到新时期的城乡一体化、统筹城乡协调发展、2004年以来每一年的中央一号文件连续聚焦“三农”、十九大提出的乡村振兴战略，其间废除了延续两千多年的农业税，持续不断的“多予、少取、放活”惠农政策使农民开始真正享受到了“国民待遇”，生产和生活环境及自身的经济条件都发生了翻天覆地的变化。与此同时，中国的乡土社会和小农经济行为都呈现出巨大转变。但不管乡土社会如何转型、怎样变化，以乡为基点的活动空间不会变，以土为基础的生存依托不会变（刘奇，2018）。所以，对中国新时期语境下的小农经济行为进行分析具有必要性。

如今，小农经济行为表现得更加“社会化”，“社会化小农”理论认为小农会因为货币压力而崇尚“货币伦理”，小农的生存空间与圈层结构发生了根本性变化。因为随着农民工的流动、乡村旅游的发展，乡土社会的社会关系由熟悉性向陌生性转变，这种转变逐渐打破了熟人社会的秩序（刘奇，2018）。在熟人社会里，人与人之间的交往靠的是诚信；在生人社会里，人与人之间的交往靠的是契约。这无疑是市场化进程中相伴而生不可避免的现象。这要求我们要更加重视市场、信息和资源禀赋等因素对小农经济行为的影响，只有这样，我们才能准确合理地解释小农经济行为，进行进一步研究。

第 3 章　普惠金融体系构建与农村反贫困战略协同机理分析

党的十八届三中全会明确提出“发展普惠金融”，这为中国金融业改革指明了方向，同时也提出了更高的要求。构建普惠金融体系让金融改革和发展的成果更多、更好、更快地惠及所有人群、所有地区，尤其是落后地区、弱势产业及低收入群体，对促进国民经济可持续发展、维护社会公平正义具有重要意义（吕家进，2014）。为了明确研究对象和研究范畴，本章首先对普惠金融这一概念的由来和国内外学者们对其的界定进行梳理，给出关于普惠金融和农村反贫困的概念辨析，其次根据中国的现实情况提出普惠金融体系构建的四个关键环节，最后讨论普惠金融体系构建推动农村反贫困的理论机制和普惠金融体系构建与农村反贫困战略协同的实现机理。

3.1　普惠金融体系构建与农村反贫困战略协同的概念辨析

3.1.1　普惠金融的概念与缘起

普惠金融也即金融包容（financial inclusion），这一概念始于 20 世纪 90 年代。从国外研究历程来看，对于普惠金融内涵的界定很模糊，至今仍未得到统一。最初，国外研究中普遍将普惠金融视为金融排斥的对立面，通过对金融排斥的界定来阐释普惠金融的内涵，最具代表性的是 Leyshon 等（1997）对普惠金融的定义。此后，有关普惠金融内涵界定的研究越来越多，不同学者和机构对普惠金融的定义不尽相同。Chakravarty 和 Pal（2010）对普惠金融的界定是：合理成本下金融服务供给的可接触性，即经济社会中每个人都有权利享受金融服务，而不是特定的低收入者和弱势群体。世界银行（World Bank，2011）将普惠金融视为一种理想状态，即社会上所有工作的成年人都能有效获得正规金融机构的基本金融服务，其中包括信贷、储蓄、保险和支付等内容。吴国华（2013）认为，普惠金融是指一国金融体系能够可持续地为该国弱势人群、弱势产业和弱势地区提供方便快捷、价格合理的基础金融服务。

从国内外学者对普惠金融概念的界定来看，普惠金融这一概念与金融排斥相对应，金融排斥将部分经济群体排斥在正规金融服务之外，尤其是弱势群体和低收入人群，降低了金融服务覆盖率，而普惠金融则是提高金融服务覆盖率，使被排斥的群体获得金融服务。但值得注意的是，普惠金融并非是金融排斥的绝对对立面，普惠金融并不意味着吸纳被正规金融排斥的所有对象，其中因自愿排斥而放弃获得金融服务的群体不在普惠金融的范围内。正如 Sarma（2012）所指出的，普惠金融的目的是将非自愿排斥的“无银行服务”人群纳入正规金融服务体系，使这部分人群能够得到储蓄、信贷、保险等相关的金融服务。

因此，我们不能简单地从金融排斥的对立面来理解普惠金融的内涵。在梳理和比较国内外普惠金融发展相关文献的基础上，考虑到普惠金融本身的特点和我国的特殊情况，本书对普惠金融的内涵界定如下：在金融发展过程中，提高金融服务的覆盖率，将因金融机构、制度、自身内部缺陷等外部因素而被排斥在金融服务之外的经济主体纳入正规金融服务体系，特别是非自愿排斥的低收入人群和弱势群体，使其能以负担得起的成本公正平等地获得所需的金融服务。总而言之，普惠金融并非独立的存在，而是社会包容性（social inclusion）的一个子集。因此，促进普惠金融发展，对于解决社会矛盾、促进社会包容性，特别是对于降低农村贫困和增加农民收入具有重要的现实意义，这正好体现了本书研究所涉及的我国普惠金融体系构建与农村反贫困战略协同的价值和意义。

3.1.2 贫困的计量

传统的贫困测量指标有两种。一是贫困人口比率（headcount ratio），也就是我们通常所说的贫困发生率，是指一个地区低于贫困线的人口占该地区总人口的比率，贫困发生率越高，这一地区的越贫困。贫困发生率指标简单明了，并且数据也比较容易收集和获取，但是，其缺点也很明显：一方面它只考虑贫困人口数量，并未考虑贫困人口的贫困程度；另一方面这个指标对贫困人口间的收入分配并不敏感。二是贫困差比率（poverty gap ratio），也称贫困距指数，是指贫困人口收入缺口（贫困人口收入与贫困线间的差距）的总和。但是，贫困差比率也对反映贫困人口生活水平的指标分布并不敏感，因而它不能把握贫困问题更深刻的方面。

早在 20 世纪的 70 年代，阿玛蒂亚·森就提出，一个好的贫困测度指标应该同时满足单调性公理和弱转移公理这两个标准。单调性公理是指减少贫困线以下的某人的收入会增加贫困的程度；弱转移公理是指收入从较富的人转移到较穷的人，且收入转移后二者都处于贫困线以上，那么贫困程度就会降低（Sen，1976，1981）。显然，前文提到的贫困人口比率和贫困差比率都不满足这两个公理。基于此，阿马蒂亚·森对以上两种方法进行了补充和发展，通过数学推导证明了满足以上公理的贫困测度公式，这个公式又被称为“森指数”。不过，森指数由于缺乏对贫困线以上的人口收入分布的考虑，具体的可操作性有限，因此很少应用在反贫困的实践当中。在阿玛蒂亚·森提出的一系列公理体系标准下，学术界相继推导出了 Watts 贫困指数（Watts poverty index）、Tsui 多维贫困指数等，但囿于测度面较窄，在实际运用中均受到很大制约。

贫困意味着“匮乏”和“不足”，“匮乏”一词是贫困概念的核心内涵。自 20 世纪 80 年代以来，贫困概念引入了许多新的要素，对贫困概念的界定从最初的收入贫困，发展到多维的能力贫困、权力贫困等，实质上也是对“匮乏”内容的拓展。阿玛蒂亚·森（Sen，1981）提出了能力贫困论，他认为，贫困必须视为基本可行能力的被剥夺，这是识别贫穷的通行标志，现实生活中，收入低下、政府公共财政支出不到位、公共基础设施的缺乏、社会歧视、家庭内部资源收益分配不均等，都会引起对人们可行能力的剥夺。Chamber（1995）将能力因素引入贫困概念，以人类学为基础进一步拓展了贫困的研究视野。于是，在阿玛蒂亚·森（Sen，1981）的研究基础上，世界各国关于贫困的测量开始改变了原来单一的方法，积极引入能力贫困理论，利用包括非货币因素的综合性指标来测量贫困。

随后，各种测度贫困的方法和指标开始出现，主要用来补充以收入和支出为基础的贫困测度指标。联合国发展计划署（The United Nations Development Programme，UNDP）分别在 1990 年、1996 年和 1997 年的《人类发展报告》中提出了人类发展指数（human development index，HDI）、能力贫困度指标（capability poverty measurement）和人类贫困指数（human poverty index，HPI）。人类发展指数包含预期寿命、受教育年限和生活水平 3 个维度，由于人类发展指数是从剥夺的视角看待人类发展，并且计算方法简单容易，可以反映不同群体间的收入分配、性别等方面的差异，所以人类发展指数通常用来衡量一个国家的福利水平。之后，Alkire 和 Santos（2011）又对人类发展指数给予了进一步完善，使其成为衡量人类福利水平的多维贫困指标。能力贫困度指标用来度量能力被剥夺的程度，该指标是由体重不足的 5 岁以下儿童比重、没有专业卫生人员护理出生的婴儿比重、15 岁以上文盲妇女的比例这三个指标按照相等权数加总得到的一个平均数进行测度的，它为人们研究贫困提供了多维视角。人类贫困指数由寿命、知识和体面生活的剥夺这三个指标构成。其中，寿命的剥夺在发展中国家用预期活不到40岁人口百分比表示，知识的剥夺用成人文盲率表示，体面生活的剥夺包括无医疗服务的人口百分比、无安全饮用水的人口百分比和体重不足的 5 岁以下儿童的百分比三个方面。虽然这一指数通过精准识别贫困人口，为政府制定针对性的反贫困政策提供了科学的理论指导。但是，人类贫困指数测算过程中所使用的指标无法衡量微观人群的贫困被剥夺程度，主要体现宏观数据，并且具有长期性，各指标的权重设定带有任意性，无法较好地衡量出减贫政策的短期效应。

基于此，许多学者基于联合国发展计划署关于贫困指标体系的构建原则提出了自己的观点。Alkire 和 Santos（2011）在阐述其维度选择的正当性时列举了如下几个观点：简化，共识，可解读性，数据，覆盖性。此外，牛津大学贫困与人类发展研究中心建议围绕就业、赋权、安全、体面出门的能力、心理和主观福祉这些核心领域搜集更多更好的数据。还有一部分学者主张借鉴模糊数学中模糊集的处理方法对贫困进行多维测量，如 Cerioli 和 Zani（1990）、Cheli 和 Lemmi（1995）、Martinetti（2000）、Benhabib 等（2007）、Betti 和 Verma（2008）。近年来，中国扶贫取得了卓越成效，这与贫困群体的主体性作用得到了尊重和实现是密不可分的，因为扶贫工作中开始使用参与式贫困指数这一自下而上的贫困测量方法，让贫困群体自己参与到对贫困的测量过程中。

法国的 Lenoir 和 Les（1974）最先明确提出“社会排斥”这一概念，并认为这些受排斥者包括精神和身体残疾者及社会不适应者。Strobel（1996）认为社会排斥是个人权利的缺失，个体没有享受到本应拥有的权利。20 世纪 90 年代，当家庭脆弱性融入社会排斥，权利贫困概念由此产生。阿玛蒂亚·森（Sen，1981）首次使用权利方法来看待贫困与饥荒的产生，权利方法强调不同阶层的人对粮食的支配和控制能力，这种能力表现为社会权利关系。权利体制不合理就会导致贫困和饥荒。基于微观的角度，安格斯·迪顿（Deaton，2004）认为，贫困产生于个体无法利用自身拥有的资源（包括物质资源和人力资源）来获取足够维持基本生活的收入。具体来看，健康水平、物质资源和人力资源的是否得到良好产权保护是一个地区是否发生普遍性贫困的主要原因，其中包括人力资源和物质资源的转让权、人力资源和物质资源的使用权、资源的收入权。若以上三个方面的权利在一国得到良好保护，普遍性贫困便不容易发生。

长期以来，学者们对于贫困理论的相关研究，基本上都聚集在已经发生的、静态的贫困事实上。但是，贫困是相对的，因此贫困也是动态的。自从20世纪末开始，发展经济学家们对于贫困问题的研究视角逐渐由静态向动态进行转变，使基于广泛存在的贫困脆弱性这一事实的“动态贫困理论”成为贫困领域研究的焦点，这种动态包括脱贫、返贫或持续贫困等。

3.1.3　贫困脆弱性

传统的贫困测量及减贫政策通常情况下只能算是一种事后干预，如今，越来越多的研究开始关注事前的状况——贫困的脆弱性。事实上，当前处于非贫困状态下的人口可能由于外部风险的冲击导致将来的贫困，同样地，现在处于贫困状态的人口既有可能只是短暂的贫困而在将来实现脱贫，也可能在将来继续保持贫困。据此，为了提供适当的有远见的反贫困干预政策，起到预防和减少将来的贫困这一效果，除了要充分了解现在谁贫困、谁不贫困之外，还应该估计家庭的贫困脆弱性，也即了解现在的家庭面临着哪些风险，哪些风险会导致他们在将来更容易陷入贫困（Chaudhuri et al.，2002）。

世界银行在《2000/2001 年世界发展报告：与贫困作斗争》中首次正式提出了脆弱性概念，认为不安全和脆弱性概念动态地描述了随着时间推移人们针对变化所做出的响应。世界银行报告指出，脆弱性分析对于理解贫困至关重要：一方面，这一分析能够区分贫困家庭的特点，并制定出满足这一类家庭特殊需求的人类发展政策；另一方面，还可以计算出正处于贫困状态下的群体和那些将来可能处于贫困或者处于贫困危险的群体。随后，贫困脆弱性这一概念逐渐受到关注，也因此出现了大量以脆弱性为主题的论文与著作，这些论文和著作对贫困脆弱性这一概念不断进行阐述、解释和修正。Pritchett 等（2000）将贫困脆弱性定义为一个居民家庭在未来若干年中至少一次陷入贫困的概率。Alwang 等（2001）提供了一个理解贫困脆弱性的组织框架，他们将贫困脆弱性分解为风险（或风险事件）、管理风险的选择（或对风险的响应）、相关福利损失的结果三个部分。贫困脆弱性不仅能够反映当下的贫困现实，更重要的是，它可以预测居民家庭面对未来各种不确定性时陷入贫困的概率，虽然不能直接观察到，但这一概率可以被预测，它深入地、动态地、前瞻性地刻画了贫困（Ligon and Schechter，2003）。Jamal（2009）认为，风险和脆弱性应该作为贫困概念的两个组成部分，因为传统的贫困测量忽视了家庭福利的几个重要维度。事实上，家庭的福利除了依赖家庭的平均收入和支出，也依赖于家庭面临的风险，特别是那些拥有资产少的家庭（Ligon and Schechter，2003），面临的风险和脆弱性更高。

反贫困政策成为近年来世界各国公共政策的核心，研究人员发现，政策成败的关键在于如何测量贫困脆弱性，从而识别出政策针对的对象（Klasen and Waibel，2015；Ward，2016）。近年来，学者们不断探索研究方法用来度量贫困脆弱性，总结起来，现有文献中出现了如下三种测量贫困脆弱性的方法：一是期望效用的脆弱性（vulnerability as low expected utility，VEU）测量方法；二是期望贫困的脆弱性（vulnerability as expected poverty，VEP）测量方法；三是风险暴露的脆弱性（vulnerability as uninsured exposure to risk，VER）测量方法。期望效用的脆弱性测量方法由 Ligon 和 Schechter（2003）提出，他们的研究发现，以往对家庭福利的测量多集中在收入和消费两个指标上，反贫困政策也多针对这两类指标，而忽略了风险的因素，如家庭成员健康恶化导致的冲击、农业收成导致的冲击、社会结构不利变化导致的冲击等，因此，他们首先选取了包含风险偏好因素的效用函数对福利进行测度，再通过计算贫困线水平的期望效用、期望消费的效用、消费效用的期望等变量，将贫困脆弱性拆分为贫困和风险的组合，并进一步将风险拆分为加总风险、特殊风险、不能被解释的风险和测量误差。这种脆弱性测量方法将反映个人偏好的效用函数引入贫困脆弱性测度，将贫困脆弱性定义为消费水平的期望效用低于确定性等值效用（用贫困线代表的消费水平）的程度。期望贫困的脆弱性测量方法由 Pritchett 等（2000）、Hoddinott 和 Quisumbing（2010）、Chaudhuri 等（2002）等提出，由 Klasen 和 Waibel（2015）等进行了重大改进，其基本逻辑是，用可观测到的变量和冲击因素对收入进行回归以得到未来收入的表达式，进而假设收入的对数服从正态分布，由此得到未来收入低于某一值（通常是贫困线）的概率，这个概率就被称为脆弱线。由于期望贫困的脆弱性测量方法是在充分考虑了可观测和不可观测特征后对未来贫困概率的估计，同时对数据的要求相对较低，因此在之后的研究中得到了较多的应用。风险暴露的脆弱性测量方法由 Dercon 和 Krishnan（2000）提出，其基本逻辑是家庭在面临风险时如何选择消费使其效用最大化。

总的来说，目前学者们普遍的观点是，贫困脆弱性是经济、社会、自然等一系列环境下的综合产物，分析贫困脆弱性应该有一个综合的视角。由于任何单项的脆弱性指标都无法理想地反映贫困人口所面临的所有脆弱性，所以有关贫困脆弱性的度量指标还在继续探索中。

3.2 普惠金融体系构建的关键要素与环境分析

本节将对普惠金融体系构建的关键要素进行总结，为后面探讨中国普惠金融发展进程、普惠金融体系构建与农村反贫困战略协同面临的挑战提供分析框架。为实现这一目的，将对普惠金融体系构建的四个关键要素进行更为深入的探讨，这四个关键要素包括金融服务的可得性、金融产品的多样性和适度性、商业可行性和可持续性、安全和责任。

3.2.1　金融服务的可得性

消费者能否方便快捷地获取自己所需要的金融产品和服务是普惠金融的关键驱动因素，因此，有研究表明，改善金融服务的可得性不仅可以增加消费者对金融产品的使用，同时也能增加收入、促进生产投资和就业。金融服务的可得性意味着消费者在空间距离上可以充分接近金融服务设施，包括金融的分支机构、代理点、自动取款机（automatic teller machine，ATM）或其他网点及设备，这样他们就可以挑选和使用一系列金融产品和服务。当然，随着互联网的快速发展和普及，远程服务渠道对于获取金融服务和使用金融产品也越来越重要。空间距离可得性的缺乏给消费者带来高昂的交易成本，如交通费用、时间成本，如此，金融服务和金融产品很难充分发挥其满足消费者需求的价值，进而使得正规金融产品和服务的使用水平低下。

在许多国家，正规金融机构都是根据经济效益的好坏而选择是否拓展其分支机构，所以，在互联网普及率和智能手机使用率较低的过去，消费者通常只能在金融机构的实体网点获取金融服务，如此，如城市低收入群体和农村居民，特别是偏远山区的农村居民，从金融机构的实体网点获取金融服务更为困难，这类群体的自身成本不但较高，而且金融机构建设和运营实体网点的成本也要大大高于为此类群体提供金融服务所取得的收益。所以，低收入群体和农村地区存在严重的金融抑制现象就不足奇了。当然，同样在许多发展中国家，也有一些金融服务提供者专门服务上述金融服务可得性不足的群体，如中国的村镇银行、孟加拉国的孟加拉乡村银行、卢旺达的储蓄与信贷合作社，这些金融机构在过去主要是通过小额信贷等方式拓展金融服务，并且已经取得了一些积极的经济社会成效，形成了对传统正规金融机构很好的补充。与主流商业银行相比，此类机构通常提供更具针对性的低成本的、简单的金融服务，并且这类金融机构在农村地区具有更好的信息处理能力。

多元化的金融组织体系对于推进普惠金融至关重要，但是经济效益低下仍然是限制金融机构进一步发展和实体网点拓展的最大障碍。因此，实现普惠金融需要超越实体网点拓展局限，金融机构应想方设法提升金融需求者空间上的可获得性。例如，ATM的出现，作为第一个广为分布的无网点服务设施，为更多的消费者提供了更为方便快捷的金融服务。全球130多个国家的ATM分布均已远远超过了物理网点数量，其中，中国的ATM数量已经超过了网点数量的四倍。从中国、马尔代夫、印度尼西亚等国的船载银行、摩托车银行、汽车银行，到越南的移动ATM，再到印度、俄罗斯等国具有支付功能的售货亭，都是对金融服务的创新运用。在这些国家的金融服务创新案例中，虽然并没有投资修建和运营全功能的金融物理网点，但都无一例外地成功地改善了消费者金融服务的可得性。

尽管这些创新能够提高金融服务的可得性，但是在不同国家以致同一个国家的不同地区之间仍存在很大差距。即便是一些新的渠道，表面上看比全功能的物理网点运营成本可能要低，但这并不意味着它们的绝对成本（重点包括后期维护等方面的支出）也很低，所以，制约普惠金融发展的成本收益问题一直都是存在的。例如，设立一个配有 ATM 和 POS（point of sales，销售终端）机的代理点，事实上，从小额交易中获取的收入往往难以弥补前期投资和运营成本。此外，从消费者的角度来看，并非所有类型的金融服务提供者或金融服务渠道都是无差别的。网点类型不同，其在便捷性、产品提供、渠道功能及运营质量等方面的差异也很大。在大多数国家，提供最全面的金融产品和服务的主体仍然是商业银行的实体网点，因为其他微型金融机构会受制于成本。专门为农民和贫困群体提供金融服务的微型金融机构，虽然明显提高了农民的金融产品和服务的物理可得性，但提供的产品和服务非常有限，而且可能尚未被充分纳入重要的金融基础设施体系（如支付基础设施、征信系统），同时还面临着与其他大型金融机构一样的监管标准，从而限制了微型金融机构的发展及普惠金融理念的践行。

除了金融机构经营的物理网点，随着互联网的快速普及，特别是我国互联网的快速发展，智能手机和个人计算机等个人设备逐渐进入居民家庭生活，智能手机和个人计算机已经成了消费者使用金融产品的新渠道，并且已经成了最便捷和最常用的渠道。这些个人数字设备可以促进消费者和金融机构完全在现有关系不改变的前提下更多更快地使用金融产品，如可以将消费者目前已有的任一银行账户与第三方支付机构（如支付宝、微信）进行关联，同时也提供了更便利的产品使用平台（如收取和支付资金，免去了现金使用），大大提高了消费者金融服务的可得性，降低了交易成本。所以，互联网和移动支付的普及对于快速推进中国普惠金融发展进程有着最直接的作用，而进一步践行普惠金融发展，必然离不开互联网和移动支付，依托于互联网与移动支付，金融机构能更直接、快捷地向更多的群体提供金融服务。

3.2.2　金融产品的多样性和适度性

发展普惠金融，金融机构必须有针对性地展开金融创新，与时俱进地设计一系列合理的金融产品和服务，使之能够满足不同消费者多元化的金融需求，特别是满足那些过去在传统金融机构那里无法获得金融服务和获得的金融服务严重不足群体的需求。合适的金融产品设计同样离不开精确地识别特定消费者群体的需求，并选择能够以一定的且可以承担的成本满足消费者需求的产品特性。如此，才能在提高金融服务供给的同时又保证金融服务质量。普惠金融中心（Center for Financial Inclusion）对“质量”的定义包括：可负担、便捷、适当、透明、产品匹配、安全、客户价值、维护客户尊严及保护客户权益，只不过，这些要素并非相互独立，往往相互关联或有所交叉。

那么，金融产品设计的质量又是如何对普惠金融产生影响的？事实上，合适的金融产品能够进一步推动产品的有效获取和高效使用，让更多群体进入正规金融体系锚定的范围之内；相反，不适合的金融产品既不能保证金融机构收获预期的效益，不利于机构可持续发展，更不利于产品的普遍接受和长期使用，甚至可能对一部分群体（尤其是贫困群体）带来损害。世界银行《2014 年全球金融发展报告》指出，产品设计特性能够影响个人使用产品的广度和效果。因此，如果不注重产品设计，就会造成交易账户获取和使用受限。

通常而言，受信息不对称等因素的影响，正规金融机构提供的传统金融产品和服务难以很好地满足低收入消费者（特别是农村贫困居民）的金融需求，因为这些群体由于自身的特殊性，往往只需要简单（短、频、快）、低成本的金融产品和服务，无须多余的功能，如小额支付结算、短期小额贷款和小额存取款。随着数字金融的出现，以及互联网的快速渗透，运用先进数据分析方法对现有和潜在的客户进行全面分析，使得设计出的金融产品和服务能够满足人们的多元需求，因此在人们普遍追求个性的今天就更容易满足消费者更加个性化的需求，其巨大潜力的发挥也将更快更广泛地占据市场。当然，合适的产品设计还须考虑到影响所有金融服务消费者的行为偏差。现时倾向（present bias）常常影响个人的金融决策，导致消费者优先选择现时消费而不是为了未来的消费进行储蓄。为提高金融的普惠性，必然需要充分地理解消费者行为偏差，并将其融入产品设计理念。考虑行为偏差的产品设计的例子包括旅游账户、教育账户、承诺储蓄产品账户、自动转账账户、自动储蓄提醒账户等。

为了更具针对性地设计出更为合适的金融产品，金融机构十分有必要更深入地对那些无法获得金融服务和获取金融服务严重不足群体的特征和需求进行了解，亦即产品设计遵循以人为本（或以客户为中心）。尽管要完全获取目标客户的详细信息非常困难，但近些年在不同地区也涌现出了很多新的方法。例如，家庭的财务日记，可非常详细、及时地记录观察家庭的收支情况；我国在国务院扶贫开发领导小组办公室的领导下，对每个贫困户建档立卡，建设了全国扶贫信息网络系统；高校或政府部门展开的家庭调查和市场调查也有助于更好地掌握消费者的行为。以人为本的产品设计过程重在强调从消费者出发，对消费者所处的环境进行仔细观察，了解不同消费者的不同需求、偏好和行为，从而可以直接向消费者学习，能够提供适合特定情形的解决方案，相关成果就会被用于新的或者不同的产品设计。以人为本的产品设计，俨然超越了传统的市场调查，日益受到金融创新的高度重视。

便利性是金融产品和服务适当性的另一重要考量因素。对消费者而言，便利性既与金融机构的物理网点远近和金融产品销售的渠道多寡有关，又与服务是否及时和程序是否烦琐等导致的金融服务效率损失（或无效率）有关。以贷款为例，贷款申请者需要提供的文件、申请贷款获批所需天数、抵押物的类型、抵押物评估等，都会对消费者申请贷款、使用贷款和偿还贷款带来障碍。产品覆盖面及多样性是普惠金融的另一个重要组成部分。事实上，低收入家庭或者农村贫困家庭的需求各不相同，而且非常复杂，与其他家庭一样，贫困家庭为了管理风险、平滑消费、存储货币、市场交易需要一系列基础金融产品和服务，不仅仅是诸如存贷款或者支付等单一产品或服务。因为贫困群体的收入波动更大且具有明显的季节性特征，更容易受到财务冲击影响，这时候，保险产品就显得尤为重要（如人寿保险、丧葬保险、健康保险、财产保险、农业保险等）。

数字金融的快速普及和发展可以更好更快地推动金融创新，因此有助于更快地推进普惠金融目标的实现。数字金融服务既包括如移动货币、网络借贷这一类适用于数字载体的金融产品和服务创新，也包括利用大数据处理信息不对称、进行信用评分等这一类数字技术驱动的商业模式创新，还包括通过数字技术渠道获取传统的金融产品和服务。数字技术在金融服务领域中的出现及广泛应用，不仅大大降低了金融机构进行金融产品和服务创新的成本，还可以以更为快捷的方式覆盖更广泛的消费者群体，从而可以极大地丰富提供给贫困群体的金融产品和服务。

3.2.3 商业可行性和可持续性

从消费者角度来看，金融服务的可得性与金融产品的多样性和适度性是普惠金融的关键要素，但是，金融机构在提供金融服务时不得不面临一个关键挑战，即如何确保金融机构能够以低成本的方式可持续地提供金融产品和服务。如果一个金融体系的运行不可持续，金融机构就不会向更多的群体提供金融服务，普惠金融目标就难以实现。

一个包容、多元、竞争和创新的金融市场对于普惠金融可持续发展至关重要。因为不同消费者需要的金融产品和服务具有多样性，所以，这时候仅仅依靠商业银行主动延伸其金融服务范围往往不太现实。商业银行、传统农村金融机构、新型农村金融机构、邮政储蓄银行、支付服务提供者、电商平台（京东、苏宁等）、移动网络运营商及金融科技公司等，有必要通力展开合作，进行金融创新，共同为普惠金融发展做出各自的努力。例如，农村地区的银行在所处社区和偏远山区与各居民户都具有长期广泛的联系，能够利用长期的账户往来更好地在当地建立信任关系，也能够更好地了解和满足不同客户的特定金融需求。很明显，中国早在 21 世纪初就已经认识到这一点，并且进行了多年的积极实践，一开始，中国支持建立了新型农村金融机构（包括村镇银行、小额贷款公司和农村资金互助社），主要是为了进一步拓展农村地区金融服务的深度和广度。近年来，随着互联网金融在中国的快速发展，中国又批准设立了互联网银行和金融科技公司。

在向农村贫困群体提供金融产品和服务时，金融机构应该进行充分的调整，才能更好地降低经营成本，克服金融机构可持续发展障碍。金融机构很难掌握更多客户的更多信息，因此产生了信息不对称，而信息不对称就成了各类金融机构首先面临的一大障碍。过去，解决这一问题最常用的做法是向农户提供联保贷款。但是，随着互联网和智能手机的普及，金融机构可以与互联网公司展开深度合作，利用大数据进行信用评估和风险管理。当然，数字技术还可以为借款者提供更便利的服务，如分期付款、跨行转账等业务，从而降低金融机构服务贫困群体的管理和运营成本。

良好的金融基础设施（主要是信用基础设施和全国支付体系）是金融机构服务贫困农户从而实现可持续发展的另一重要保障，信用基础设施是指征信体系、担保交易体系、抵押登记及破产制度和债务解决机制。征信体系可以收集所有存在的客户的金融信息，包括分期偿还数据、存贷相关数据，这样有助于可靠地收集数据，且能保证低成本地进行信用评价，从而有助于更好地降低信息不对称和交易成本。完善的担保交易体系和抵押登记制度，可以使贫困型农户将有且仅有的一些廉价不动产（如土地、房屋）和动产（如设备、存货、地上定作物）作为抵押物，从而获取投资和发展的资本。完善的破产制度和债务解决机制可以及时有效地拯救陷入困境甚至是濒临倒闭的企业，这些制度安排可鼓励企业家进行有效的投资，同时承担可预见的一些风险，以及增加金融服务提供商向这类企业贷款的意愿。

以商业可持续的方式为贫困人群提供金融产品和服务，如果仅仅遵循市场机制将很难实现金融机构可持续和农村反贫困，要实现两者的协调，其中一个关键要素是正确认识政府的作用，政府重要作用的体现便是引导多余干预，监管多余参与。因为政府一旦直接介入进行干预的时候，即使政府部门最初目标是出于良好的愿望，旨在出台许多推动普惠金融发展、实现农村反贫困目标的政策，但是如果这些政策违背了市场规律，最终就会损害消费者的利益，如果设置过于严格的利率上限可能限制信贷可得性，提供优惠性质的农户贷款不但可能助长信贷“精英俘获”现象，还有可能促使消费者养成不良的还款行为，也不利于私人部门进入农村信贷市场。相反，政府部门应该重点关注金融基础设施的改善和提供合理的金融监管，所以，金融管理部门应当在以下方面投入更多的人力和财力：一是与私人部门建立良好的政策对话机制，加深政府对私人部门之间的了解；二是建立有利的法律和监管环境，实施适度监管要求，具备充分的监管能力；三是建立覆盖面广、稳定可靠的金融和信息通信基础设施。

3.2.4 安全和责任

实现普惠金融的长期发展，其目标就在于能够负责任地向金融需求者提供多样的、适度的金融产品和服务，与此同时，普惠金融的政策目标还应当与整个国家乃至于世界金融稳定和市场诚信的政策目标相一致。总而言之，为了维护金融市场的秩序稳定，金融管理部门应当不断地对金融风险进行评估，在不同金融政策目标之间做好权衡取舍。

金融消费者权益保护的核心要素包括金融产品和服务条款的清晰披露、公开透明，消费者得到金融机构的公平对待，以及建立便捷合理的纠纷解决机制等，对消费者来说，无论是获得最符合其需要的产品和服务，还是在使用产品和服务的过程中权益不受侵害，都是必不可少的。金融消费者权益保护可以在很大程度上帮助增强消费者（特别是新进入正规金融体系的消费者）对金融体系的信任，如此，在法律和监管环境中，就应努力构建一个完备的金融消费者权益保护框架，该框架对金融机构的行为应该设定明确的规则。

即使我们不考虑金融服务的可得性或者是金融产品的适当性，金融能力的普遍偏低也是普惠金融发展过程中必须面临的另一个重要障碍。金融能力是指消费者采取最符合自身金融利益之行动的内在能力，与其管理自身资源，了解、选择和使用符合需要的金融服务密切相关，包括消费者的知识、态度、技能和行为。金融能力较低的个体可能因为信息不对称而不信任正规金融服务提供者，这类人通常也不会意识到使用金融产品和服务可能给自己带来预期潜在收益。改进个体的金融能力，加大金融知识的传播力度，能够促进金融产品和服务的获取和使用，从而更有效地满足消费者的金融需求。所以，如何提高贫困群体的金融能力，就成了金融服务提供者和金融管理部门重点关注的领域。

没有整个金融体系的安全和稳健运行，普惠金融的长期发展必然就会成为空谈。金融监管部门为了实现普惠金融发展目标，推动金融精准扶贫战略，在放松监管要求鼓励某几类金融机构展开金融扶贫模式创新或交付渠道时，必须确保有强大的、与时俱进的监管框架，使金融能长期稳定发展，同时确保金融机构之间能够展开公平竞争，并使消费者享受金融服务的合法权益得到保护。尤其是在金融科技和互联网金融领域，特别应注重平衡好风险和创新的关系，才能为新产品、新交付渠道及有利于普惠金融发展的新型商业模式和伙伴关系提供持续的增长空间。

在实现普惠金融目标的同时，要维护好市场诚信，这同时也需要妥善权衡和取舍。正如《普惠金融支付报告》所指出的，国家监管机构既要建立相关监管机制，保护金融体系免受洗钱和恐怖融资活动的冲击，同时还要保持足够的灵活性，促进更加方便地解决消费者身份识别问题（这个问题对金融服务不足群体来说是一大障碍）。监管机构还要使新的提供者能够进入市场，并为金融产品创新留下空间[①]。

3.3　普惠金融体系构建与农村反贫困理论机制分析

3.3.1　普惠金融体系构建与农村反贫困的内在逻辑关联

普惠金融体系构建的最终目标在于减少经济中的金融抑制现象，金融抑制的直接后果是机会的不均等引起的收入差距扩大。改革开放以来，我国经济已保持了 40 多年的高速增长，与此同时，我国的经济体系却仍然呈现出典型的金融抑制特征（王小华等，2014b），普惠金融发展水平一直处于相对滞后的状态，从而不利于最广大人民群众公平享受金融发展带来的福利。金融抑制导致贫困人群面对更高的贷款利率和更低的存款利率，造成金融市场的“机会不平等”，使得穷人财富增长更慢，甚至陷入贫困陷阱（陈斌开和林毅夫，2012）。因此，针对不同收入层次的农民，必须贯彻普惠金融发展理念，其中尤其应注重金融供给应该有不同的供给主体和性质，这就迫切要求构建普惠金融体系。

为了讨论普惠金融体系构建与农村反贫困的内在逻辑关联，我们从农村金融抑制与农民收入不平等或者说贫困加剧之间的关系入手。基于 Aghion 和 Howitt（2009）的研究，在简单的 AK 模型中，引入“农村金融抑制”因素。首先假定不同农民之间生产率存在很大差异，这就意味着不同农民之间资本获取和积累的不平等。生产率的差异导致生产能力更强的农民可以获取更多的资本，因此生产能力更强的农民可以使用更多资本，其收入就可以得到不断提高，而生产能力更差的农民则刚好相反。

由于农村金融市场中的财富门槛效应同样存在，而生产率较低农民的财富通常会远远低于这一门槛值，即使他们能够取得借款也达不到最低的投资规模，这种“金融抑制”使他们被迫成为资金的出借者。于是，生产能力更强的农民如果从生产能力弱的农民处借入资本的话，农村金融市场将会促进生产能力强的农民（也就是高收入农民）收入增长，进一步促使农村经济增长。在这一模型中，农村金融抑制进一步强化了农民间的收入不平等。事实上，当金融抑制程度极高时，即所有的资本都被那个最有效率的农民拥有而进行生产的话，农民收入和农村经济增长将会达到最大化。

---

① 普惠金融四要素之——安全和责任. https://www.nenglian.com/insight/2174.html[2020-06-17].

基于此，我们假定县域农村经济中存在 N 个农民，在 t 时期之初，个体 i 拥有 e_i 单位的资本，因此，可以得到总资本存量为

$$K_t = \sum_{i=1}^{N} e_i \tag{3.1}$$

为了更好地分析不同生产率的农民因为农村金融抑制现象而导致的收入不平等，此处我们考虑在农民个体水平上不存在边际生产率递减的极端情形。此外，我们引入信用乘数。信用乘数是指银行创造存款货币的倍数，它用来衡量银行信用创造的能力，而银行信用创造取决于准备金率的高低。准备金率越低，信用乘数越大，金融抑制程度越小，反之则反。同时允许任何 $v>1$ 的信用乘数，如当 $v=+\infty$ 时，农村金融市场是完美的，农户无须面对资金的借入与借出约束；而相反的情形，即 $v=1$，信用就无法获得。于是：信用乘数越大，银行向农户提供贷款的集中程度越低，农村金融抑制程度越低；信用乘数越小，银行向农户提供贷款的集中程度越高，农村金融抑制程度越大。

这样一来，每个农民 i 的生产函数就可以表示为

$$y_i = \tau_i k_i \tag{3.2}$$

其中，参数 τ 表示农民个体生产率，其大小因农民而异，且满足

$$\underbrace{\tau_1 > \tau_2 > \cdots > \tau_i > \cdots > \tau_{m-1}}_{1\leqslant i\leqslant m-1,\text{生产率较高农民}} > \underset{\text{边际生产者}}{\tau_m} > \underbrace{\tau_{m+1} > \cdots > \tau_i > \cdots > \tau_N}_{m+1\leqslant i\leqslant N,\text{生产率较低农民}} \tag{3.3}$$

式（3.3）说明随着 i 的不断增加，相应农民的生产率逐渐降低，其中 τ_m 表示某一个边际生产者 m 的生产率参数，同样地，我们可以将生产率较高的农民称为高收入农民，生产率较低的农民称为低收入农民。一般情况下，每个农民都会选择资本雇用量 k_i 来最大化自己的收益，因此有

$$\pi_i = \tau_i k_i - r\left(k_i - e_i\right) \tag{3.4}$$

其中，π_i 表示第 i 个农民的收益，r 表示市场利率，同时该方程还满足授信抑制

$$k_i \leqslant v e_i \tag{3.5}$$

上述抑制最大化问题依赖于农民自身的生产能力。式（3.4）中，如果 $\tau_i > r$，则农民的收益关于资本的雇用量是严格递增的，从而农民将使用授信抑制允许的最大数量 ve_i；相反，如果 $\tau_i < r$，农民通过借出自己所拥有的资本获得的收益将高于自己直接利用资本进行生产而取得的收益，这种情况下的农民将不雇用任何资本，而只是简单地将其拥有的资本数量 e_i 借出；如果 $\tau_i = r$，则农民的收益独立于 k_i，所以农民将愿意雇用 $\left(0, ve_i\right)$ 之间任意数量的资本。

农村金融市场的均衡要求资本的总雇用量等于总的资本存量 K_t，这可以通过均衡利率与某一个边际生产者 m 的生产率参数 τ_m 相等来实现。所有 $i<m$ 的农民适用于 $\tau_i > r$ 的情形，而所有 $i>m$ 的农民则适用于 $\tau_i < r$ 的情形。总资本使用量将等于边际生产者的使用量再加上 $\tau_i > r$ 情形时的所有生产者能够使用的最大

数量，所以均衡条件为[①]

$$k_m + v\sum_0^{m-1} e_i = K_t \tag{3.6}$$

因为边际生产者对应于 $\tau_i = r$ 时的情形，因此我们需要：

$$0 \leqslant k_m \leqslant ve_m \tag{3.7}$$

于是，农村金融市场均衡要求[②]：

$$\sum_0^{m-1} e_i \leqslant K_t/v \leqslant \sum_0^{m} e_i \tag{3.8}$$

式（3.8）表明，如果 m 就是金融抑制所允许使用的最大雇用量的话，那些生产能力比 m 更强的农民使用的资本数量不可能超过 K_t，则雇用量将至少是 K_t。这一条件可以识别边际生产者 m 的身份，因为总是只有一个 m 的数值可以让这一条件成立。唯一的例外是存在某一个 n 使得 $K_t/v = \sum_0^{n} e_i$ 成立，此时我们可以选择 n 或者 $n+1$ 作为边际生产者。

下面我们再看看信用乘数 v 提高时，也就是农村金融抑制逐步降低时的情形将会发生什么。首先假设生产效率最高的农民没有多余的借贷能力，其前提条件是 $K_t/v \geqslant e_1$ 且 $m>1$。在这种情况下，当信用乘数 v 提高时，所有比边际生产者效率更高的 $i<m$ 的农民就会不得不降低资本的雇用数量，而边际生产者将会弥补空余的部分，除非边际生产者没有足够的财富来借入足够多的额外资本，在这种情形下，某个生产效率更低的农民就会变成新的边际生产者。由于低收入农民雇用的资本收益要明显小于高收入农民雇用同样的资本收益，而这种通过从更有效率的农民到缺乏生产效率的农民间的资本再配置，将使整个农村经济的效率降低，最终使整个经济的总产出降低。

更具体地说，上述情形中的总产出可以表示为

$$Y_t = \tau_m k_m + \sum_0^{m-1} \tau_i k_i = \tau_m k_m + v\sum_0^{m-1} \tau_m e_m \tag{3.9}$$

其中，Y_t 表示总产出，式（3.9）和市场出清条件式（3.6）意味着：

$$Y_t = \tau_m K_t + v\sum_0^{m-1} (\tau_i - \tau_m) e_i \tag{3.10}$$

由于农民的生产率 $\tau_i > \tau_m$，对所有的 $i<m$ 来说，我们都会得到：

---

① 我们定义 $e_0 = 0$，从而均衡方程式（3.6）的求和项在 $m=1$ 时才是有意义的。

② 为了推导式（3.8），用式（3.6）来代替式（3.7）中的 k_m，然后将这一不等式中的三项都除以信用乘数 v，最后加上 $\sum_0^{m} e_i$。

$$\frac{\partial Y_t}{\partial v}=\sum_{0}^{m-1}(\tau_i-\tau_m)e_i>0 \tag{3.11}$$

现在我们考虑 $K_t/v<e_1$ 时的情形，在这种情况下，信用乘数是较高的，也就是农村金融抑制较严重，以至于所有的资本都被生产最有效率的农民所雇用，从而农村的产出就等于最大可能的数量：

$$Y_{\max}=\tau_1 K_t \tag{3.12}$$

在以上两种情形中（$K_t/v\geqslant e_1$ 且 $m>1$ 和 $K_t/v<e_1$），增长率都可以表示为

$$g=s(Y_t/K_t)-\delta \tag{3.13}$$

其中，g、s、δ 分别表示增长率、储蓄率和折旧率，于是信用乘数或金融抑制程度的降低将会降低农村经济产出总量 Y_t，从而降低农村经济增长，除非是最优生产效率的农民具有空余的借入能力，此时 $g=s\tau_1-\delta$，这是独立于信用乘数的。

值得注意的是，当金融抑制程度很高时，如果所有的资本都由最高效率的农民所拥有，则农村经济增长将会比每个农民都拥有相等的资本量 K_t/N 时的情形要快，因为在后一种情形中，借入约束将阻止所有的资本都被最具生产效率的农民使用，而前一种情形却刚好相反。在这个意义上，农村金融抑制的提高，也即普惠金融程度降低能够推动农村经济增长和高收入农民收入增长，但这一过程是以失去低收入农民收入增长和降低农民收入内部不平等为代价的，所以显著不利于农村贫困的降低。然而，上述结论并不意味着任何形式的农民收入不平等的加剧都会提高农村经济增长。问题的关键不在于所有权的集中，而在于那些最聪明且生产效率最高的农民。正如 Hayek（1960）所言，我们随时都可以把富人的财产分给贫困人群，从而改善赤贫者的处境。但是，尽管这种强迫大家齐头并进的做法暂时能使人们地位接近，即降低收入不平等，但它很快就会延缓整个队伍的进行速度，并且从长远的观点来看，它还会使落后者继续落后。因此，缓和农民之间不平等和减少贫困的方式是将富裕但生产效率较低的农民的财富转移至贫困却生产效率较高的农民手中，这不仅能促进低收入农民收入增长，同时也能够降低农民之间的不平等和缓解农村贫困。但是这一目标的实现，如果仅有市场机制的作用将难以完成，还需要政府对金融市场进行必要的调节。

3.3.2 普惠金融体系构建与农村反贫困：市场与政府的作用

普惠金融体系构建的最终目的是通过金融抑制的放松，进而满足更广大群体的金融服务需求，尤其是在金融机构确保安全经营的前提下，积极开辟农村信贷市场，努力走出传统信贷的桎梏，在政府适度干预的情况下，通过有效的政策激励，引导农村金融机构针对农村低端信贷市场的特征进行更深入的金融创新，使得那些潜在的过去长期被排斥在金融机构之外的有效金融需求得到更好的识别和

满足，特别是加大对低收入农户群体的信贷支持力度。例如，提供贫困信贷支持或者优惠性质的农户贷款。低收入水平农户受到资本初始积累水平的不足、外部融资能力低下，以及金融机构“嫌贫爱富”本性的多重制约，但是当他们具备了一定的资本水平，就会逐渐获得并增加其外源融资的能力（王小华等，2014a）。只要农户在自身资本形成和利用外源融资之间形成良性循环，通过普惠金融体系构建实现农村反贫困目标就是可行的。

为了分析政府干预情况下的农户信贷促进农民公平增收和降低贫困的内在机理，我们引入市场“信用约束”来分析农户信贷与农民收入之间的关系。

首先，假定不同农民之间生产率存在较大差异，如经济体中存在 N 个农民，假设第 $i(1 \leqslant i \leqslant N)$ 个农民的生产率为 π_i，则有 $\pi_1 < \cdots < \pi_i < \cdots < \pi_N$。

不同农民之间客观存在资本获取能力和积累水平差异，其生产能力（生产率）与资本获取、积累能力又会互相影响，导致不同农民之间的生产率必然存在差异。生产能力更强的农民可获取更多资本，他们遵循收益最大化原则进行理性投资和合理配置资源，使得劳动生产率和收入水平不断提高，这就是“理性小农”；而生产能力差的农民，资本获取与积累能力更弱，其资源配置行为可能有明显的偏离经济理性的倾向，因而生产率和收入增长也更迟缓，此即“道义小农”。

同时，信贷市场存在抵押资产的门槛，生产率较低的农民，其资产通常会低于这一门槛值，他们面临着较强的信用约束，无法取得必需的借款以达到生产中最低的投资门槛，从而被迫成为资金的出借者。相反，生产能力更强的农民，其可抵押资产相对较多，还款能力也较强，因而面临的信用约束较小，最终从贷款人手中获得贷款也相对容易且较多。如果生产能力强的农民从生产能力弱的农民处（或信贷机构）借入资本的话，就能跨过投资门槛，从而增加产出和收入，促进农村经济增长。

值得注意的是，在信用约束非常强这一极端情况下，如果所有的资本都由生产最有效率的那个农民所拥有，那么农村经济增速将会比每个农民拥有均等的资本量时的情形要快。因为此时信贷资本向生产率最高的“理性”农户集中了，可通过生产能力和规模效应获得更多的农业产出。同时，市场机制主导下以逐利和避险为目标的农户信贷资本，总是会从生产率低的“生存性”农户向生产率高的“理性”农户集中。如果仅仅依靠市场调节，就会在一定程度上导致农户信贷过度集中，这样必然会加剧收入不平等，最终威胁社会稳定。于是，政府为了维护社会的公平与稳定，可能就需要适当地采取农户信贷调节政策，促使信贷资本在农户内部实现相对均衡的配置。于是就会人为地增加低收入农户的（即生存性农户）信贷供给，改善低收入农户的信用激励，但是在农贷资金一定的情况下，必然会增加对高收入农户（即理性农户）的信用约束，这样势必会引致一部分农户信贷资本处于低效率生产状态，甚至是帕累托完全无效率。因为此时如果农户信贷调节不当，很可能会导致高收入农户收入因为信贷资源减少而使得收入增速减缓，而低收入农户因为信贷资源的使用不当反而形成信贷资源低效运行和收入增长迟缓的双重不利局面。其最终结果可能一边是政府“费力不讨好”，另一边是农村经济增长乏力和“道义小农”向“理性小农”的转化失败。

然而，上述分析却并不绝对地意味着政府任何形式的农户信贷调节政策都会导致其改善农民内部收入不平等和缓解农村贫困状况收效甚微。事实上，为促进农村经济发展和农民收入公平增长，农村金融机构不仅有所作为，而且大有作为。存在以下两种情形可使政府在高收入农户与低收入农户之间的信贷调节实现帕累托最优效率。

一种是高收入农户的市场信用激励过剩，导致信贷资本在其项目投资中出现“边际收益严重递减”的情况。此时，若政府利用其对部分金融机构的“强势”主导作用，将一部分剩余信贷资本从高收入农户调节到面临严重信用约束的低收入农户或者贫困型农户手中，就会在不损害高收入农户经济效率的情况下增加低收入农户获取收入的机会，从而增进社会福利。

另一种是将收入高但并不十分聪明（即可能因为某次偶然的机会进行了失败的投资而遭受经济损失，此时的生产效率较低）农民的部分信贷资本调节至低收入却相对较聪明（即可能因为某次偶然的好机会可以进行一次成功的投资而获取高额的收益，此时便拥有较高的生产效率）的农民手中，也将促进低收入农民的收入增长，降低农民内部收入不平等程度。可见，政府在尊重市场经济规律条件下，对不同收入水平农户进行适当的信贷调节，仍然是避免农户信贷市场化配置过于失衡带来的农民内部收入差距扩大的有效手段。

因此，可以说普惠金融体系构建的重点并不在于放任市场主导金融资源配置，而在于政府在保证市场优化配置金融资源的态势下进行适当的干预，旨在调节农户信贷市场，通过政策激励的方式鼓励金融机构开辟低端市场，让更多有潜在金融服务需求的农户，特别是部分有潜在生产能力而只是暂时自身资本积累不足的贫困型农户获得外源融资而跨越投资门槛，最终让农户获得更为公平的增长收入的机会。

3.4 普惠金融体系构建与农村反贫困战略协同的内涵辨析与理论机制

3.4.1 普惠金融体系构建与农村反贫困战略协同的内涵辨析

事实上，国内学术界有大量研究说明优惠性质贷款存在“精英俘获”现象，进而影响了普惠金融发展进度，不利于金融减贫目标的实现。其中，不同学者对农村精英进行了界定和分析，普遍认为农村地区拥有更高收入或者具有社会地位的家庭属于精英家庭，这类家庭相比于其他家庭拥有更高的社会资本、稳定的收入及更强的还款能力，更容易俘获有限的信贷资金。刘升（2015）将当前农村“精英俘获”方式划分为三种，分别为直接俘获国家资源并从中获利、通过俘获集体资源来套取国家扶贫资源、通过俘获国家非货币型资源使用权并将其以资本化的方式获利。童馨乐等（2011）的计量分析表明，与一般农户相比，在其他条件相同的情况下，担任乡村干部的农户明显拥有更多的有效借贷机会，并在实际借贷额度方面具有一定优势。徐璋勇和杨贺（2014）的分析表明，由于乡村干部往往是当地能力强、威信较高且具有一定影响力的人，加之拥有稳定的工资收入，其还款能力相比普通群众高，因此乡村干部具有获得贷款的显著优势。范香梅和张晓云（2012）对农户按高、中、低分层，发现低收入农户比中高收入农户更不容易获得贷款。刘西川等（2014a）的研究表明，随着收入水平的提高，农户得到正规贷款的比例逐渐增大，且高收入农户获得的贷款金额更大。因为收入越低的农民因为自身资本积累的天然不足和外源资本获取能力较差，其所受到的金融抑制程度更大，从而越难以摆脱收入增长困境；而收入越高的农民因为自身资本积累的优势和较高的外源融资能力，其收入增长不断走向良性轨道（王小华等，2014b）。温涛等（2016）的研究发现，“精英俘获”机制泛滥于非贫困县农贷市场，使得该地区农贷市场结构扭曲、功能错位、目标偏离，而贫困县的农贷资金并未被精英群体大量获得。

此外，始于2007年的农村金融增量改革，新型农村金融机构对“三农”发展的影响承载着改革的期望，因此，新型农村金融机构的金融资源的去向也受到了广泛关注。其中，农村资金互助社作为弥补农村地区（特别是经济发展落后的贫困地区）金融服务空白、解决农村金融服务落后等不足的农村信贷机构，其以资金合作的模式来谋求农民的自我发展，对农村反贫困有着举足轻重的作用，因而得到了大量学者的关注。汪三贵等（2011）的调查发现，互助资金在试点地区使大量的农户受益，但最贫困的农户受益相对较小，说明农村反贫困事实上不能依赖互助资金。刘西川（2012）的实地调研发现，村级发展互助资金未能瞄准当地贫困群体，贷款申请户和实际得到贷款户都是村里经济条件好的农户。胡联等（2015）的调查发现，每100个互助资金使用者中有31个名额被精英占有，互助资金贷款的发放存在较明显的“精英俘获”现象。

所以，如果要通过农村金融增量改革推动普惠金融体系构建，进而实现普惠金融体系构建与农村反贫困战略协同，必然离不开监管机构对金融机构的监管，应加大富裕型农户获取扶贫贷款的寻租成本，特别应针对不同收入层次的农民实现区别对待，贯彻普惠金融理念，金融供给也应该有不同的供给主体和性质（王小华等，2014a）。若舍此，则奢谈普惠金融体系构建与农村反贫困战略的协同目标的实现。

3.4.2 普惠金融体系构建与农村反贫困战略协同理论机制

为了进一步分析普惠金融体系构建与农村反贫困战略协同的理论机制，我们在此借鉴 Stiglitz 和 Weiss（1981）的理论模型，对优惠性质贷款的减贫效应进行分析。根据前面的分析可知，受信息不对称及农户长期受到金融约束，优惠性质的贷款容易产生“精英俘获”现象。当然，并不是所有的优惠性质贷款都会被精英阶层俘获，也不是所有的优惠性质贷款都会被低收入农户无效率使用。这其中，最重要的是清楚监管当局（政府和人民银行）应该发挥什么样的作用、何时发挥作用及如何发挥作用。

首先，假设信贷员对客户的打分为θ，客户经营信贷资金的回报是R，这个回报的分布函数是$F(R,\theta)$，对于任意的y，假设当$\theta_1 \geqslant \theta_2$时，就有

$$\int_0^y F(R,\theta_1)\mathrm{d}R \geqslant \int_0^y F(R,\theta_2)\mathrm{d}R \tag{3.14}$$

这表明信贷员的综合评价越高的客户①，其经营收益越高。

若客户使用信贷资金的回报是R，则总收益由下式表示：

$$\pi(R,r)=\max\left[R-(1+r)B+(1+r)D/M;-C\right] \tag{3.15}$$

其中，总收益$\pi(R,r)$中的r代表银行的贷款利率，B代表贷款金额，C代表抵押品，$-C$代表最低的收益就是把抵押品赔进去，D表示放款条件的优惠，放款条件的优惠无疑会减少客户获得贷款的花费。而优惠的贷款是有条件的，即有一定的目标客户，我们用市场监管水平来表示非目标群体获得优惠贷款的难易程度，M表示市场监管的水平系数并且$M\in[0,1]$，M越大表示监管越严格。

金融机构发放贷款的条件由下式给出（此时的要求是客户经营的总回报至少不能为负）：

$$\begin{aligned}\varPi(r,\theta)&=\max\left[R-(1+r)B+(1+r)\frac{D}{M};-C\right]\mathrm{d}F(R,\theta)\\&=0\end{aligned} \tag{3.16}$$

对式（3.16）求全微分：

---

① 涉农金融机构贷前调查包括农户生产经营能力、信用状况、家庭财务状况等方面，最后会得到一个综合判断。

$$
\begin{aligned}
\mathrm{d}\Pi(r,\theta) &= \frac{\partial \Pi(r,\theta)}{\partial r}\mathrm{d}r + \frac{\partial \Pi(r,\theta)}{\partial \theta}\mathrm{d}\theta \\
&= -\left(B-\frac{D}{M}\right)\int_{(1+r)\left(B-\frac{D}{M}\right)-C}^{\infty}\mathrm{d}F(R,\theta)\mathrm{d}r + \frac{\partial \Pi(r,\theta)}{\partial \theta}\mathrm{d}\theta = 0
\end{aligned} \tag{3.17}
$$

由此可知：

$$
\frac{\mathrm{d}\theta}{\mathrm{d}r} = \left(B-\frac{D}{M}\right)\int_{(1+r)\left(B-\frac{D}{M}\right)-C}^{\infty}\mathrm{d}F(R,\theta)\bigg/\frac{\partial \Pi(r,\theta)}{\partial \theta} \tag{3.18}
$$

其中，$\int_{(1+r)\left(B-\frac{D}{M}\right)-C}^{\infty}\mathrm{d}F(R,\theta)\bigg/\frac{\partial \Pi(r,\theta)}{\partial \theta}>0$，进而不难发现：

$$
\frac{\mathrm{d}\theta}{\mathrm{d}r}\begin{cases} >0, & M>\dfrac{D}{B} \\ <0, & M<\dfrac{D}{B} \end{cases} \tag{3.19}
$$

由此可见，当监管机构（如政府部门、人民银行）对放款条件优惠的贷款的监管水平 M 越高，即大于临界值 D/B 时，这类型的贷款就会更少地发生目标偏离，于是就会有更多的客户，尤其是相对贫困的客户能够从金融机构得到贷款，从而有利于普惠金融体系构建与农村反贫困战略目标实现。相反，对放款条件优惠的贷款的监管水平 M 越低，优惠性质的贷款就会被少数精英所获取，这种优惠性质的贷款就会发生目标偏离，以至于大多数低收入水平的客户就难以得到贷款，最终使得普惠金融体系构建与农村反贫困战略协同目标渐行渐远。

上述结论同样说明了另外一个问题，在优惠性质贷款的发放过程中，特别是在扶贫贷款的发放过程中，作为委托人的国家与作为代理人的金融机构具有不同的目标函数，国家希望扶贫贷款完全用于“扶贫”，而金融机构则希望运用扶贫贷款“扶富”，为了最大程度上避免委托—代理现象发生，只有加大富裕型农户获取扶贫贷款的寻租成本，才能实现富裕型农户和贫困型农户的分离（张杰，2003）。邢成举（2015）的分析认为，扶贫项目的下达者首先听取的是精英群体关于项目期望及内容的“汇报”，而边缘位置上的贫困或困难群体并没有机会在项目初始就表达社区的真实状况和自己的需求与期望，扶贫工作关于贫困者需求的收集，只获得了精英群体关于项目的意见和声音，无法有效了解和获得贫困者的需求和建议，因此扶贫项目就很容易发生“精英俘获”现象。进而直接影响金融精准扶贫效果，普惠金融体系构建的最初目标便难以实现。

总而言之，普惠金融体系构建虽然是农村减贫的关键环节，但是不可回避的现象是当前的贫困型农户普遍面临着信用约束，这其中就必然需要政府适当介入进行信贷调节，如对优惠性质的贷款进行有效监管。因为在优惠性质贷款的发放过程中，特别是在扶贫贷款的发放过程中，作为委托人的国家与作为代理人的金融机构具有不同的目标函数，不可避免地会出现委托—代理现象，因此只有加大富裕型农户获取扶贫贷款的寻租成本，才能更好地实现反贫困目标。特别应注意的是，由于不同农民之间生产率存在较大差异，他们面临的信用约束也各不相同。为了让金融发展更公平地惠及更广泛的人群，仅有市场机制的作用将难以实现。政府可以在尊重市场经济规律条件下，对不同收入水平农户进行适当的信贷调节，进而有助于实现帕累托最优，政府的信贷调节仍然是当前避免农户信贷市场化配置过于失衡带来的农民内部收入差距扩大的有效手段。政府的调节方式有以下两种：一种调节方式是如果高收入农户的市场信用激励过剩，导致信贷资本在其项目投资中出现“边际收益严重递减”的情况。此时，若政府利用其对部分金融机构的“强势”主导作用，将一部分剩余信贷资本从高收入农户调节到面临严重信用约束的低收入农户或者贫困型农户手中，就会在不损害高收入农户经济效率的情况下增加低收入农户获取收入的机会，从而增进社会福利。另一种调节方式是将高收入但并不十分聪明（即可能因为某次偶然的机会进行了失败的投资而遭受经济损失，此时的生产效率较低）农民的部分信贷资本调节至低收入却相对较聪明（即可能因为某次偶然的好机会可以进行一次成功的投资而获取高额的收益，此时便拥有较高的生产效率）的农民手中，这也将促进低收入农民的收入增长，降低农民内部收入不平等程度。

第4章　中国普惠金融发展水平测度及空间分布特征研究

通过对国内外相关普惠金融发展指数（index of financial inclusion，IFI）构建方法的借鉴与分析，遵循数据可得性、指标客观全面性、计算方法科学性等原则，从可得度、使用度、使用效用三个基本维度出发，基于银行业、保险业、证券业三个金融子行业设定维度指标来构建我国普惠金融评价指标体系。首先对原始指标数据进行无量纲化处理，采用变异系数法确定各维度指标及各维度的权重，根据欧氏距离方法构建普惠金融发展指数，并选取我国31个省（自治区、直辖市）2005~2014 年的相关指标数据，对其普惠金融发展水平进行测度。然后对中国普惠金融发展水平的时期差异和空间分布特征进行详细分析，其中主要运用了空间统计方法。最后利用泰尔指数、变异系数和σ系数分别度量我国四大区域普惠金融发展水平差异变化趋势及其组间差异和组内差异。结果显示：我国整体普惠金融发展水平在不断上升，但普惠金融发展水平普遍还不高，只有北京和上海达到了高度普惠金融发展水平，其余地区均属于中度普惠金融发展水平。为测度我国普惠金融发展水平的区域差异，本章从省际区域和东、中、西、东北四大区域出发，用泰尔指数、变异系数和σ系数对我国省际普惠金融发展水平的差异进行了度量，用泰尔指数及其分解公式对我国四大区域普惠金融发展水平差异进行了度量。度量结果显示，泰尔指数、变异系数和σ系数测度均表明我国省际普惠金融发展水平存在差异，且差异呈不断加剧的趋势；对四大区域间差异的测度结果显示，组内差距和组间差距总体在不断扩大，使得区域间的总体差异也呈不断加剧的趋势；从四大区域内的泰尔指数来看，各地区泰尔指数均逐年增加，东部地区区域内差异较大，而中部、西部和东北地区的内部差异比较小；与此同时，可以看出区域内差异对总差异的贡献度较高。空间统计分析发现，中国省域普惠金融发展水平集聚存在明显的地理空间分布上的依赖性，也就是说，存在普惠金融发展水平低的地区与其他普惠金融发展水平低的地区集聚的现象，以及普惠金融发展水平高的地区与其他普惠金融发展水平高的地区集聚的现象。

4.1 中国普惠金融发展水平测度的指标体系借鉴与选取

4.1.1 国内外普惠金融发展评价指标体系借鉴

普惠金融的研究始于国外学者，经过多年的发展，国外对普惠金融的研究已较为系统和成熟，但是对普惠金融评价指标体系的构建却各不相同，为更清楚地了解国外普惠金融评价指标体系，现特将国外相关学者的普惠金融发展评价指标体系进行梳理比较，见表 4.1。

表 4.1 国外学者普惠金融发展评价指标体系

文献	评价指标体系	优点	缺陷
Beck 等（2007）	银行服务可接触性和银行服务使用效用性，具体指标包括：每百平方千米的金融机构网点数、ATM 机数；万人金融机构网点数、ATM 机数；人均存、贷款与人均 GDP 的比值；人均存贷款账户数	开创性地提出了测度普惠金融的维度指标，为后来学者关于普惠金融测度的研究奠定了基础和方向	所选指标代表性不足，单个使用时不能反映普惠金融的全部信息，可能使普惠金融程度出现偏差
Sarma（2008）	选取银行服务产品接触性、使用效用性和地理渗透性三个维度构建综合的普惠金融发展指数	借鉴了联合国人力发展指数，构建方法上进一步发展	维度指标选取单一；权重分配缺乏依据；忽略了金融服务的成本
Arora（2010）	考虑了金融服务的便利性和成本、普及率和地域渗透性，将交易便捷度、交易成本和覆盖面作为评价体系的三个维度	继承和发展了 Sarma 的评价指标体系	忽略了金融服务使用的情况
Gupte 等（2012）	从覆盖面、使用效用性、交易便利性和交易成本四个维度设计评价指标	综合了 Sarma 和 Arora 的两类指标，维度设定更全面	采用算术平均值测算，过于简单

注：GDP：gross domestic product，国内生产总值

资料来源：根据相关文献整理

可以看出，国外学者对普惠金融评价指标体系的研究起步较早，经过不断的演变和发展，形成了较为系统的评价指标体系。虽然国外学者在普惠金融维度选择和指标设定上有所差异，但对于普惠金融发展水平的衡量标准差异不大，普遍从银行服务角度出发，涵盖了地域渗透性、使用效用性等维度。不足的是，一方面，这些学者在设计普惠金融发展评价指标体系时没有进一步研究各维度指标及单个维度的赋权问题；另一方面，我国金融发展和农村反贫困具有独特性，导致这些维度指标若直接运用于我国的研究，会与我国的实际情况有所偏差，故而不能将其直接用于测度我国的普惠金融发展水平。

为此，国内学者结合我国的实际情况，不断探索我国自己的普惠金融发展评价指标体系（表4.2）。可以看出，国内学者在国外学者研究的基础上进一步结合我国实际，对普惠金融问题进行了更加微观的研究，包括农村普惠金融、省际普惠金融及居民金融服务包容性等多个方面，不同学者对于构建不同的普惠金融指数所选择的指标维度也各有不同。总的来看，国内学者在普惠金融发展评价指标体系中所选取的维度和视角更广，考虑了我国的实际情况。因此，可借鉴的有两个方面：一是在构建我国普惠金融发展评价指标体系时，在相关理论的基础上还应结合我国实际情况，使设计的维度指标能更客观全面地反映我国普惠金融现状；二是可借鉴国内学者构建评价指标体系的思维和视角，尽管本章所研究的内容与农村普惠金融、农户普惠金融、居民金融服务包容性等问题有所不同，但是以上学者选择维度指标的视角及测算普惠金融发展指数的方法在一定程度上都值得借鉴。

表 4.2　国内学者普惠金融发展评价指标体系

文献	评价指标体系
田霖（2012）	从农户、企业、区域三个层面选取指标构建农村普惠金融综合指数，测度我国农村地区普惠金融发展水平
王修华和关键（2014）	为反映农村地区获得金融服务的渠道、使用金融服务的程度和使用金融服务的成本，基于渗透性、使用效用性和可负担性三个维度，选择多个指标来构建我国农村普惠金融发展指数
陈三毛和钱晓萍（2014）	基于金融服务渗透度和使用程度，选取每平方千米营业网点数、每十万人拥有的营业网点数、人均存款/人均收入、人均贷款/人均收入为具体指标，构建我国省际普惠金融发展指数
李建军和卢盼盼（2016）	基于银行业、证券业、保险业三个主要金融服务领域，选取指标构建我国居民普惠金融发展指数

资料来源：根据相关文献整理

4.1.2　中国普惠金融发展的维度设定及指标选取

通过对国内外普惠金融发展评价指标体系的梳理发现：一方面，在构建我国普惠金融发展评价指标体系时不仅要借鉴国外理论，还要结合我国具体实际，不能硬搬国外的评价指标体系；另一方面，在选择维度指标时，要坚持全面性、系统性、可量化性的原则，因为普惠金融发展水平的衡量不能只依靠任何一个单一的维度和指标。在此基础上，在以往的以单一银行业服务来衡量金融服务的基础上引入保险业和证券业，基于金融服务的可得度、使用度和使用效用三个维度从银行业、证券业、保险业三个行业选择 17 个指标，以我国 31 个省（自治区、直辖市）2005~2014 年的省际数据作为样本，借鉴联合国人类发展指数的计算方法进行数据处理，进一步运用变异系数法和欧氏距离法来构建一个衡量我国普惠金融发展水平的综合指数的评价指标体系，如表 4.3 所示。可以看出，本章构建的普惠金融发展评价指标体系包括可得度、使用度和使用效用三个维度，下面将对我国普惠金融各维度的选择缘由及基础指标予以详细说明。

表 4.3　我国普惠金融发展评价指标体系

综合指数	维度指数	基础指标		单位	指标性质
普惠金融发展指数	可得度	银行业	每万人拥有的金融机构网点数	个	正
			每万平方千米金融机构数量	个	正
			每万人拥有的金融服务人员数	个	正
			每万平方千米金融服务人员数量	个	正
		保险业	基本养老保险参保率	%	正
			医疗保险参保率	%	正
			失业保险参保率	%	正
		证券业	人均沪深两市账户数	个	正
			境内上市公司数	个	正
	使用度	银行业	人均金融机构存款余额	万元	正
			人均金融机构贷款余额	万元	正
		保险业	保险密度	万元	正
		证券业	股票成交额占 GDP 比重	%	正
	使用效用	银行业	金融机构存款余额占 GDP 比重	%	正
			金融机构贷款余额占 GDP 比重	%	正
		保险业	保险深度	%	正
		证券业	证券化率	%	正

维度 1：可得度。这一维度主要是衡量一个地区获得金融服务的便利程度，这一维度融合了金融服务的渗透性和可获得性两个方面。考虑到数据的可得性，从人口维度和地理维度渗透性角度出发，将这一维度中的银行业的指标设为每万人拥有的金融机构网点数、每万平方千米金融机构数量、每万人拥有的金融服务人员数、每万平方千米金融服务人员数量。从金融服务获得性出发，将保险业的基础指标设置为基本养老保险参保率、医疗保险参保率和失业保险参保率，即地区基本养老保险、医疗保险、失业保险参保人数分别占地区总人口的比重。将证券业基础指标设为人均沪深两市账户数和境内上市公司数。

维度 2：使用度。这一维度用来衡量一个地区金融服务的使用情况，因为衡量一个地区普惠金融发展水平不能只看金融服务的渗透性和可获得性，还要考虑金融资源的使用度。这一维度中银行业基础指标设为人均金融机构存款余额和人均金融机构贷款余额；保险业基础指标设为保险密度，即保险收入/地区总人口；证券业基础指标设为股票成交额占 GDP 比重，即股票成交额/GDP。

维度3：使用效用。在维度2的基础上，这一维度更进一步，衡量的是地区金融服务的使用效用。这一维度中银行业基础指标为金融机构存款余额占 GDP 比重，即金融机构各项存款余额/GDP，金融机构贷款余额占 GDP 比重，即金融机构各项存款余额/GDP。保险业基础指标为保险深度，即保费收入/GDP。证券业基础指标为证券化率，即股票市价总值/GDP。

4.2　中国普惠金融发展指数的构建与样本选择

4.2.1　国内外普惠金融发展指数的测算方法

近年来，普惠金融问题已得到国际社会的普遍关注和重视，从 2008 年普惠金融联盟（Alliance for Financial Inclusion，AFI）的成立，再到 G20[①]成为推进普惠金融发展的中坚力量，普惠金融发展水平的测度和衡量一直是一个难题。目前，对于普惠金融发展水平的测算仍没有绝对统一的方法，这里就国内外学者关于普惠金融发展指数的测算方法作简单的梳理。

Sarma（2008）开创了多维度的综合性普惠金融发展指数，这一指数包含了三个维度，即地理渗透性、金融服务可获得性和产品使用效用性。他在对普惠金融发展水平进行测算时，首先计算各维度的普惠金融发展水平，然后对各个维度赋予同等的权重，其普惠金融发展指数（IFI）的计算公式如下：

$$\mathrm{IFI}=1-\frac{\sqrt{(1-p_i)^2+(1-a_i)^2+(1-u_i)^2}}{\sqrt{3}} \tag{4.1}$$

其中，p_i、a_i、u_i 分别代表三个维度的包容性水平，IFI 值的大小代表了普惠金融发展水平的高低。因为后两个维度缺少数据支撑，Sarma（2008）对三个维度的权重重新作了分配，修改后的公式如下：

$$\mathrm{IFI}=1-\frac{\sqrt{(1-p_i)^2+(0.5-a_i)^2+(0.5-u_i)^2}}{\sqrt{1.5}} \tag{4.2}$$

尽管 Sarma 的测算方法在指标选取、权重确定等方面存在不足，但 Sarma 关于普惠金融发展指标体系的构建起到了开创性的作用，为后来学者的研究奠定了基础。Chakravarty 和 Pal（2010）在测算普惠金融发展水平时采用了公理性的测量方法，以此确定普惠金融各维度的贡献程度，克服对各维度平等赋权的缺乏。国内学者在借鉴国外学者测度方法的基础上，结合我国实际情况和数据可得性，在普惠金融发展指数测算方法的选择上也有所不同，主要包括主成分分析法、因子分析法、变异系数法和欧氏距离法等。

---

① G20，二十国集团。

4.2.2 中国普惠金融发展指数的构建过程

上文为我们测算我国普惠金融发展指数提供了方法上的借鉴，为科学测度我国普惠金融发展水平，本节将借鉴联合国人类发展指数的编制方法处理数据，运用变异系数法计算指标权重和维度权重，我国普惠金融发展指数的具体构建过程如下。

（1）指标原始数据处理。从银行业、证券业和保险业三个行业选取 17 个具体的维度指标，各维度指标间存在量纲差异，且不同维度指标绝对值差别较大，故有必要对原始数据进行标准化处理。因此，运用极差法将各维度指标原始数据换算成[0,1]的标准化数值。本章所选指标均为正向指标，对原始数据进行无量纲化处理的方法如式（4.3）所示：

$$a_{ij} = \frac{A_{ij} - m_{ij}}{M_{ij} - m_{ij}} \tag{4.3}$$

其中，a_{ij} 表示处理后的第 $i(i=1,2,\cdots,n)$ 个维度下第 $j(j=1,2,\cdots,n)$ 个指标值，A_{ij}、m_{ij}、M_{ij} 分别表示第 i 个维度下第 j 个指标的实际值、最小值和最大值。式（4.3）保证了 $0 \leqslant a_{ij} \leqslant 1$，即无量纲化处理后的指标值范围为[0,1]。

（2）单一维度下各指标权重的确定。在构建普惠金融发展指数过程中，各维度指标的赋权是关键一环，因为各维度指标的赋权关系到各维度普惠金融发展指数的计算，并最终影响到综合指数的计算合成。Sarma 和 Pais（2011）采用的主观赋权法之所以饱受争议，是因为这一赋权法的主观性太强。为保证赋权的客观性和科学性，近年来，国内学者在确定指标权重时多采用客观赋权法中的变异系数法。变异系数法赋权的基本思路是：综合评价一个问题时往往会用到多个维度指标，各维度指标变异系数的大小说明了指标在衡量问题时能力的大小，那么，变异系数的大小就决定了各维度指标所赋权重的大小。简单来说，各维度指标的权重等于各维度指标的变异系数和同一维度内所有指标变异系数和的比值。对单一维度指标赋权的具体步骤和公式如下所示。

第一步，计算各维度指标的标准差和均值，然后利用标准差和均值计算变异系数。变异系数的计算公式如式（4.4）所示：

$$V_{ij} = \frac{S_{ij}}{\overline{A_{ij}}} \tag{4.4}$$

其中，V_{ij} 表示第 i 个维度下第 j 个指标计算所得的变异系数，S_{ij}、$\overline{A_{ij}}$ 分别表示第 i 个维度下第 j 个指标的标准差和均值。

第二步，根据各指标的变异系数计算出同一维度下各指标变异系数之和，从而计算出第 i 个维度下第 j 个指标的权重。具体的计算公式如式（4.5）所示：

$$w_{ij}=\frac{V_{ij}}{\sum_{j}V_{ij}} \tag{4.5}$$

其中，w_{ij} 即第 i 个维度下第 j 个指标的权重。

（3）维度指数的合成。在计算出第 i 个维度下各指标的权重后，可通过测算无量纲化处理后的各维度指标值与理想值（即最高值，此处均为 1）之间的欧氏距离，再把所有欧氏距离整合，并对其进行标准化和反向处理，最终形成维度包容性指数的测算结果，计算公式如式（4.6）所示：

$$\mathrm{IFI}_i=1-\frac{\sqrt{\sum_{j=1}^{n}{w_{ij}}^2\left(1-a_{ij}\right)^2}}{\sqrt{\sum_{j=1}^{n}{w_{ij}}^2}} \tag{4.6}$$

其中，IFI_i 表示第 i 维度的普惠金融发展指数，w_{ij} 为第 i 维度下第 j 个指标的权重，a_{ij} 为无量纲化处理后的指标值$\left(0\leqslant a_{ij}\leqslant 1\right)$，根据式（4.6）可分别计算出可得度、使用度、使用效用三个维度的普惠金融发展指数。

（4）各维度权重的确定。关于普惠金融发展评价指标体系中各维度的赋权问题，目前没有形成统一的标准。先前学者普遍将所有维度同等赋权，抑或将各维度及指标进行混合赋权，这两种种赋权方法不仅使维度设定失去意义，且维度权重受指标数量的影响发生偏差。此处借鉴王修华和关键（2014）构建我国农村普惠金融发展指数的做法，在用变异系数法对各维度指标赋权的基础上，加入对我国普惠金融各维度权重的计算，以保证赋权的科学性和客观性。具体的计算步骤和公式如下。

第一步，在利用式（4.6）计算出各维度普惠金融发展指数的基础上，计算各维度普惠金融发展指数的标准差和均值，然后利用标准差和均值计算各维度普惠金融发展指数的变异系数，计算公式如式（4.7）所示：

$$V_i=\frac{S_i}{\overline{A_i}} \tag{4.7}$$

其中，V_i、S_i、$\overline{A_i}$ 分别表示第 i 维度的普惠金融发展指数的变异系数、标准差和均值。

第二步，同各维度指标权重的计算方法相同，各维度权重的计算公式如下：

$$w_i=\frac{V_i}{\sum_{i}V_i} \tag{4.8}$$

（5）综合普惠金融发展指数的合成。在计算出可得度、使用度、使用效用三个维度普惠金融发展指数和各维度权重的基础上，将各维度的普惠金融发展指数进一步合成，以得到综合的普惠金融发展指数，如式（4.9）所示：

$$\mathrm{IFI}=1-\frac{\sqrt{\sum_{i=1}^{3}w_i^2\left(\mathrm{MAX}(\mathrm{IFI}_i)-\mathrm{IFI}_i\right)^2}}{\sqrt{\left(w_1^2+w_2^2+w_3^2\right)}} \tag{4.9}$$

其中，$\mathrm{MAX}(\mathrm{IFI}_i)$表示$\mathrm{IFI}_i$的最大值，$w_1$、$w_2$、$w_3$分别表示可得度、使用度、使用效用三个维度的权重。维度普惠金融发展指数和综合普惠金融发展指数的值均在[0,1]区间内，指数值越高代表普惠金融发展水平越高，反之则代表普惠金融发展水平越低。

4.2.3 样本选择与数据来源

本章选取 2005~2014 年我国 31 个省（自治区、直辖市）作为测度样本，鉴于联合国在 2005 年提出了构建普惠金融体系，因此将 2005 年作为构建我国普惠金融发展指数的基期。具体的数据来源：①银行业金融机构数量和银行业服务人员数的数据来源于 2005~2014 年各地区《金融运行报告》，金融机构各项存、贷款余额的数据来源于 2006~2015 年的《中国金融年鉴》；②基本养老保险参保人数、医疗保险参保人数、失业保险参保人数的数据来源于各年的《中国劳动统计年鉴》，保险深度和保险密度的数据来源于我国各年的《中国金融年鉴》和《中国保险年鉴》；③沪深两市开户数的数据来源于各年的《中国证券登记结算统计年鉴》《中国证券业年鉴》及国泰安数据服务中心官方网站，地区上市公司数和地区股票市价总值的数据来源于《中国金融年鉴》及 Wind 的经济数据库，股票成交额的数据来源于各年《中国证券期货统计年鉴》；④地区总人口和 GDP 的数据来源于国家统计局官方网站，各省、自治区、直辖市面积数据来源于中华人民共和国中央人民政府门户网站。为保证数据的完整性和最大限度利用样本信息，故采用线性插值法来填补个别因统计口径、时空范围变化等原因而缺失的指标数据。

4.3 中国普惠金融发展水平的时期差异与空间分布特征

4.3.1 中国普惠金融发展水平的时期差异分析

根据获得的 10 年省际数据，按照普惠金融发展指数构建的过程对原始数据进行处理，最终利用式（4.9）可测得我国 31 个省（自治区、直辖市）2005~2014 年的普惠金融发展指数，具体的测度结果如表 4.4 所示。

表 4.4　2005~2014 年我国各地区普惠金融发展水平测度结果

年份	2005	2006	2007	2008	2009	2010	2011	2012	2013	2014
北京	0.495 4	0.523 8	0.570 3	0.747 8	0.785 9	0.797 3	0.787 6	0.770 1	0.761 9	0.827 9
上海	0.528 1	0.569 6	0.681 8	0.615 8	0.674 3	0.667 6	0.650 7	0.636 5	0.654 7	0.683 1
浙江	0.373 7	0.384 2	0.402 6	0.412 6	0.442 4	0.461 0	0.461 7	0.460 0	0.475 6	0.492 3
天津	0.408 2	0.418 2	0.491 5	0.443 7	0.470 7	0.472 6	0.465 7	0.467 6	0.475 1	0.486 3
广东	0.366 2	0.388 4	0.434 9	0.415 6	0.448 9	0.453 3	0.449 5	0.450 5	0.461 4	0.479 7
江苏	0.363 2	0.370 2	0.390 2	0.391 0	0.409 1	0.422 4	0.428 1	0.433 1	0.441 3	0.454 3
海南	0.348 1	0.356 6	0.389 5	0.363 3	0.390 1	0.398 1	0.398 6	0.395 9	0.410 0	0.421 8
福建	0.341 5	0.347 2	0.371 6	0.367 8	0.397 0	0.400 9	0.401 2	0.399 2	0.408 1	0.421 3
辽宁	0.360 0	0.367 3	0.388 5	0.381 9	0.395 7	0.401 1	0.399 1	0.395 4	0.405 7	0.416 6
重庆	0.339 9	0.347 2	0.386 4	0.358 8	0.377 8	0.387 1	0.388 3	0.392 5	0.399 7	0.410 8
山东	0.351 0	0.347 4	0.360 5	0.360 1	0.378 1	0.385 1	0.389 4	0.390 2	0.398 8	0.405 8
西藏	0.322 6	0.331 2	0.374 0	0.336 4	0.372 2	0.394 0	0.387 1	0.382 6	0.392 3	0.404 0
山西	0.342 0	0.360 6	0.393 9	0.368 5	0.399 8	0.392 9	0.391 1	0.389 0	0.392 5	0.401 4
新疆	0.336 4	0.344 2	0.367 3	0.360 7	0.387 2	0.387 0	0.380 9	0.379 7	0.385 5	0.397 3
四川	0.332 5	0.342 6	0.378 9	0.356 8	0.376 7	0.382 7	0.380 4	0.380 6	0.386 1	0.395 7
宁夏	0.338 3	0.341 7	0.359 3	0.351 8	0.369 6	0.372 5	0.377 1	0.381 4	0.385 1	0.392 5
青海	0.326 3	0.331 0	0.345 4	0.381 1	0.411 3	0.398 7	0.380 1	0.382 8	0.384 7	0.391 1
湖北	0.337 2	0.344 6	0.365 9	0.355 8	0.374 7	0.376 1	0.375 6	0.374 8	0.379 5	0.390 0
陕西	0.337 5	0.341 2	0.350 0	0.351 8	0.363 9	0.368 2	0.372 7	0.372 1	0.378 0	0.389 1
安徽	0.328 1	0.339 4	0.359 0	0.349 0	0.367 5	0.369 4	0.372 3	0.371 0	0.375 8	0.384 6
吉林	0.336 8	0.344 7	0.363 6	0.358 2	0.371 2	0.368 3	0.366 4	0.368 4	0.371 4	0.382 7
甘肃	0.327 6	0.331 7	0.347 5	0.343 6	0.364 4	0.359 7	0.363 1	0.362 0	0.369 8	0.382 1
河北	0.331 5	0.335 3	0.345 8	0.345 4	0.360 4	0.362 4	0.363 4	0.366 2	0.371 3	0.380 2
黑龙江	0.335 5	0.338 2	0.347 3	0.348 1	0.362 7	0.362 7	0.360 8	0.360 8	0.367 6	0.378 3
内蒙古	0.328 6	0.332 4	0.357 9	0.338 9	0.353 5	0.358 2	0.362 4	0.364 2	0.368 0	0.375 2
河南	0.330 2	0.332 9	0.342 0	0.339 8	0.351 0	0.358 2	0.361 4	0.362 5	0.367 9	0.373 2
湖南	0.327 9	0.332 6	0.347 5	0.342 1	0.355 7	0.359 6	0.361 5	0.360 8	0.364 1	0.370 8
贵州	0.322 9	0.330 6	0.354 1	0.340 3	0.356 9	0.432 0	0.360 5	0.358 1	0.360 3	0.369 1
江西	0.328 0	0.330 9	0.352 1	0.341 1	0.356 8	0.360 4	0.358 5	0.356 5	0.361 6	0.367 9

续表

年份	2005	2006	2007	2008	2009	2010	2011	2012	2013	2014
云南	0.328 2	0.331 7	0.352 3	0.338 8	0.359 0	0.358 5	0.356 7	0.356 3	0.359 8	0.367 1
广西	0.320 7	0.321 5	0.339 1	0.326 8	0.340 4	0.343 7	0.344 9	0.347 8	0.351 5	0.357 0
全国平均	0.351 4	0.360 0	0.387 4	0.381 7	0.404 0	0.410 0	0.406 3	0.405 4	0.411 8	0.424 2

注：表格数据按照 2014 年各地区普惠金融发展水平数值的大小进行了排序

由式（4.9）可知，IFI 值越大，说明地区普惠金融发展水平就越高。从表 4.4 的结果可以看出，总体上我国各地区普惠金融发展水平普遍较低，除了北京和上海，其余地区的普惠金融发展指数均在 0.5 以下，按照 Sarma（2008）的划分层次来看，我国目前只有北京和上海达到了高度普惠金融发展水平，而其他地区的普惠金融发展指数均为 0.3~0.5，即处于中度普惠金融发展水平；从整体来看，我国普惠金融发展水平的平均值呈缓慢上升趋势，我国各地区普惠金融发展指数的均值从 2005 年的 0.351 4 逐渐增长到 2014 年的 0.424 2，十年的时间上升幅度只有 20.72%，说明我国现阶段整体普惠金融发展水平仍然较低，仅处于中度普惠金融发展水平。从表 4.4 中还可看出，2005~2014 年，我国各地区的普惠金融发展水平虽然不高，但是总体上均呈缓慢上升趋势。从区域差异来看，中西部地区和东北地区的普惠金融发展水平和普惠金融发展水平的上升幅度远远不如东部地区。2005 年，北京、上海的普惠金融发展指数分别为 0.495 4 和 0.528 1；2014 年，北京、上海的普惠金融发展指数分别达到 0.827 9 和 0.683 1；2005 年，云南、广西的普惠金融发展指数分别为 0.328 2 和 0.320 7；2014 年，云南、广西的普惠金融发展指数仅仅分别为 0.367 1 和 0.357 0。

为进一步分析我国普惠金融发展水平的趋势和地区差异，选取了各地区 2005 年、2010 年、2014 年的普惠金融发展指数及普惠金融发展指数 2005~2014 年的十年均值，对各地区普惠金融发展水平的变化趋势进行分析（图 4.1）。

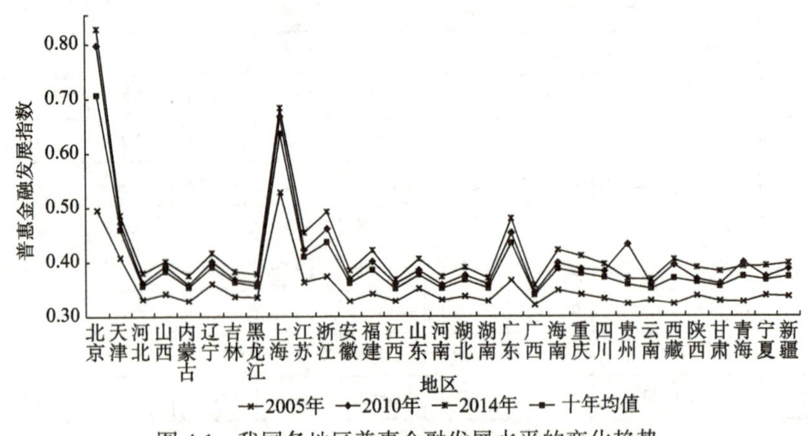

图 4.1　我国各地区普惠金融发展水平的变化趋势

从图 4.1 可以看出，我国各地区的普惠金融发展水平总体呈上升趋势。2005 年，普惠金融发展指数超过 0.35 的省域只有北京、上海、天津、广东、江苏、浙江、辽宁和山东，其余省域均低于0.35这一水平；到了2010年，除广西之外，其余地区普惠金融发展指数都超过了0.35，到2014年，所有地区均超过了0.35这一水平。但是，各地区普惠金融发展水平的增幅存在明显的差距，北京、上海、广东、江苏、浙江等地的增幅明显大于其他地区。与此同时，地区之间的普惠金融发展水平存在着很大的差距：一是从2014年的普惠金融发展水平来看，北京、上海、浙江、天津、广东分别位居前五位，普惠金融发展指数均超过了 0.45，尤其是北京和上海，普惠金融发展指数分别达到 0.82 和 0.68，与此同时，江西、内蒙古、河南、湖北、湖南、广西、贵州、云南、陕西、甘肃、青海、宁夏、新疆等中西部地区的普惠金融发展指数仍低于 0.4；二是从十年均值来看，十年均值线和其余三条线的变化趋势非常相似，北京、上海、天津、浙江和广东依然位居前列，普惠金融发展指数的十年均值均超过 0.4，其余地区则低于这一水平。这说明，我国普惠金融发展水平存在着明显的区域差异：一是地区之间存在着差异，北京、上海、天津、广东、浙江等地的普惠金融发展水平大幅高于其他地区；二是东部、中部、西部、东北地区之间存在差异，东部地区的普惠金融发展水平明显高于中部、西部、东北部地区。

4.3.2　中国普惠金融发展空间分布特征的测算方法

我们在分析一个国家或地区的经济状况时，通常会涉及全域空间相关性问题，因此，以下介绍常用的 Moran's I 指数的计算及检验过程。

Moran's I 的定义如下：

$$\text{Moran's I} = \frac{\sum_{i=1}^{n}\sum_{j=1}^{n}\boldsymbol{W}_{ij}\left(Y_i - \overline{Y}\right)\left(Y_j - \overline{Y}\right)}{S^2\sum_{i=1}^{n}\sum_{j=1}^{n}\boldsymbol{W}_{ij}} \tag{4.10}$$

其中，$S^2 = \frac{1}{n}\sum_{i=1}^{n}\left(Y_i - \overline{Y}\right)$，$\overline{Y} = \frac{1}{n}\sum_{i=1}^{n}Y_i$，$Y_i$ 表示第 i 个地区的观测值（此处为普惠金融发展水平），n 为地区总数，$\boldsymbol{W}_{ij}$ 为二进制的邻近空间权值矩阵，表示其中的任一元素，采用邻近标准或距离标准，其目的是定义空间对象的相互邻近关系。空间权值矩阵 $\boldsymbol{W}_{ij}$ 重点选用一阶 Contiguity 标准来构建，对 $\boldsymbol{W}_{ij}$ 中每一元素 w_{ij} 按如下原则构建，并对 $\boldsymbol{W}_{ij}$ 进行标准化。

$$w_{ij}=\begin{cases}1, & \text{省域}i\text{与省域}j\text{相邻}\\0, & \text{省域}i\text{与省域}j\text{不相邻}\end{cases}$$

下面我们就以普惠金融发展水平为例简单说明一下 Moran' I 指数散点图的含义，如图 4.2 所示。

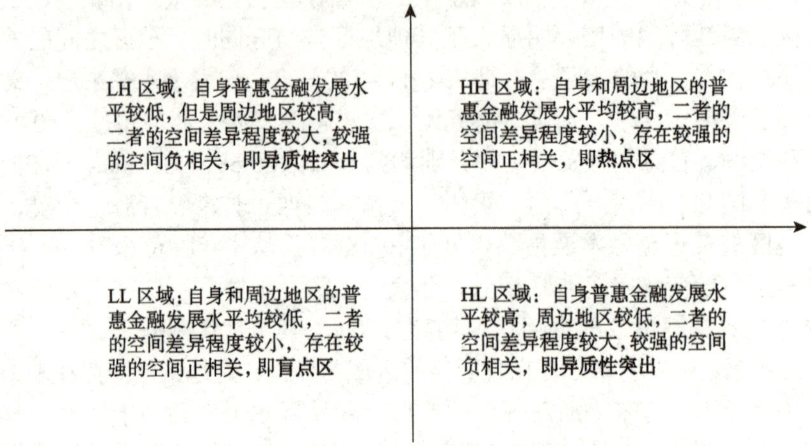

LH 区域：自身普惠金融发展水平较低，但是周边地区较高，二者的空间差异程度较大，较强的空间负相关，即异质性突出

HH 区域：自身和周边地区的普惠金融发展水平均较高，二者的空间差异程度较小，存在较强的空间正相关，即热点区

LL 区域：自身和周边地区的普惠金融发展水平均较低，二者的空间差异程度较小，存在较强的空间正相关，即盲点区

HL 区域：自身普惠金融发展水平较高，周边地区较低，二者的空间差异程度较大，较强的空间负相关，即异质性突出

图 4.2　Moran' I 指数散点图空间含义解释（以普惠金融发展水平为例）

4.3.3　中国普惠金融发展空间分布特征的演化分析

基于 2005~2014 年我国 31 个省（自治区、直辖市）部分年份的普惠金融发展指标，利用 Stata 13.0 软件计算各年普惠金融发展水平的 Moran's I 指数，其中，空间权重矩阵选用“地理”空间权重矩阵$\left(\boldsymbol{W}_{ij}\right)$，计算的结果见表 4.5。由表 4.5 可知，各年中普惠金融发展指数的 Moran'I 指数均为正值，只不过在整体上呈现出不断波动的趋势，同时在统计上均十分显著，这说明 2005 年以来，中国 31 个省（自治区、直辖市）的普惠金融发展水平在空间上具有明显的正自相关关系（即空间依赖性）。也就是说，中国省域普惠金融发展水平在空间分布上呈现出集聚的现象，即普惠金融发展水平较高和较低的省域分块集聚。

表 4.5　中国 31 个省域普惠金融发展集聚 Moran' I 指数

年份	Moran' I	$E(I)$	Sd	Z	P 值
2005	0.248	−0.033	0.098	2.864	0.004
2006	0.214	−0.033	0.097	2.541	0.011
2007	0.175	−0.033	0.096	2.171	0.030
2008	0.166	−0.033	0.090	2.213	0.027
2009	0.164	−0.033	0.093	2.115	0.034

续表

年份	Moran' I	$E(I)$	Sd	Z	P 值
2010	0.160	−0.033	0.093	2.079	0.038
2011	0.183	−0.033	0.092	2.357	0.018
2012	0.199	−0.033	0.092	2.521	0.012
2013	0.214	−0.033	0.095	2.592	0.010
2014	0.194	−0.033	0.093	2.446	0.014

注：本表数据由 Stata 13.0 计算而得。$E(I)$ 表示 Moran' I 期望值，Sd 表示标准差，Z 表示正态统计量

为进一步分析我国各省域之间的普惠金融发展水平的空间分布特征，我们对比分析了 2005 年和 2014 年中国普惠金融发展水平的全域 Moran'I 指数散点图（图略）。我们可以直观地发现绝大部分地区都位于第 1 象限和第 3 象限，特别是第 3 象限。然后，我们重点分析了 2014 年普惠金融发展水平的全域 Moran'I 指数散点图。2014 年各个省域的普惠金融发展水平的分布特征可分为 4 种空间相关模式（表 4.6）：第 1 象限和第 3 象限分别表示高普惠金融发展水平集聚地区被其他高普惠金融发展水平集聚地区所包围（HH 模式）和低普惠金融发展水平集聚地区被其他低普惠金融发展水平集聚地区所包围（LL 模式），都代表正空间自相关关系的集群（即空间依赖性）。第 2 象限和第 4 象限分别表示低普惠金融发展水平集聚地区被高普惠金融发展水平集聚的其他地区包围（LH 模式）和高普惠金融发展水平集聚地区被低普惠金融发展水平集聚的其他地区所包围（HL 模式），都代表负空间自相关关系的集群（即空间异质性）。

表 4.6　2014 年中国各个省域普惠金融发展水平的空间相关模式

象限	空间相关模式	地区
第 1 象限	HH	北京、天津、上海、江苏、浙江
第 2 象限	LH	河北、江西、安徽、海南、福建
第 3 象限	LL	山西、河南、湖南、湖北、广西、重庆、贵州、四川、内蒙古、云南、西藏、甘肃、陕西、宁夏、青海、新疆、辽宁、黑龙江、吉林、山东
第 4 象限	HL	广东

从 2014 年 31 个省域的普惠金融发展水平空间相关模式来看（表 4.6），位于第 2 象限、第 4 象限的省域很少（其中位于第 4 象限的仅有广东一个地区），第 1 象限、第 3 象限的省域普惠金融发展水平出现 HH 和 LL 两种模式的分化，因此，我们可以进一步认为，中国省域普惠金融发展水平存在着明显的地理空间分布上的依赖性，也就是说往往存在普惠金融发展水平低的地区与其他普惠金融发展水平低的地区发生集聚（基本上位于西部地区）和普惠金融发展水平高的地区与其他普惠金融发展水平高的地区集聚（完全位于东部沿海地区，参考第 1 象限）的

现象。另外，我们容易看出，位于第 1 象限的全部是东部地区的省域，而西部地区的省域无一例外地全部位于第 3 象限，也就是说，对各省域的普惠金融发展水平而言，高普惠金融发展水平往往在东部地区集聚，而低普惠金融发展水平只会在中西部地区发生集聚。

4.4 中国普惠金融发展水平的区域差异分析

4.4.1 区域的界定及度量指标选择

1. 区域的界定

在测度出普惠金融发展水平的基础上，为进一步分析我国普惠金融发展水平的区域差异，本节从两个角度来对区域进行界定：一是以我国 31 个省（自治区、直辖市）为单位；二是根据《区域金融运行报告》将 31 个省（自治区、直辖市）划分为东部、中部、西部、东北四大区域，东部地区包括北京、天津、河北、上海、江苏、浙江、福建、山东、广东和海南 10 个省（直辖市），中部地区包括山西、安徽、江西、湖南、湖北、河南 6 个省份，西部地区包括重庆、四川、贵州、云南、西藏、甘肃、陕西、青海、宁夏、新疆、广西、内蒙古 12 个省（自治区、直辖市），东北地区为辽宁、吉林、黑龙江 3 个省份。

2. 省际普惠金融发展水平差异的度量指标

（1）泰尔指数。泰尔指数作为衡量收入不平等的指标，指数的大小代表收入差距的大小。本节将用泰尔指数来度量我国普惠金融发展水平的省际差异，其计算方法为

$$T(y)=\frac{1}{n}\sum_{i\in n}\frac{y_i}{\mu}\ln\frac{y_i}{\mu} \tag{4.11}$$

其中，n 为地区个数，y_i 为各个省域普惠金融发展水平的变量值，μ 为整体普惠金融发展水平的平均值。

（2）变异系数。变异系数（CV）通常用来衡量收入差距，数值越大表示收入差距越大。用变异系数来度量我国普惠金融发展水平的省际差异，其计算公式为

$$\mathrm{CV}=\frac{s}{\mu} \tag{4.12}$$

其中，s 为整体普惠金融发展水平的标准差，μ 为普惠金融发展水平的均值。

（3）σ 系数。σ 系数常用来研究数据分散程度和变异程度的大小，用来反

映普惠金融发展水平省际差异的计算公式为

$$\sigma=\sqrt{\frac{\sum_{i\in n}\left(y_i-\mu\right)^2}{n}} \tag{4.13}$$

其中，n 为省域个数，y_i 为各省域普惠金融发展水平的变量值，μ 为整体普惠金融发展水平的均值。

3. 四大区域普惠金融发展水平差异的度量指标

泰尔指数不仅可以度量我国普惠金融发展水平的总体差异情况，还可将总体差异分解为东部、中部、西部和东北四个区域，并对四大区域普惠金融发展水平的组内差距和组间差距及其对普惠金融发展水平总差距的贡献进行度量。对式（4.11）进行分解，假定集合 N 被分解成 m 个组 $N_k\left(k=1,2,\cdots,m\right)$，每组相应的普惠金融发展水平为 y^k，普惠金融发展水平均值为 μ_k，区域数量为 n_k，则其占总区域数量的份额为 $v_k=n_k/n$。分解过程如下：

$$\begin{aligned}T\left(y\right)=T\left(y^1,y^2,\cdots,y^m\right)&=\frac{1}{n}\sum_{k=1}^{m}\sum_{i\in N_k}\frac{y_i}{\mu_y}\ln\frac{y_i}{\mu_y}\\&=\sum_{k=1}^{m}\frac{n^k}{n}\frac{\mu_k}{\mu_y}\frac{1}{n_k}\sum_{i\in N_k}\frac{y_i}{\mu_k}\ln\frac{y_i}{\mu_k}+\frac{1}{n}\sum_{k=1}^{m}\sum_{i\in N_k}\frac{\mu_k}{\mu_y}\ln\frac{\mu_k}{\mu_y}\\&=\sum_{k=1}^{m}v_k\frac{\mu_k}{\mu_y}T\left(y^k\right)+\sum_{k=1}^{m}v_k\frac{\mu_k}{\mu_y}\ln\frac{\mu_k}{\mu_y}\\&=W+B\end{aligned} \tag{4.14}$$

其中，W 表示 k 个组不平等值的加权平均，代表普惠金融发展水平的组内差距部分；B 则表示普惠金融发展水平的组间差距部分，它是通过将每区域的普惠金融发展水平换成其相应的组均值计算得来的。

4.4.2　省际普惠金融发展水平差异的度量

根据测得的各省普惠金融发展水平，运用泰尔指数式（4.11）、变异系数式（4.12）和 σ 系数式（4.13），可分别算出 2005~2014 年我国 31 个省（自治区、直辖市）普惠金融发展水平的泰尔指数、变异系数和 σ 系数。在此基础上，可根据计算出来的泰尔指数值、变异系数值和 σ 系数值进一步分析我国普惠金融发展水平的省际差异，为能更加直观地了解我国省际普惠金融发展水平差异的变化趋势，故将计算结果绘制成趋势图，如图 4.3 所示。

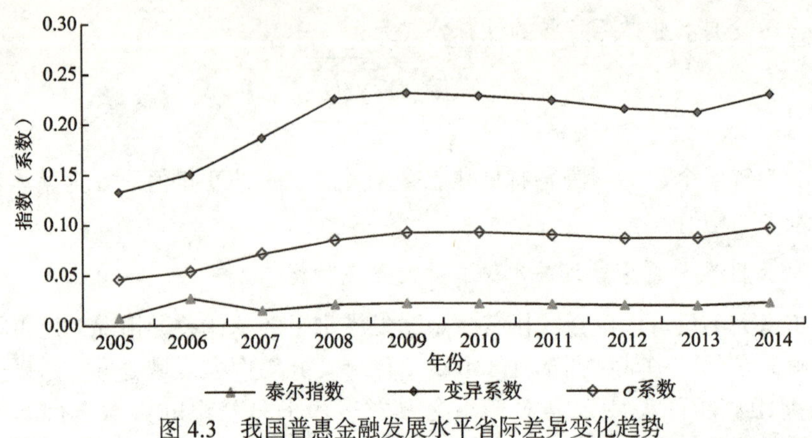

图 4.3　我国普惠金融发展水平省际差异变化趋势

从图 4.3 中可以看出 2005~2014 年我国普惠金融发展水平省际差异的整个变化趋势，泰尔指数、变异系数和σ系数三种方法的度量结果大体趋势相同，度量值都呈增长的趋势，说明运用三种方法对普惠金融发展水平省际差异进行测度结论大致相同，即我国普惠金融发展水平的省际差异在不断扩大。其中，运用变异系数和σ系数的测度结果所表现出的波峰年份和谷波年份高度一致。具体来看，2005~2014 年，我国普惠金融发展水平的省际差异总体上呈上升趋势，2005 年普惠金融发展水平省际差异的泰尔指数、变异系数和σ系数分别为 0.007 8、0.132 9 和 0.045 9，2009 年变异系数测度值达到了最大，三个指标测度值分别为 0.021 5、0.230 5 和 0.091 6。2009~2013 年，三个测度指标值都呈下降趋势，普惠金融发展水平的省际差异有所缩小，2013 年的泰尔指数、变异系数和σ系数分别为 0.018 2、0.210 3 和 0.085 2，但在 2014 年，均出现了大幅增长，分别增长至 0.021 0、0.228 2 和 0.095 2。

4.4.3　四大区域普惠金融发展水平差异的度量

在对四大区域进行划分的基础上，根据式（4.11）计算东部、中部、西部和东北四大区域普惠金融发展水平的泰尔指数，然后利用式（4.14）计算四大区域间与区域内普惠金融发展水平的差异。计算结果显示，2005~2014 年，我国普惠金融发展水平的区域的组内差距和组间差距总体均呈上升趋势，组内差距在 2009 年达到最大值，为 0.014 1；组间差距在 2006 年达到最大值，为 0.020 7；总体差异总体也呈增长趋势，其走势与组间差距大致相同，在 2006 年达到最大值 0.027 1，2014 年的值为 0.021 1（图 4.4）。

从图 4.4 可以看出，2005~2014 年我国四大区域间普惠金融发展水平的差异出现了较大的波动，尤其是 2005~2007 年，组间差距和总体差异上下波动幅度很大，2006 年组间差距和总体差异达到了最大值，这与上文中省际普惠金融发展水

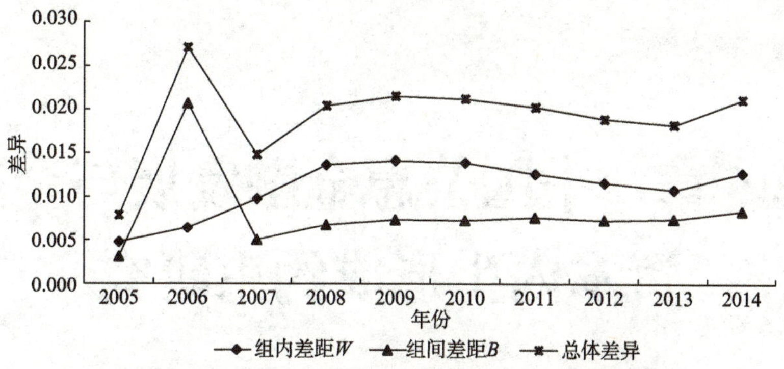

图 4.4　我国四大区域普惠金融发展水平差异变化趋势

平差异泰尔指数的变化在时间上相吻合。2009~2013 年，四大区域普惠金融发展水平的组内差距和总体差异均呈逐年递减趋势，而 2014 年差距又开始变大，这与上文省际普惠金融发展水平差异的变异系数、σ 系数的变化趋势大体一致。

从表 4.7 中可看出我国四大区域普惠金融发展水平区域内差异和区域间差异的变化趋势。如表 4.7 所示，2005~2014 年，各个区域的普惠金融发展水平的内部差异均在不断扩大。其中，东部地区普惠金融发展水平的内部差异最大，泰尔指数值从 2005 年的 0.012 8 逐渐增长至 2014 年的 0.031 9；其次为东北地区和西部地区，2005 年的泰尔指数值分别为 0.000 6 和 0.000 3，2014 年泰尔指数值分别为 0.001 0 和 0.000 8，中部地区的内部差异最小，泰尔指数值从 2005 年的 0.000 2 增长到 2014 年的 0.000 5；此外，除 2006 年外，其余年份区域内差异占比均在 0.6 左右，可以看出我国四大区域普惠金融发展水平的区域内差异在总体差异中占据主导地位。

表 4.7　2005~2014 年基于泰尔指数分解的四大区域普惠金融发展水平差异

年份	东部地区泰尔指数	中部地区泰尔指数	西部地区泰尔指数	东北地区泰尔指数	组内差距 W	组间差距 B	总体差异	区域内差异占比
2005	0.012 8	0.000 2	0.000 3	0.000 6	0.004 8	0.003 1	0.007 9	0.607 3
2006	0.016 4	0.000 6	0.000 5	0.000 7	0.006 4	0.020 7	0.027 1	0.237 0
2007	0.024 7	0.001 2	0.000 9	0.001 0	0.009 8	0.005 0	0.014 8	0.659 0
2008	0.035 0	0.000 3	0.000 9	0.000 8	0.013 6	0.006 8	0.020 4	0.668 7
2009	0.035 5	0.001 0	0.001 1	0.000 7	0.014 1	0.007 4	0.021 5	0.656 9
2010	0.034 3	0.000 6	0.001 9	0.001 2	0.013 9	0.007 3	0.021 2	0.655 4
2011	0.032 1	0.000 6	0.000 6	0.001 1	0.012 6	0.007 6	0.020 2	0.623 1
2012	0.029 3	0.000 4	0.000 8	0.001 0	0.011 6	0.007 3	0.018 9	0.613 2
2013	0.027 2	0.000 4	0.000 8	0.001 1	0.010 8	0.007 4	0.018 2	0.591 8
2014	0.031 9	0.000 5	0.000 8	0.001 0	0.012 7	0.008 4	0.021 1	0.602 6

资料来源：根据上文测度得来的普惠金融发展指数，由式（4.8）、式（4.12）计算所得

第 5 章　中国普惠金融发展与金融资本内生形成约束研究

金融是经济的核心，如果一国的普惠金融发展和金融资本内生形成严重滞后，必然会导致该国金融结构的失衡，进而使其经济社会的发展不平衡、不充分现象长期存在。本章首先对马克思金融资本内生形成理论进行了回顾和总结，马克思主义经济学认为，金融资本内生形成是资本体系分工不断细化的必然产物，是市场经济发展的客观基础和内在的结果，是一国金融结构不断优化的前提条件，所以，一国金融资本内生形成滞后必然导致普惠金融发展严重滞后。然后运用马克思金融资本内生形成理论分析了中国普惠金融发展和金融资本内生形成滞后及金融结构不合理的症结及其根源，发现其主要原因在于中国政府长期以来同时推行的外生金融深化与内生金融抑制政策，前者激励了国有金融资本的过度扩张和垄断，后者在长时期收入约束的情况下又进一步阻止了金融资本的内生形成。本章的启示在于：中国正处于转变发展方式、优化经济结构、转换增长动力的攻坚时期，要加快完善中国特色社会主义市场经济体制，就需要深化金融体制改革、促进金融结构优化、构建普惠金融服务体系、有效发挥金融在经济中的核心和先导作用，实现金融普惠价值。具体应积极鼓励和引导金融资本内生形成，加快民营金融组织的培育和发展，不断提高社会的直接融资比重，促进多层次资本市场健康发展，增强金融服务实体经济能力。

5.1　金融资本内生形成的重要意义

不管是发达国家还是发展中国家，都在过去几十年或早或晚、或多或少地进行了金融自由化。于是，全球金融业迅速膨胀，金融资本迅速集聚，各个国家都出现了不同程度的经济与资本高度金融化趋势。一方面，不管是全球金融资产总量还是金融资产占全球生产总值的比重，都呈现出快速上涨的趋势，但金融资产上涨幅度明显更甚于全球生产总值；另一方面，金融对经济增长的促进作用得到了国外学者们的证实（Mckinnon，1973；Shaw，1973；Greenwood and Jovanovic，1990；Galor and Zeira，1993；Aghion and Bolton，1997；Levine，1997；Demirgüç-Kunt and Levine，2009；Hassan et al.，2011；Caporale et al.，2015；Hasan et al.，2016）。诚然，健全的金融体系能够合理地配置金融资源，从而更好地促进金融服务于实体经济，有效推动经济发展。而受压抑和缺乏效率的金融体系，则会束缚金融发展，不利于经济增长（王小华等，2014b）。对发展中国家而言，在其经济发展的初期，政府通常会采取一系列的金融抑制政策，特别是引导经济体大量资金流向特定的行业，如此，短期内的投资和出口就会对经济增长产生强大的拉力作用。但是，长期的金融抑制政策容易导致金融内生严重不足、金融发展受阻、金融结构不合理、金融资源使用效率低下，进而引起经济增长下滑。

与世界上其他经济体相比，中国经济在改革开放后一直保持着快速的增长态势，但是却一直呈现出典型的金融抑制特征。Huang 和 Wang（2011）指出，金融抑制政策的效率损失加剧，使得中国金融抑制对经济增长在2000年前后分别表现出了显著的促进作用和显著的阻碍作用。陈斌开和林毅夫（2012）的分析表明，金融抑制使得穷人陷入贫困陷阱，因为金融抑制一方面会使得穷人面对更高的贷款利率，另一方面又会使穷人面临更低的存款利率，如此一来，就会导致穷人的财富增长更慢。王春超和赖艳（2017）利用2012年世界银行中国制造业企业调查数据发现，金融抑制不仅具有“所有制歧视”特征，还存在明显的“规模歧视”特征，其中，拥有外资、国企成分及规模更大的企业在融资渠道选择上明显不受金融抑制影响。李晓龙和冉光和（2018）发现金融抑制显著抑制了中国技术创新效率的提升，加剧了资本扭曲对技术创新效率的负向影响。

中国的金融抑制现象缘何长期存在？金融资本形成的特征和表现究竟如何？金融资本内生形成滞后的根源是什么？如何推进金融改革以更好地服务实体经济？这些都是本章将要重点回答的问题。与此同时，本章一方面试图通过对金融资本内生形成理论的回顾和总结，帮助我们科学认识当代世界经济金融演化的新特征、新矛盾及新趋势；另一方面将运用金融资本内生形成理论对四十多年来中国金融发展与改革实践问题展开分析，在肯定这种以国有银行为主体地位的金融体系在中国改革开放以来体现出的关键作用的同时，进一步考察中国金融抑制和金融资本内生形成不足的症结及其根源，旨在破解新时代中国的经济发展不平衡和不充分难题，为加快中国金融体制改革、防范系统性金融风险、提高金融服务实体经济能力等寻找科学合理的理论根据和事实支撑。

5.2 金融资本内生形成理论及其动态均衡机制

马克思的金融资本内生形成理论博大精深，为了更好地对其进行理解，将这一理论进行了简要概括，主要包括金融资本内生形成过程及其动态均衡机制两个方面的内容。

5.2.1 金融资本概念的提出

资本作为现代经济社会的一种客观存在，具有一定的普遍性和特殊性，因为不管在什么社会体制下，只要是发展商品经济和市场经济，它都有其内在的基本存在理由和逻辑规定，所以，资本是从属于商品经济和市场经济的一个经济范畴，而不是某一种特定社会制度所特有的东西。在现代经济发展中，资本作为社会再生产的一种强大推进器，主要是通过产业资本、商业资本和金融资本的分工协作予以实现的。其中，金融资本可以持续不断地向商业资本和产业资本提供必不可少的货币借贷、支付和结算等种类繁多的金融服务，从而使金融构成现代经济的核心。

金融资本（financial capital）这一概念其实最早是由拉法格在 1903 年提出的。拉法格指出随着工业资本的持续扩张，产业部门的资本就会迅速集中，最终推动银行资本集中，这两类资本相互渗透和相互结合便形成了金融资本[①]。在出现更早的马克思主义经济学当中，马克思（2004）主要是通过揭示货币经营资本的产生而间接地阐述金融资本内生形成的规律。后来的希法亭和列宁进一步对马克思的这一理论进行了系统和全面拓展。同时，希法亭（1994，2017）基于法拉格对金融资本的论述，进一步明确提出：现代资本主义的特点体现在资本的不断集中，并且银行资本与产业资本之间的关系越来越密切，基于这种关系，资本便采取了自己的最高和最抽象的表现形式，即金融资本形式。希法亭（1994，2017）还认为，信用的发展进一步起到了积累全社会资本的效果：其一是将资本家的资本积累提供给产业资本支配；其二是通过储蓄的方式集中无产阶级的资本然后提供给产业资本支配，而银行这一金融机构通过购买支配权的方式将这些资本都集聚于银行，于是就产生了金融资本，然后再通过资产业务将资本的使用权卖给资本家，即金融资本归银行支配，并由产业资本家使用。由此可以断

① 金融资本主义：新特征与新影响. https://www.sohu.com/a/238662212_747064[2018-06-30].

定，希法亭是最早对金融资本理论进行系统阐释的马克思主义理论家，并且这一阐述沿用至今。

5.2.2　金融资本内生形成过程

在马克思看来，金融资本主要是基于资本"社会分工"的需要而产生出来的。因为早年亚当·斯密就曾指出社会分工是社会进步和商品经济发展的源动力，同样的道理，社会分工同样也是金融资本内生形成的源动力。因为有了社会分工才有可能产生商品的剩余和劳动者对其他商品的需求，最终促进商品交换和商品经济的快速向前发展。最初的商品交换，是在物与物之间直接进行的一种交换，在这一过程中并没有什么中介参与，所以也就无所谓货币的需求。但是随着商品之间交换的频率、数量和范围持续不断扩大，这种物物交换形式的缺点就越发突出，人们在交换过程中对一般等价物的需求就由此产生，货币也就孕育而生。

货币的产生使得商品世界分离成了商品与货币两极，并且是两个完全对立的两极，商品生产和商品销售过程必然离不开货币，商品经济因为货币的存在而得到空前发展。事实上，作为一般等价物的化身，货币也是价值最高形式的一种存在，并且可以在市场当中和一切等价的商品进行交换，于是货币就成了"一切权力的权力"①。不仅如此，一旦货币参与商品的生产并为其提供服务，货币就变成了资本，这时的货币，不仅被看作一个价值额，有一般等价物的作用，还被看作一个能够自行增值的价值额的独立表现（王定祥，2006）。因而，货币具有资本的功能，也就是说，工商企业一旦将货币作为资本使用，其使用价值就被二重化了，货币就同时具有了一般等价物的职能和创造剩余价值并实现价值增值的职能。将货币转化为资本进行使用，既是货币执行资本职能的前提，也是现代经济发展中的产业资本、商业资本和金融资本形成的初始条件（王定祥等，2009）。

于是，我们很容易知道，金融资本形成的逻辑源头是货币，但是根据货币到金融资本的演进规律来看，其实是先有了资本分工机制，货币资本才从商业资本和产业资本中内生地裂变出来。金融资本裂变过程说明了产业资本的价值运动总是在不断变换着自己的物质存在形式。货币的集中就形成了金融资本，金融资本通过向产业部门和金融部门提供金融服务和金融支持而购买生产资料（Pm）和劳动力（L），然后直接让货币进入商品的生产和销售阶段，生产和销售过程中就会带着一个增值额，最后又回到货币的形态。并且，货币购买生产资料，然

---

① 马克思，恩格斯. 马克思恩格斯全集（第 23 卷）. 中共中央马克思恩格斯列宁斯大林著作编译局译. 北京：人民出版社，1972：786.

后用来进行生产和销售的这一过程是不断循环着的。于是，资本运动过程可以表示如下：

$$G-W(\mathrm{Pm},\ L)\text{---}P\text{---}W'-G'(\Delta G) \tag{5.1}$$

其中，G 为货币初始表现形式的资本价值，W（Pm，L）为生产资料和劳动力两种存在形式的资本价值，---P---表示商品的整个生产过程，W' 表示经过生产阶段而发生增值的商品，G' 表示增值了的价值，ΔG 则表示资本的增值额。

容易看出，产业资本的运动表现为商品生产过程和商品流通过程的有机统一，因此，产业资本在市场购买、企业生产、市场销售三个不同的阶段就分别采取货币资本、生产资本和商品资本三种不同的职能资本形式。其中，货币资本在这一过程中旨在促使产业资本连续运动，因为货币资本不但发挥着“第一”和“持续”推动力的作用，而且发挥着纽带的作用，为生产资本和商品资本的职能发挥提供了必不可少的条件。同时，由于货币表现为资本价值的第一个承担者，货币资本表现为资本预付的形式[①]。所以，最后必然就需要对货币资本进行回收，这其中就包含了货币资本回收期限的长短和回收增值额度的大小，而这两者直接决定了各生产企业资本运营情况的好坏，也就进一步决定了企业的商品生产和流通过程是否正常和顺畅。这就需要货币资本先后转化为生产资本和商品资本，一方面通过生产资本生产商品而创造剩余价值，另一方面通过商品资本销售商品而实现剩余价值。

随着产业资本的不断积累和规模的持续扩大，如果这时候仍然通过商业资本进行单个产业资本的价值实现，这一过程就会变得极为烦琐且低效。要实现商品销售速度和产业资本运营效率的双双提高，专业化的商业资本需求势必会催生产业资本发生分离。最终，商品销售过程中的一部分资本就从产业资本中分离出来，成为专业化的商业资本，这些资本被投资于商品的流通部门或者流通领域，这时专业化的商业资本就专门从事商品的买卖。

既然商业资本是商品流通领域的资本，那么，商业资本形态的变化就只会经历两个阶段，即商品的购买和销售阶段，与之对应的会就以两种不同的资本形态存在，即货币资本和商品经营资本，商业资本的运动公式就可以表述为 $G—W—G'$。与产业资本类似，商业资本的运动过程在价值形态上的体现也可以分为货币资本和商品资本，只不过，商业资本的运动过程，只是为卖而买的进货过程及为卖而卖的商品销售过程（王定祥，2006）。所以，如果确保现代经济要不断向前发展，社会总资本必然需要不断积累，而商业资本不但是社会资本的重要组成部分，更是产业资本运营的前提和条件。如果没有商业资本的持续推

---

① 马克思，恩格斯. 马克思恩格斯全集（第 24 卷）. 中共中央马克思恩格斯列宁斯大林著作编译局译. 北京：人民出版社，1972：34.

动，产业资本的循环及周转速度的提升就无从谈起，就更不用说资本运营效率的提高了。

事实上，不管是产业资本还是商业资本，如果离开了必不可少的货币资本，其经营都不可能顺利展开。随着中间产品的不断购入、经营规模的不断扩大、固定资本的持续折旧、流动资本的慢慢沉淀及产品出售后的货币源源不断的回流等，货币也在持续不断地流入和流出，并且货币流动的规模会越来越大，流动的速度也越来越快。再加上，货币资本在社会总资本的运动过程中发挥着持续的和最原始的推动力作用，这就为货币资本从各种资本运营中独立出来并在最终行使特殊职能创造了可能，由此，货币资本的独立就变得完全有必要了。正如马克思所说[①]：产业资本的一部分，确切些说，还有商品经营资本的一部分，不仅要作为一般货币资本，而且要作为正在执行这些技术职能的货币资本，不断处于货币形式。因为这既是作为一般货币资本的需要，又是作为正在执行这些技术职能的货币资本需要。现在，从总资本当中分离出一部分资本出来，并且以货币资本这样一种独立的形式而存在，具有一种特殊职能的资本，而这种资本只把它们当作自己特有的一种经济活动来完成，于是，这种资本就转化为货币经营资本了。可以说，马克思的这一论断就是现代金融资本的雏形。

根据马克思的论断，我们便不难理解，现代金融资本是从商业资本和产业资本中内在地分离出来的，是资本分工不断细化的产物。同时，作为生产过程和流通过程的延续，金融资本为生产和流通提供服务，具有双重性资本的形态。一方面，金融资本由商业资本和产业资本运营中的货币资本转化而来，具有职能资本的属性；另一方面，金融资本还具有非职能资本的属性，因为金融资本完全可以不用直接参与生产和流通的过程，而只是为生产和流通过程提供专业化和产业化的服务。例如，在国内外经济往来的过程中，金融部门极其专业化地为工商企业和住户部门提供货币的储蓄、收付、结算与兑换，这不但可以为真实经济部门节省大量流通费用，而且可以为它们提供必要的信贷支持。由此可见，正是由于这种资本分工的自然演进与裂变过程，金融资本逐渐脱离于商业资本和产业资本而独立发展起来，并最终演化成国民经济中的一个高度专业化的金融部门。

5.2.3　金融资本内生形成的动态均衡机制

上述分析的结果表明，基于社会分工的需要，社会分工的最终结果是商业资本和产业资本各司其职、各显神通。其中，产业资本是职能资本，专门从事剩余

---

① 马克思，恩格斯. 马克思恩格斯全集（第 25 卷）. 中共中央马克思恩格斯列宁斯大林著作编译局译. 北京：人民出版社，1974：352.

价值的生产，商业资本则专门从事剩余价值的实现。与此相反的是，金融资本与剩余价值生产和剩余价值的实现都没有直接联系，它只是为商业资本和产业资本的集中提供货币资本的信用交易，并从这种信用交易中以分享再生产过程中的剩余价值作为回偿。所以，产业资本只是资本的一种“基本形式”，商业资本也只是资本的一种“次要形式”，而金融资本则是资本的“派生形式”①。

以信用为基础的金融资本，除了具有作为商业资本和产业资本的推动力及媒介商品交易的作用之外，还可以为金融资本所有者或经营者带来利息收入。利息收入从表面上看是和产业资本与商业资本运动相分离的形态（$G-G'$），但实质上仍来自对产业部门和商业部门剩余价值的分割，这种分割能够确保金融部门具有获取利润的同等机会。

于是，社会平均利润率规律就开始在产业资本、商业资本和金融资本的分化和转移中发挥作用，从而导致金融资本的形成始终是一个永无休止的过程。例如，只要是在完全竞争和市场经济制度完善及政府政策法规允许的情况下，社会平均利润率规律就会在资本的裂变运动中发挥着支配作用。如果产业部门或商业部门有超额利润可以获取，一部分的金融资本就会以所有权的形式转移出来追加到产业部门或商业部门，最终这两个部门的超额利润率会不断下降，直至与金融部门的平均利润率相等，金融资本的所有权转移才会因此而停止。反之，如果金融部门的资本有超额利润可以获取的话，那么一部分的产业资本或者商业资本则同样也会以所有权的形式自由地转移到金融部门，从而使金融部门的超额利润逐步下降到等同于社会平均利润率的水平，此时，产业部门或商业部门的资本转移同样就会停下来。

由此可见，在市场经济体制下，社会平均利润率规律始终是金融资本的增减过程实现动态均衡的基本条件。资本在产业部门、商业部门和金融部门之间的自由竞争和自由转移，则可以促进社会平均利润率的形成，而产业资本或商业资本的转移主要是借助于金融部门创造的信用催化作用加快进行的。最为典型的是，产业资本或商业资本借助银行创造信用这一功能，使得资本迅速流向利润率高的部门，随着资本的循环流动，最终引致各部门之间的利润平均化。但是，利润平均化这一概念不是绝对的，如果经济中的技术和制度因素在某一时点发生了变化，必然会存在某一个部门能够获取超额利润，如此一来，资本又会在各部门之间重新发生转移和裂变，再次形成新的利润平均化过程。也就是说，如果资本的转移不受人为因素限制的话，产业部门、商业部门和金融部门的均衡发展和资本间的停止转移将只会是一种暂时性的现象。在资本追逐高额

① 马克思，恩格斯. 马克思恩格斯全集（第 26 卷）. 中共中央马克思恩格斯列宁斯大林著作编译局译. 北京：人民出版社，1974：522.

利润的这种转移过程中，金融资本的形成始终会受到这种转移的影响，其规模会随着利润率的变化不断扩大或者缩小，直到新的社会平均利润率在三种资本之间形成为止，这时，金融资本就实现了动态的均衡。

5.3　中国普惠金融发展滞后和金融结构不合理的症结分析

5.3.1　中国普惠金融发展滞后和金融结构不合理的症结表现

从金融资本内生形成理论可以看出，金融资本内在地从商业资本和产业资本中分离出来，并反过来又为这两种资本提供必要的金融服务。从中国的实际情况来看，金融资本形成始于 20 世纪 80 年代中期，在著名的“金融深化”理论指导下，中国人民银行将商业银行的职能全部剥离而专门行使中央银行职能，并由国家财政出资或国家控股建立起多元化的金融体系。

经过改革开放 40 多年的快速发展，我国的金融部门已形成多种金融机构并存的多元化分业经营的市场格局（包括银行、证券、保险、信托、基金等），经济金融化程度（金融资产占 GDP 比重）由 1978 年的 0.51 提高到了 2016 年的 3.80，中国金融发展水平得到了显著的提高，当前中国的金融组织体系已经初步形成了相互竞争的基本市场格局。从不同种类金融组织机构资产分布的情况来看（表 5.1），银行业金融机构资产占比在不断下降的同时仍保持最大占比，这种态势一直没有得到根本性改变，也不可能在短期内有太大的变化。银行业金融机构一直都是中国金融产品和服务的最主要提供者，是实体经济部门融资的主要来源。中国金融年鉴数据显示，截至 2016 年末，银行业资产占比仍然高达 82.17%，甚至较上一年有微弱的上升趋势，并且其资产规模一直保持着稳定的增长，2016 年已达到 232.25 万亿元。而证券、基金、保险和信托等非银行金融机构的发展仍然相对缓慢，这四类金融机构的总资产在 2016 年才刚刚超过 50 万亿元，只有银行业资产的 21.69%。

表 5.1　2010~2016 年中国金融服务细分子行业资产规模变化情况

行业	资产规模与增速	2010 年	2011 年	2012 年	2013 年	2014 年	2015 年	2016 年
金融业	资产规模/万亿元	107.81	127.89	153.83	175.55	205.06	240.24	282.63
	资产增速		18.63%	20.28%	14.12%	16.81%	17.16%	17.64%

续表

行业	资产规模与增速	2010年	2011年	2012年	2013年	2014年	2015年	2016年
银行业	资产规模/万亿元	95.31	113.29	133.61	151.33	172.34	197.18	232.25
	资产占比	88.41%	88.58%	86.86%	86.20%	84.04%	82.08%	82.17%
	资产增速		18.86%	17.94%	13.26%	13.88%	14.41%	15.80%
证券公司	资产规模/万亿元	2	1.6	1.72	2.08	4.03	6.42	5.79
	资产占比	1.86%	1.25%	1.12%	1.18%	1.97%	2.67%	2.05%
	资产增速		–20.00%	7.50%	20.93%	93.75%	59.31%	–9.81%
基金公司	资产规模/万亿元	2.5	2.2	3.6	2.94	4.55	8.4	9.25
	资产占比	2.32%	1.72%	2.34%	1.67%	2.22%	3.50%	3.27%
	资产增速		–12.00%	63.64%	–18.33%	54.76%	84.62%	10.12%
信托业	资产规模/万亿元	3	4.8	7.5	10.91	13.98	15.87	20.22
	资产占比	2.78%	3.75%	4.88%	6.21%	6.82%	6.61%	7.15%
	资产增速		60.00%	56.25%	45.47%	28.14%	13.52%	24.01%
保险业	资产规模/万亿元	5	6	7.4	8.29	10.16	12.37	15.12
	资产占比	4.64%	4.69%	4.81%	4.72%	4.95%	5.15%	5.35%
	资产增速		20.00%	23.33%	12.03%	22.56%	21.75%	22.23%

注：由于2010年以前的数据很难收集，因此只提供2010~2016年的数据。另外，金融业资产规模是银行、证券、保险、信托、基金这五类加总，并没有包含这五类金融机构以外的资产，主要是因为统计数据收集困难

另外，从银行业金融机构内部的资产分布情况来看，大型商业银行、股份制商业银行、城市商业银行、农村金融机构和其他类金融机构在整体上从最初的极不平衡状态到如今或者将来几乎有可能是“五分天下”的局面。从表5.2的数据来看，大型商业银行资产占银行业金融机构总资产份额表现出逐年下降的趋势，已从54.90%（2003年）下降到36.77%（2017年），在这14年的时间内下降了将近20个百分点。股份制商业银行的资产占比从2003年底的13.80%开始逐年上升，并于2016年底达到历史最大值18.72%，2017年开始逐渐下降，其中2017年各季度分别为18.40%、18.08%、17.84%和18.81%。城市商业银行、农村金融机构和其他金融机构的资产占比自2003年以来一路上升，2017年已经分别上升到12.57%、13.00%和19.84%，其中城市商业银行资产占比上升幅度最大，且随着业务范围的扩张，其资产占比的进一步上升空间广阔；相反，农村金融机构因为地域特性和业务范围等诸多因素的限制，其资产占比进一步上升的空间却相对有限。除此之外，随着区域协调发展战略、乡村振兴战略、普惠金融发展战略的深入推进，以及家庭金融知识的普及，非农村金融机构的业务范围必然会不断延

伸，中国银行业的竞争将会进一步增强①。作为一个主要以银行业金融机构为主的国家金融体系，银行业之间的竞争增强必然会降低金融中介服务成本、加速金融创新，进而有效推动经济快速发展，而银行业金融机构的垄断必然不利于经济增长。因此，从客观上来看，随着银行业金融机构之间的竞争不断提高，银行业金融机构对实体经济提供金融服务的能力也会不断提高。

表 5.2　2003~2017 年中国银行业金融机构总资产情况

金融机构	2003 年		2014 年		2015 年		2016 年		2017 年	
	总资产/亿元	占比	总资产/亿元	占比	总资产/亿元	占比	总资产/亿元	占比	总资产/亿元	占比
大型商业银行	151 940	54.90%	710 141	41.21%	781 630	39.21%	865 982	37.29%	928 145	36.77%
股份制商业银行	38 168	13.80%	313 801	18.21%	369 880	18.55%	434 732	18.72%	449 620	17.81%
城市商业银行	16 090	5.80%	180 842	10.49%	226 802	11.38%	282 378	12.16%	317 217	12.57%
农村金融机构	26 894	9.80%	221 165	12.83%	256 571	12.87%	298 971	12.87%	328 208	13.00%
其他金融机构	43 491	15.70%	297 406	17.26%	358 571	17.99%	440 469	18.97%	500 851	19.84%
银行金融机构	276 584	100%	1 723 355	100%	1 993 454	100%	2 322 532	100%	2 524 040	100%

注：2003 数据来源于《中国金融年鉴》，其余数据来源于中国银行保险监督管理委员会网站。银行分类依据参考中国银行保险监督管理委员会网站。本表中，2014 年及以后的其他类金融机构包括政策性银行及国家开发银行、外资银行、非银行金融机构和邮政储蓄银行，2016 年开始又新增了民营银行和资产管理公司

但是，中国金融行业的发展仍然面临着如下几大问题：①中国金融业资产总量当中银行业资产占比仍然高达 80%以上，其中，五大国有商业银行资产又占据了银行业总资产的35%以上（表5.2），这五大国有商业银行的总资产几乎占全社会金融资产的 30%。国有商业银行与大型保险公司的股权结构相近，都被财政部与中央汇金投资有限责任公司控股。中央汇金投资有限责任公司和财政部又是一致行动人，所以，中央政府通过财政部控制着中国金融业的半壁江山。②股份制商业银行基本上都是由地方政府和央企设立的，至今多数仍然由地方政府和央企控制；银行改革大潮以来，城商行与农商行的实际控制人仍然是地方政府；而信托、券商、基金、小保险机构股权结构分布基本相同，又与股份制商业银行相近，多为央企和地方政府所设。所以，地方政府和央企基本上又控制了中国金融业的另外半壁江山。③截至目前，中国最重要的金融市场基础设施几乎全部控制在政府手里，次重要的机构主要负责人也均由政府任命。④以安邦保险集团股份

① 大多数研究表明，银行业资本竞争增加能够降低金融中介服务成本，对经济增长具有积极作用，相反，银行业资本竞争过度和垄断过度都不利于经济增长（Petersen and Rajan，1995；Cetorell and Peretto，2000；Cetorelli and Gambera，2001）。

有限公司和瀚华金控股份有限公司为代表的民营企业，虽然目前已经开始在中国金融市场中崭露头角，并且几乎都实现了银证保的全牌照经营，发展速度也异常惊人，但是民营企业组件的金融机构资产规模仍然较低，所以真要与其他金融机构展开公平竞争仍然还有很长的路要走。

由此可见，中国的金融资本形成在很长一段时间内主要是外生的，当然这种外生的金融资本形成在很长一段时间内也是经济发展的阶段性需要，但是，这种国有金融资本形成的目的并非源于国民经济的整体金融需要，而是源于对国有经济部门的天然金融支持（林毅夫等，1999）。这就不可避免地导致中国金融资本形成的内生性和竞争性严重不足，因而中国金融体系具有天然的国家垄断性和政府对经济部门的直接控制。不可否认，过去这种特有的国有银行为主体的金融体系对中国经济发展有着绝对重要性，也为中国特色社会主义金融发展道路奠定了坚实的基础。与此同时，我们也应该看到，过去那种政府的双重地位造成的利益冲突使得国家机会主义制度化，具有明显的经济发展阶段性特征。因此，要推进金融更好地服务实体经济，推动中国经济更好更快向前发展，必须建立公平和健全的市场秩序，缓解非国有经济部门的金融抑制现象。

5.3.2 中国普惠金融发展滞后和金融结构不合理的根源分析

透过马克思的金融资本内生形成理论容易发现，中国普惠金融发展、金融资本内生形成滞后及金融结构不合理的症结根源是中国政府长期以来同时推行外生金融深化与内生金融抑制政策。

1. 外生金融深化政策激励了国有金融资本的过度扩张和垄断

1978 年改革开放以来，国家先后出资建立了四家国有专业银行，国家对金融行业的垄断状况在 20 世纪 70 年代末的经济改革启动之后有所降低。1994 年以来的金融市场化和商业化改革虽是一个重要的里程碑，推进了中国的金融深化进程，但也主要是指向国有专业银行，最终政府以国有商业银行为载体控制金融资源的局面没有得到根本性的转变，因而以银行为代表的国有金融资本迅速形成并不断扩张，形成了今天国有金融资本垄断市场的局面。从统计数据来看，在改革之初的 1978 年，国有银行的存款和贷款占据我国金融机构存款和贷款的比例分别为 87.23%和 97.62%，截至 2016 年末，国有银行的存款和贷款这一占比分别只有不到改革之初的 50%和 30%。但这一比率仍相对较高，而这种国家对金融的控制和垄断，由于缺乏适应性调整，其突出表现就是中小企业在银行贷款因门槛限制而遭遇发展瓶颈。

为了更好地揭示中国国有金融资本过度扩张的内在机制，我们通过图 5.1 进一步解释。在图 5.1 中，MR 是民营资本进入金融领域的边际收益曲线，MC 是对应的边际成本曲线，AR 则表示行业平均收益曲线。如果是在内生金融产权的安排下，私有或民营金融资本从商业资本和产业资本中分离出来进入金融领域，其数量的大小就取决于资本的 MC 和 MR 之间的差距，如果 MC=MR，即 MC 与 MR 在交点 B 处，民营金融资本进入和形成在这里就会形成一个均衡点，对应的民营金融资本数量为 Q_0。如果民营金融资本进入数量小于 Q_0，此时的 MR>MC，那么民营金融资本的进入和形成的净利润是大于 0 的，此时，净利润的存在就会吸引部分产业资本或商业资本进入金融领域，促进民营金融资本形成规模不断扩大。相反，进入数量超过一旦超过了 Q_0，就会有 MR<MC，此时的民营金融资就会部分退出，进而回到真实经济体的产业部门或商业部门。上述情况是属于不存在进入和退出约束这一前提的，然而，中国的情况并非如此，因为在国有金融产权安排下，资本进入和退出金融领域并不会因为边际收益的变化而遵循上述情景，所以均衡点会发生改变。这是因为，国有金融机构在进行资本扩张的时候，并不会考虑这一行为会对其他非国有金融机构产生的负面影响，而只会尽可能通过扩大存款规模以便给自身带来较大的收益，这样一来，国有金融资本则会通过组建分支机构进行不断扩张，直至国有金融资本形成规模最终达到 Q_1。

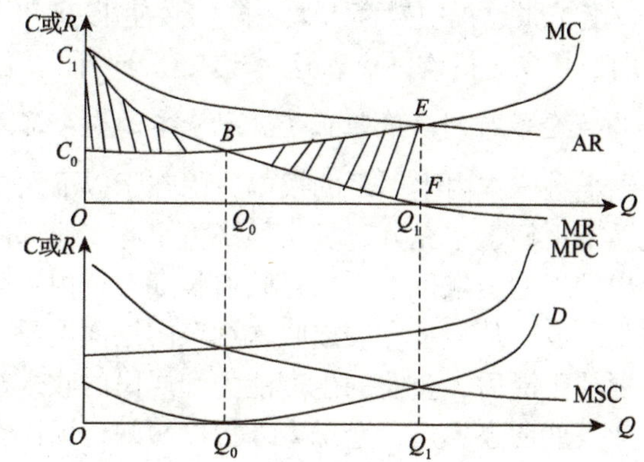

图 5.1　民营金融资本的市场进入和国有金融资本的过度扩张

C 为成本，R 为收益，Q 为金融资本进入数量，D 为社会对金融资本的需求曲线

资料来源：王定祥. 金融产业资本循环理论与政策研究. 西南大学博士学位论文，2006：102

国有金融产权的制度安排当中，由于软预算约束的存在，国有金融资本进入的边际成本 MPC 既小于该项资本所获得的收入，又小于这一行为给其他金融机构带来的额外边际成本 MSC。由于这种非对称性的成本承担与收益分享存在，理所当然地就会引发国有金融资本过度扩张，民营金融资本因此受到明显抑制。同样不难发现，只要金融资本形成规模小于 Q_1 的情况存在，国有金融机构资本就会有不断进入的冲动，直至资本进入的边际成本（MC）与金融市场的平均收益

（AR）相等。由此可见，国有金融产权安排下的金融资本的进入边界和效益函数已经明显由 MC=MR 转变为 MC=AR，于是，国有金融资本进入因为摆脱了 MR=MC 这一内在约束机制，从而导致国有金融机构网点的过度扩张和国有金融资本的过度进入，不断瓜分平均收益（AR）。但是，两种不同产权安排下效率获取存在较大差异。一方面，如果是在内生金融资本产权安排下，当金融资本进入的数量为 Q_0 时，其收益面积就是 BC_0C_1，这时的金融资本进入对自身以至于对整个金融业都是有效率的；另一方面，在国有金融产权安排下，金融资本进入的数量不可能仅限于 Q_0，而是会继续增加甚至出现过度扩张的情况，因此原有的收益就会因为资本的过度扩张被逐步抵消。根据图 5.1 的情况，如果金融资本进入的数量从 Q_0 扩张至 Q_1，这一过程中的收益被冲销的面积也就随之扩大到了 BEF，一旦出现收益被冲销面积 BEF 的面积与收益面积 BC_0C_1 相等时，就会出现金融资源动员和使用的净收益被全部抵消的情况。

根据中国的实际情况，20 世纪 80 年代中后期开始，各大国有商业银行机构成立以后，均以吸收存款为目的大量铺设网点，但是由于国有企业信用意识淡薄、基层地方政府的信用意识不强、涉农贷款难以满足“成本—效益”准则等诸多原因，再加上国有商业银行虽然名称不同，但是业务同质化倾向明显，最终导致国有商业银行在过度扩张过程中效率大大下降，致使 1998 年开始又不得不纷纷大量撤并基层（特别是县乡）机构网点，这一现象充分验证了上述结论。

2. 收入约束和内生金融抑制政策阻止了金融资本的内生形成

总体而言，中国金融资本内生不足的根本原因在于以下两个方面：一是经济发展水平低并且发展不平衡、不充分，真实经济体中的产业部门和商业部门还没有足够的能力内生出较多的金融资本；二是政府长期实行内生金融抑制政策，阻止了金融资本的内生形成。从经济发展或收入约束的层面上看，在计划经济体制时期，中国经济发展严重滞后，企业的生产能力和居民的收入水平都处于一个极低的水平，金融产业发展明显不足，金融人才极度短缺，因而在经济基础和制度上既没有必要也不可能从商业资本和产业资本中内生出金融资本。因为那一个阶段的经济主体是整齐划一的国有和集体经济单位，资源配置权高度集中，完全由政府掌握和支配，私人经济部门基本没有利益自主、独立决策和健康成长的制度环境，因而也就不可能从私人经济部门内生出金融资本。到了改革开放之初，中国经济因为是在起点极低的情况下“起飞”的，企业的生产能力和居民收入水平仍然很低，受低收入限制和金融行业进入的高成本约束，企业和居民还没有足够能力组建和诞生较多的民间金融机构。但随着改革开放以来中国经济的快速发展，特别是始于 1992 年的逐步市场化改革，国家对企业放权让利和国民收入向居民与企业倾斜，使得私人经济部门和居民的收入持续、快速、稳定增长，也为金融资本内生形成创造了必要条件。

可是，在相当长的一个时期内，从商业资本和产业资本中内生形成的金融资本和金融组织一直都被政府看作非正规金融或地下金融，从而遭到打压或是直接被取缔，在金融管制上更是一味地采取“一刀切”方式，从而严重地制约了金融资本的内生形成。事实上，这种行政的干预在很大程度上是政府出于财政亏空压力，并希望动用有限的金融资源，以积极推动经济发展。然而，这种干预或压抑金融体系的措施并不能有效动员和分配储蓄，最终导致金融资源的使用效率低下，金融发展受阻，经济增长下滑（王小华等，2014b）。可见，一味地对内生金融资本进行抑制和打压，显然是违背市场经济的客观规律的，同样也不利于实现金融的公平、协调和可持续发展，而普惠金融目标更无法实现。

所以，中国长期以来实施的金融抑制政策已经影响到经济的进一步发展，要突破经济发展中的困局并且在困境中寻求更好的发展，就应该积极推进金融深化，逐步解除对金融部门不合时宜的控制和不合理的干预，积极化解民间的借贷危机，引导金融资本内生形成，回归金融服务实体经济的初衷。虽然内生的金融资本一开始可能具有非正规制度安排的性质，从表面上看可能还会在有的时候表现得零乱而无序，但是，其内在的机制是井然有序的，因为对非国有企业而言，其产权结构决定了由此导出的这种制度安排包含着相互的约束。当前，我国已经从政策上逐步明确地对民营资本放宽了金融管制①，民营金融资本进入金融行业已是势在必行，并且随着民营金融资本的进入约束逐步得到缓解，内生于各实体经济部门的民间金融和非正规金融就会逐步活跃和成长起来，并日益成为填补非国有经济的金融需求缺口的重要力量。但是，我们应该看到，相关的体制机制仍然不健全，甚至还存在很多空白，致使内生的金融资本仍然无法与国有金融资本展开平等的竞争。如此看来，即使民营金融在近几年的发展速度非常迅速②，其仍然还有很长很艰难的路要走，其中最为关键的一个环节便是要敢于突破旧有不合理、不合时的“铁链”③。

---

① 2013 年 11 月，《中共中央关于全面深化改革若干重大问题的决定》明确指出，扩大金融业对内对外开放，在加强监管前提下，允许具备条件的民间资本依法发起设立中小型银行等金融机构。

② 2014 年，中国银行保险监督管理委员会批准了首批 5 家民营银行，其中，微众银行的资产总额从 2015 年 96 亿元上涨到了 2017 年的近 700 亿元，2016 年网商银行的资产总额也较 2015 年增长了两倍。但是民营银行仍然还有很长的路要走，从 2017 年中国银行业 100 强来看（按照核心一级资本排名），只有云南红塔银行的资产规模低于 1 000 亿元。

③ 为全局性金融体制机制改革积累经验，国务院于 2012 年 3 月 28 日决定在温州开展金融综合改革试验，以民营金融为改革主轴的“温州金改”，其主要目的就在于推动民间融资规范化和阳光化，破解“两多两难”（民间资本多，投资难，中小企业多，融资难）问题，但最终却因为政策的约束而收效甚微。

5.4 金融资本内生形成约束破解路径

我们的目的绝不是简单地否认中国这种特有的以国有银行为主体地位的金融体系对于过去中国经济发展的绝对重要性，因为我国现有的以大型银行为主的金融体制是在“赶超”战略指导下建立起来的（林毅夫等，1999），这一金融体制对于改革开放以来中国特色社会主义市场体系建设和中国经济腾飞的贡献是毋庸置疑的。林毅夫和孙希芳（2008）指出银行业的发展有助于促进经济增长，同时，银行主导型金融体系对于长期经济增长的重要性也已经得到了国内外学者们的认同（陈雨露和马勇，2009；Baum et al.，2011；Ujunwa et al.，2012）。但是，从经济发展的阶段性这一客观规律来看，不同阶段需要不同类型的混合金融服务才能实现高效率运转（Allen and Gale，2000），而什么样的金融结构适合什么样的实体经济，这完全取决于实体经济的需求（张成思和刘贯春，2016）。如此一来，如果一个国家的现实金融结构与经济发展的最优金融结构存在显著差异，也就是说最优的金融结构与实体经济不相匹配，那么该金融系统将对经济活动产生不利影响。如此，作为以银行业金融机构为主导的金融体系的中国，也应该有最优的银行结构与阶段性经济发展相匹配。

金融资本内生形成这一理论，向我们充分说明了金融资本会内在地从商业资本和产业资本中分离出来，并逐渐成长和发展壮大，这不但是经济发展过程中的资本体系分工的客观需要，而且是现代市场经济发展的必然要求。在当前中国经济发展的形势下，迫切需要对应的金融结构和银行结构，而过去的以国有银行为主体的金融体系不可避免地导致金融资本内生性和竞争性严重不足，使得非国有经济部门的金融需求很难得到满足，特别是中小企业往往很难从正规金融机构（特别是国有大型商业银行）获得贷款，迫使其转向内源性融资或者非正规金融系统（刘畅等，2017），影响了中国经济的进一步健康发展。为了更好地适应当前中国经济的阶段性发展需要，必然需要与时俱进地促进我国金融资本内生形成和不断发展壮大。表面上看可能是对现有金融体制的一次强大冲击，对长期以来以国有银行为主体的中国金融体系带来一次巨大挑战，但是，这种冲击和挑战是构建习近平新时代中国特色社会主义市场经济体制所必要的，更是不可避免的。事实上，根据十八大以来的实际情况，中国在不断通过试点和总结经验教训的基础上，循序渐进地逐步放开和发展民营金融，既是对国有金融发展的一种有益和必要的补充，同时也为推动金融更好地服务实体经济创造了条件和提供了更多可能。

启示在于：①当前的中国金融资本形成与金融改革更需立足于中国国情，充分剖析二元金融、经济发展历史与现实，落脚于解决经济发展过程中的不平衡、不充分问题，走中国特色金融资本形成道路，既要借鉴别人的路，更要走好自己的路，转变金融增长方式，提高金融服务实体经济努力。②促进中国金融资本内生形成，首先应全面深化金融供给侧结构性改革，以金融市场差序化布局为最终目标丰富金融市场层次，尤其应加快构建多层次、多元化、多渠道、广覆盖的普惠金融组织体系，引导商业性—政策性—合作性“三位一体”的金融服务体系向着定位明确、职能清晰的方向前进；要鼓励金融创新，满足金融机构拓展业务的需求，丰富金融产品，更好地满足产业转型、优质企业及居民的差异化金融服务需求。③遵循金融资本内生形成这一客观规律，适应市场经济阶段性发展的客观要求，加快建立健全市场金融制度，积极稳妥地放宽金融资本的市场准入门槛，鼓励和引导中国金融资本适度内生，促进民营金融组织的成长和发展；大力支持发展多样化的民营中小金融服务机构，鼓励民营中小金融机构展开金融创新，切实解决当前中小企业融资难题；加快民营金融立法，逐步消除内生金融抑制，积极鼓励和引导民营金融的健康成长；建立科学合理的民间融资监测机制，为社会融资总量的统计和加强民间融资管理提供完善的信息支持，最终起到引导民间融资阳光化、规范化和多元化的作用。④引导民营金融规范化和阳光化发展、防范金融风险的发生和扩散、审时度势地实施有效监管；改革金融风险管理体制机制，对全国大型金融机构实施更加严格的风险监督和管理，改善各类银行的风险管理信息和体系；进一步完善清算机制，允许大型金融机构能够有序破产，不会引发金融系统的崩溃；加强金融业的内部治理，明确划分机构内部各职能部门的职责和权限，建立严格的授权和审批制度，坚决抵制越权行为并予以严厉处罚；加大对金融风险资产的责任认定和责任追究的力度，及时进行责任认定，不管离职还是退休都要实行终身责任追究，在责任处理方式上要逐步转向行政处罚、岗位任职处罚和经济处罚并重。

第6章　普惠金融体系构建中的小额信贷风险控制理论与实践

小额信贷在中国普惠金融体系构建过程中发挥了举足轻重的作用，在缓解农户融资难问题方面做出了巨大贡献。随着农村经济的不断发展及农村金融服务的不断延伸，内生形成的农民专业合作社、“公司+农户”、“种养大户+贫困农户”等自组织形式也逐渐体现出了独特的优势，在农民收入增长和农村减贫过程当中做出了突出贡献。研究发现，农民专业合作社、“公司+农户”是农户间、农户与农业龙头企业基于共同利益目标而自愿结成的自组织形式，依托该类自组织控制农户贷款信用风险具有如下优势：一是成员间、成员与自组织间信息对称；二是自组织与成员、成员与成员间的长期合作、关联交易等行为形成了履约收益始终大于违约收益的激励机制；三是自组织强有力且能落实到位的违约处罚措施始终保持了对恶意违约行为的惩罚威胁。鉴于自组织的上述特点和实践中不良率低的良好效果，建议大力发展农村中介自组织，引导农户积极参与自组织，鼓励金融机构依托农村中介自组织利用微型金融技术开展农户小额信贷业务，进一步提高农村金融服务深度和广度，让更多的农户特别是贫困户更好、更快、更精准地获得金融服务，充分发挥自组织在农村扶贫中的重要作用。

6.1　小额信贷风险控制的思路与必要性

金融机构面向农户发放小额信贷主要面临的是自然风险和信用风险。自然风险引发农户所经营的项目失败，导致农户违约无力偿还贷款。信用风险是指农户在获得贷款后是否按时还款的道德风险问题，主要取决于农户自身是否诚信、不恶意违约。一般来说，自然风险的转移或规避主要靠保险，如天气或巨灾保险，而信用风险的规避或控制关键在于找到一种约束激励机制，牵制或约束借款农户的违约行为，使其遵守借款合同，即使出现自然风险也会努力去偿还贷款。从实践的情况来看，金融机构控制信用风险的主要方式有三大类：一是要求农户提供金融机构认可的抵押品；二是要求农户找到有稳定收入的人为农户担保；三是担保替代，通过创新模式，制定一种起着牵制、约束作用的方式或方法。

关于要求农户提供合格抵押品的信用风险控制模式，主要包括如下两类：一是要求农户要拥有土地、房产等固定资产；二是扩大农村抵押物范围，如开展林权抵押贷款、“两权抵押”贷款。一般来说，拥有可以用于抵押的、金融机构认可的固定资产的农户极其少，这也是农户融资难的症结所在，通过此方式控制信用风险也无从谈起。通过扩大抵押物范围即将林权、农村土地承包经营权、宅基地使用权放入抵押物范围，以此为抵押物向农户提供贷款，这种形式因为制度、配套措施不完善而始终处于试点状态，规模难以扩大（张龙耀和褚保金，2010；陈悦和严伟涛，2012；高圣平，2016）。关于要求农户找到有经济实力的人为农户担保的信用风险控制模式，姬顺玉等（2015）的调查显示，找不到符合规定的担保人导致农户无法申请小额担保贷款，这部分农户占到样本农户的 35%。关于通过创新方式进行信用风险控制的模式主要有供应链模式（胡国晖和郑萌，2013；潘纬，2013）、信用共同体模式（刘吉运和王长德，2011）、熟人社会关系模式（刘锡良和陈鹏，2011；谭霖，2013）、联保模式（赵岩青和何广文，2007；杨峰，2011）、金融联结模式（武翔宇，2008；米运生等，2013；李延敏和房林，2014）。值得注意的是，赵岩青和何广文（2007）的调查发现，在农户联保贷款的发放过程中，借款农户为了尽快得到贷款，往往找几家有贷款需求的农户组成联保小组，且农户间彼此并不熟悉，这是农户联保贷款违约的重要原因。杨峰（2011）也认为，彼此不熟悉的农户为了共同的融资目的联合在一起，合谋骗贷导致农户联保贷款不良率过高。

可以看出，学者们对不断涌现出的小额信贷风险控制模式从不同角度给予了理论解释，这些理论解释又反过来推动了小额信贷风险控制技术的发展。从现实情况来看，农村地区的农民专业合作社、农业龙头企业已逐渐成为主流的农业生产经营主体，“农民专业合作社+农户”“农业龙头企业+农户”的生产组织方式在农村地区更符合农户的利益诉求，因而取得了更好的绩效。从理论上而言，由在生产上有紧密联系的农户自愿联合在一起组建的“利益共同体”，对农户的凝聚力、号召力会更强，在一定程度上可以称为农民的自组织化。依托农村中的自组织，挖掘和运用自组织的优势和特点，引入微型金融技术，可以克服道德风险，一定程度上制约借款人的违约行为。

6.2 基于微型金融和自组织理论的小额信贷信用风险控制分析

6.2.1 微型金融技术运用于小额信贷信用风险控制的理论分析

微型金融创造了“替代性担保抵押”或“社会担保抵押”，取代了传统的实物担保抵押，从而利用存在于借款人当中的当地信息和社会资本，克服了信息不对等和契约执行难题，放松了信贷约束。其中，“替代性担保抵押”或“社会担保抵押”包括基于借款人社会资本的横向选择、横向监督和社会制裁（张伟，2011）。因此，微型金融的发展对于普惠金融发展水平的提高和普惠金融体系构建有着举足轻重的作用。

借款农户偿还或不偿还金融机构的贷款，关键在于偿还时的收益与违约时的收益大小比较，如果能保证履约时的收益大于违约时的收益（如增加履约时的收益或减少违约时的收益），则作为理性经济人的农户必然选择还款，否则选择违约（张杰，2003）。依据此思路，下文将展开理论推导。

假设参与信贷博弈的双方为农户与金融组织：农户向金融组织借款额为 A，农户投资的收益率为R，金融组织的利息率为r，不考虑自然风险时，农户投资的项目都取得成功[①]，则农户还款时的收益为$(R-r)\times A$；农户违约时的收益为$(R+1)\times A$。农户还款的前提条件是$(R-r)\times A>(R+1)\times A$。在初始状态的基础上，考虑增加还款时的收益或提高违约时的成本（从而减少违约时的收益），但始终保持履约时的收益大于违约时的收益，均可让借款人履约。以下分四种情况进行分析。

1. 长期合作：在时间上求解

假设交易双方是长期合作（如 N 期），如果借款农户有意违约，放贷人当即从第 2 期终止与借款人的交易，从而使借款人面临失去未来交易剩余的损失。在 N 期交易中，借款农户履约时的收益为$N\times(R-r)\times A$；农户违约时的收益为$(R+1)\times A-(N-1)\times(R-r)\times A$。

---

① 从实际情况来看，农业生产受自然灾害影响较大，由自然风险导致的信贷违约问题主要靠保险机制来分担和解决，本章仅专门分析农户的信用风险问题，故假设农户投资的项目取得成功。

农户还款的前提条件是

$$N\times(R-r)\times A>(R+1)\times A-(N-1)\times(R-r)\times A$$

移项得

$$N\times(R-r)\times A+(N-1)\times(R-r)\times A>(R+1)\times A$$

化简得

$$(2N-1)\times(R-r)\times A>(R+1)\times A$$

与初始条件$(R-r)\times A>(R+1)\times A$相比，由于$2N-1>1$，且随着$N$增大而增大，使得约束条件比初始条件更宽松。即通过引入交易时间变量，借助于交易双方的长期合作可以在一定程度上解决借款人的恶意违约问题。

2. 关联交易：在交易范围中求解

假设除了获得信贷服务外，双方还有其他方面的交易，该笔交易可以为借款人带来收益Q，但同时该笔交易与双方的信贷交易相关联。此时，借款人履约时的收益为$(R-r)\times A+Q$，违约时的收益仍为$(R+1)\times A$。要使借款人按时还款，则必须$(R-r)\times A+Q>(R+1)\times A$，特别是随着$Q$值增加，借款人履约时的收益会越来越大于违约时的收益，这在一定程度上保证了借款人不违约而选择按时偿还贷款。

3. 小组联合：在交易对象上求解

假如能通过某种机制将多个人的利益联系起来，从而使得某个人的违约行为影响到其他相关人员的利益，而这些人员又可以对借款人进行切实的监督和制裁，那就可以在一定程度上提高借款人的违约成本。假设有M名成员组成联合贷款小组，对于其中一名成员而言，一旦出现违约，则整个小组都将丧失未来N期的贷款机会。借款人履约时的收益为$M\times N\times(R-r)\times A$；违约时的收益为$(R+1)\times A-(N-1)\times(R-r)\times A$，保证借款人按时还款的必要条件是

$$M\times N\times(R-r)\times A>(R+1)\times A-(N-1)\times(R-r)\times A$$

移项化简得

$$\left[M\times N+(N-1)\right]\times(R-r)\times A>(R+1)\times A$$

由于$\left[M\times N+(N-1)\right]>1$，与$(R-r)\times A>(R+1)\times A$的初始条件相比，此时，保证借款人还款的约束条件更宽松。即通过实施联合贷款，可以在一定程度上提高借款人的违约成本（或者说是减少违约时的收益），从而制约了借款人的违约行为。

4. 引入特殊的抵押物：担保替代

如果说单从防止借款人违约的信用风险角度讲，实际上抵押物对于放款人是否具有足够价值并不重要，只要借款人提供的抵押物对其自己而言有具有相当高的价值（如可以为借款人带来未来收益但又无法转让的某种资产，如信

誉；对于借款人极为重要但其价值无法评判的资产，如自己的生命、家人的安全等），可以对其违约构成足够的威慑，就能保证其严格执行合约。假设借款人对自己提供的某项抵押品价值评价为V_M，则借款人履约时的收益是$(R-r)\times A$，借款人违约时的收益为$(R+1)\times A-V_M$，保证借款人执行合约的必要条件是

$$(R-r)\times A>(R+1)\times A-V_M$$

移项化简得

$$V_M>(1+r)\times A$$

即只要借款人提供的特殊抵押物对其而言有足够高的价值，可以在一定程度上解决借款人违约的信用风险问题。

6.2.2 在自组织引入微型金融技术的小额信贷风险控制分析

从上面的理论分析可知，通过长期合作、关联交易、小组联合和担保替代，使得农户履约收益远远大于违约收益，保证农户执行合约的约束条件得以不断放松。但从实际情况来看，金融机构与农户间难以达成长期合作关系，更无关联交易可言。如能找到一种中介载体，保证上述约束条件始终能在该中介载体的活动边界内实现，则可为解决农户融资难问题提供新的思路。从目前农业生产方式的演化趋势看，成员与成员间、成员与公司间基于共同目标而自愿缔结在一起的农民专业合作社、“公司+农户”等农村中介自组织为上述四种方式的实现提供了可能。

根据自组织理论，自组织是指在一定的外界条件影响下，通过系统内部自行协调、自行组织、自行演化，最终形成一种总的趋势，从而支配系统的集体行为从无序走向有序的有结构的系统。农民专业合作社、“公司+农户”是农民的自组织化：一是这些系统是开放的，是与外界有物质、能量、信息交换的，即农民专业合作社或“公司+农户”面对的是市场，为消费者提供农产品，是开放系统，是通过生产资料购买、农产品销售等行为与市场建立的一种有信息流、物质流、资金流互动的系统，并且是能在市场变化影响下，根据市场反馈的信息，做出适应性调整的系统；二是系统演化的动力来自内部且始终处于低水平到高水平的不断循环演化过程，即农户或农户与公司通过相互协调、相互合作，在“扩大生产和销售规模实现增收”的总的思想导向下，制定一定的管理制度，引导、推动农民专业合作社或“公司+农户”从不稳定走向稳定，由无序走向规范，由弱小走向强大①，形成了更能适应市场变化、更能对抗市场风险的更高级的组织。

① 由无序走向规范，如农民专业合作社从无财务报表到有正规的财务报表。由弱小走向强大，如农民专业

在农民专业合作社、“公司+农户”等自组织的形成与演进过程中，逐渐形成了三个可以应用于小额信贷信用风险控制的独特优势。

首先，在农民专业合作社、“公司+农户”等自组织制度下和活动范围内，组织与成员、成员与成员之间是基于长期信任且有经济联合而凝聚在一起的①，与传统的为了获得贷款临时组成的联保小组不同，是更高级别的信息对称关系，这一点可以运用于信用风险控制。

其次，在农民专业合作社、“公司+农户”等自组织的制度约束下，在熟人社会嵌入密切经济往来（如关联交易、长期合作）的自组织中，始终有一种力量约束着农户的行为，始终让农户意识到“守约时的收益颇丰，违约时损失巨大”，进而促使农户主动偿还贷款。

最后，在农民专业合作社、“公司+农户”统一收购、统一销售的模式及有效监管的运行体系下，这些自组织有着强有力的违约处罚制度，并能落实到位，始终能保持对恶意违约农户的惩罚威胁，使得自组织对违约农户的惩罚更有可能实现，这也可以促进农户主动偿还贷款，从而达到控制信用风险的目的。

结合农民专业合作社、“公司+农户”等自组织从无序系统发展成为有序系统的历程可知，这些自组织已经形成了一整套可以用于约束农民借贷行为和进行风险控制的有效机制。在自组织范围内，不但可以实现长期合作、关联交易，还可组成联合小组，实行担保替代。据此，可在自组织的基础上嵌入微型金融技术，无完全信息的外部放贷机构（金融机构）可利用有完全信息的农村中介自组织，通过中介自组织的制度约束形成制衡进而帮助金融机构控制信用风险。

对于第一种类型（长期合作），引入交易时间变量，借助于交易双方的长期合作可以在一定程度上缓解借款人的恶意违约问题。农民专业合作社和“公司+农户”是农民自发加入形成的组织，是农民内心认可、认同度较高的生产组织，农户认为农民专业合作社和农业龙头企业能带领他们共同致富，且事实也证明农民专业合作社和农业龙头企业确实能起到扩大生产、销售规模的作用。根据农民专业合作社和“公司+农户”的运作原理，农民专业合作社和农业龙头企业为农户提供生产资料，农户将农产品销售给农民专业合作社和农业龙头企业，在扣除生产资料所换算的成本后，获得相应收益。农户与农民专业合作社或农业龙头企

合作社、“公司+农户”通过与大型超市、专业市场合作，使得生产规模扩大，整体实力增加，抗风险能力增加。

① 成员与成员间信息对称：农户加入自组织之前已经相互了解、相互熟识，在同一组织内经过长时间的利益关系往来、生产关系协作，经过成员的进进出出及市场的洗礼，相互间信息更加对称。成员与组织间信息对称：农民专业合作社或农业龙头企业通过日常的产品收购、生产资料派发、技术指导、销售农产品的资金控制所形成的对农户家庭、人品、生产技能、社会关系等信息的掌握程度较高（冯春艳和吕德宏，2013）。

业的交易是长期、反复的过程，利用这一点，通过长期合作，农户预期长期合作所获得的收益远远大于一期或短期合作的收益，农户就会自觉履行贷款合同。鉴于此，可依托农民专业合作社或“公司+农户”这一自组织，通过在时间上的延伸控制信用风险，为农户发放小额信贷。

对于第二种类型（关联交易），农民从自组织获得生产资料，将农产品提供给农民专业合作社或公司，通过农民专业合作社或公司解决了销售难题，获得了比以往在独立生产销售模型下更多的收入，本质上讲，农户与组织之间就是一种交易关系。通过农民专业合作社或公司与农户间的关联交易，可以显著增加农户的收益，使得农户遵守合约时所获得的收益远远大于信贷违约时的收益，从而督促农户主动履行合约。

对于第三种类型（联合贷款），即将多个人的利益相联系，使得一个人的违约影响到其他人的利益，反过来促使其他人员对借款者进行监督。农民专业合作社是农户从开始尝试到接受再到高度认同的自组织，是经过市场波动洗礼后不断演化、不断适应市场变化的自组织，从地域范围分析：这些农户一般是同村或邻村的农户，互相之间“抬头不见低头见”，相互间比较了解，通过在农民专业合作社这一自组织平台长时间的生产合作、培训或会议等形式的反复接触，留下来的农户都是为着共同的目标而努力的农户，相互间信息更加透明、对称。基于农民专业合作社这一平台，农户以联保形式申请贷款，特别要注意的是：传统的或者说以往的联保贷款，往往是农户为了获取贷款而临时拼凑在一起组成的联合小组，而基于农民专业合作社范围内组成的联合小组是经过市场波动洗礼依然为着共同目标而进行生产、协作、共同开拓和对抗市场风险的、信息更为对称的联保小组。联合贷款时，借款农户预期获得的收益远大于违约时的收益，此时农户会自觉履行合约。

对于第四种情况（引入特殊的抵押品实行担保替代），即当借款人提供的抵押物对其自身而言有相当高的价值时，可以对其构成足够的威慑，从而起到控制违约风险的作用。农民专业合作社或“公司+农户”作为农民的自组织化，对农户而言，信誉、名声、声誉及未来继续为农民专业合作社或公司提供产品所获得的销售收入，是农户认为具有相当高价值的无形资产，是一种特殊的抵押物。基于农民专业合作社或公司发放小额信贷，当农户违约时，违约农户在自组织内部的不良声誉会迅速扩散，同时专业合作社或公司不再为其提供生产资料和解决农产品的市场销路问题，这二者相加，使得农户的信贷违约成本巨大，从而约束农户的违约行为，起到降低信用风险的作用。

6.3　依托自组织开展小额信贷信用风险控制的实践经验

6.3.1　广东省农合机构依托农民专业合作社控制农户信用风险的实践经验

农合机构（农村信用社和农村商业银行）近年来逐步开展“农民专业合作社担保+社员农户联保”的贷款业务，截至2016年9月末，累计发放3 166万元，累计发放528笔，不良率为0，这些社员农户绝大部分为首次获得金融机构贷款。与2013年以前发放的传统的“农户联保贷款”相比，不良率显著下降，农户违约风险降至最低。农合机构依托农民专业合作社这一自组织平台控制农户信贷风险的做法有如下几个方面。

一是在贷款准入方面：发挥农民专业合作社充分了解农户还款意愿和还款能力的优势。据调查，与农合机构合作开展“农民专业合作社担保+社员农户联保”贷款模式的农民专业合作社，其社员农户一般来自附近村庄，农民专业合作社辐射半径约为周边10千米，这一点首先保证了合作社与社员、社员与社员间的信息对称。在此基础上，农民专业合作社将诚实守信、经营稳健、有长期合作意愿意、入社时间较长的农户推荐给农合机构，按要求统一收集农户资料，并对农户的申请条件进行初审，提出初审意见，发挥对社员农户的人品、经营情况等进行第三方验证的作用。

二是在贷款担保方面：从实践的情况来看，一般而言，农民专业合作社比较倾向于为信誉良好、与该社合作达到一定期限、该社对其及家庭情况有较深了解、所申请贷款额度与其经营规模相匹配的农户出面担保。与此同时，这些与农民专业合作社在农资购买、产品经销和土地入社等方面签订明确合约的社员农户，结合自身实际情况、所需融资金额大小及相互间熟悉程度，自行组成联保小组。

三是在贷后管理方面：农民专业合作社建立贷款台账，提前通知贷款农户还款，发挥监督管理作用。参加联保的农户相互监督、互相了解还款情况，从而预防农户逾期违约。当贷款农户出现恶意违约倾向或能证明其还款意愿低下时，金融机构通过与其联保人沟通，通过间接施压的形式催促农户还款。同时，农民专业合作社通过停止生产资料供应、拒绝收购农产品和提供生产技术支持、暂停社员福利分配甚至开除会员资格等方式迫使农户还款。在农民专业合作社内，经过多方施压，使恶意欠款人明白其恶意逾期给多方带来的不便及对自身的声誉损毁，让农户清楚违约后面临的巨大损失。

6.3.2 广东省涉农金融机构依托农业龙头企业控制信贷风险的实践经验

截至2016年9月末，广东省涉农金融机构（包括农合机构、农业银行、邮政储蓄银行）累计发放10.58亿元，累计发放1.32万笔，不良率为0，有效控制了信用风险。“公司担保+农户”贷款模式控制风险的流程如下所示。

一是贷前调查阶段，由农业龙头企业提供有效的农户经营信息和人品信息。公司将与其签订相关农副产品收购订单的、合作关系良好、合作时间较长、并能提供较为稳定和优良农产品供应的意向贷款农户推荐给涉农金融机构，并为符合条件的农户提供担保。农户贷款金额由公司根据其生产规模和实际需要核定。

二是信贷资金的使用监督。农户所获得的专项贷款，必须专款用于订单农户与公司签订的《订单农产品收购协议书》中所约定的生产资金用途。农业龙头企业将农产品生产周期所需配套资金反馈给涉农金融机构，由金融机构把握信贷投放时间和节奏，避免信贷资金挪作他用；负责各片区的业务经理统计贷款农户的生产资料购买和付款情况，以此监督农户的信贷资金使用情况；通过收购行为了解农户实际生产规模变化情况，为涉农金融机构提供参考信息。

三是贷后管理。一方面，由于农业龙头企业提供了合理的收购价格，确保了农户的利润，且其销售收入能覆盖农户的贷款本息，大大消除了农户的违约动力；另一方面，农业龙头企业与农户明确了相应的违约措施，且能真正落实到位。例如，可在“公司担保+农户”准入、农资出售、农产品收购等方面对恶意违约农户做出限制。通过发挥所有生产资料由农业龙头企业提供、产品出售由企业控制、回笼资金结算须先经企业再到农户的特点，提高农户的违约成本，确保贷款农户按时还款。

6.3.3 农村中介自组织在农村小额信贷信用风险控制中的作用

无论是在农民专业合作社的风险控制案例中，还是在农业龙头企业的风险控制案例中。这些自组织中介平台首先都发挥了信息过滤、筛选的功能，农村中介自组织之所以为涉农金融机构推荐有贷款需求的农户，并愿意出面为这些贷款农户担保，是基于关联交易与农户长期、反复合作后掌握、积累了综合全面的信息而做出的决策。同时，中介自组织平台中的农户能组成联保小组，进行相互担保，这也是基于自组织平台的边界范围内长期合作积累的全面信息做出的决策。更为关键的是，这些农村中介自组织统一生产、统一收购、统一销售的内部运作机制能对农户恶意的信贷违约行为起牵制作用，一旦农户有违约倾向或确实发生违约行为，农村中介自组织对农户的惩罚是极重的，这也时刻提醒着农户守约比违约要好，促使农户做出按时履约的最优决策。

6.4　小额信贷风险控制理论与实践总结

针对以联保形式发放的农户联保贷款和以信用形式发放的农户小额信用贷款违约率极高、信用风险难以控制的问题，结合目前农村正逐步形成的以“农民专业合作社+社员农户”“农业龙头企业+农户”为代表的新型生产组织演化趋势，基于微型金融理论和自组织理论视角，对依托农民专业合作社、农业龙头企业等农村中介组织开展小额信贷信用风险控制进行了理论分析和实践验证。理论分析表明，依托农村中介自组织控制信用风险的关键如下。

（1）在自组织的边界范围内，农户与农民专业合作社、社员与社员及农业龙头企业与农户之间是信息对称的关系。

（2）在自组织的边界范围内，由于农民专业合作社与社员农户、社员农户与社员农户、农业龙头企业与农户间日常的关联交易、长期合作等行为存在，让理性农户能够形成“履约收益永远大于违约收益”的理性预期。

（3）在自组织的边界范围内，农民专业合作社、农业龙头企业拥有强有力且能落实到位的信用违约惩罚制度，这一处罚制度始终保持了对恶意违约贷款农户的有效处罚威胁。从实践情况来看，广东省涉农金融机构开展的“农民专业合作社担保+社员农户联保”“农业龙头企业担保+农户”贷款不良率较低，有效地控制了农户的信贷违约风险。鉴于此，应大力发展农民专业合作社、农业龙头企业等农村中介组织，充分挖掘和利用农村中介组织的优势和特点，依托农村组织大力开展农户小额信贷业务。为此建议：第一，通过财税政策对内生于农村经济且由农户自发形成的组织（如专业合作社、社区合作社、经济联合体、专业协会）加以支持和引导，鼓励这些自组织规范、有序地发展壮大，引导这些农村中介组织发展为省级示范组织（如农民专业合作社省级示范社、省级或国家级农业龙头企业等）；第二，涉农金融机构要把握农村生产组织形式变化的契机，挖掘农村自组织的特点和潜力，创新信贷模式和信贷产品，依托这些已经发展多年、内部运作比较规范的农村自组织有效控制信用风险的同时，大力开展农户小额信贷业务，进一步缓解农户融资难问题。

第 7 章　中国县域农贷促进农民增收效应的区域差异研究

在农贷资源仅由市场进行配置的情况下，虽然存在明显的信用约束，此时的农户信贷配置可促进农民收入更有效率地增长，但同时也会引起农民收入不平等加剧。因此，政府要想要在不损害农户信贷效率的同时促进农民公平增收，就需要在尊重农贷市场规律的条件下对农户信贷进行调控。基于中国 2 037 个县的截面数据，对县域农贷的增收效果进行了区域分层差异检验，研究发现：县域农户信贷对农民的增收效应不但在农民内部存在差异，而且在地区之间有明显的差异，其中，西部地区的农户信贷对中低收入农民的增收效果显著，中部地区的农户信贷对最高收入农民的增收效果显著，东部地区农户信贷对各收入层次农民的增收效果均不显著。因此，要促进农民公平增收，有必要采取差异化的农户信贷调节政策。

7.1　县域农贷促进农民增收区域差异初探

改革开放以来，我国以农业为主体的县域经济虽然得到了较快发展，但是与城市经济发展速度相比，仍然表现出严重的滞后性、粗放性和规模不经济性。在县域经济中，农民收入增长缓慢、城乡收入差距不断扩大，已经成为制约城乡协调发展的重要障碍。统计资料显示，我国城乡收入相对差距从 1978 年的 2.1：1 扩大到 2012 年的 3.1：1，绝对差距从 1978 年的 209.8 元扩大到 2012 年的 16 648.0 元，扩大了 79 倍，并且这种趋势还未得到根本性扭转。究其原因：一方面，我国工业化和城镇化战略的实施，诱致县域大量生产要素非农化；另一方面，城乡市场一体化发展，加剧了生产要素内生性地从低效的农村农业部门向高效的城市工业部门聚集，导致农村面临的“信用约束”日益加剧。据估算，20 世纪 90 年代中后期以来，平均每年有 2 000 多万的农村青壮年劳动力流向城市，通过各类金融机构从农村流向城市的资金年均达到 1 万亿元左右，每个县流出资金年均在 3 亿元以上。党的十八大明确提出，要加快推进农民收入倍增计划，尽快缩小城乡收入差距。这就需要加快农业现代化发展，繁荣县域经济。而在县域实施有效的农户信贷政策，合理引导信贷资源在农户间的配置，则是促进县域经济发展和实现农民收入倍增的重要途径。可是，我国县域资源禀赋、要素集聚、农业经营方式、经济发展存在明显的差异，导致各地农民收入增长的决定因素不同，进而决定了县域农户信贷政策也需要体现出地区差异性。同时，对于不同收入层次的农户，其生产率也大不相同，因而面临的信用约束和信贷效率也可能有较大的异质性，这就需要实施差别化农户信贷政策。于是，这就引起我们思考：我国县域农户信贷对农民增收是否有效？是否存在明显的地区与分层差异？如果无效，原因是什么？今后政府对农户信贷应当如何调节，才有助于各地区各收入层次的农户均实现增收？为此，我们通过检验我国县域农户信贷对农民收入增长是否有效，来寻找农户信贷增收效应的异质性，以便为今后县域农户信贷政策的科学调整提供理论与实践依据。

虽然国内外文献对农户信贷与农民收入增长的关系进行了广泛的研究，但从农民收入分层和地区差异层面对我国农户信贷的增收效果进行综合比较研究的文献却相对罕见。所以，与现有研究相比，本章研究的主要差异和贡献有以下两个方面：一是从理论层面讨论了农户信贷资源在不同收入层次农户间配置时如何协调好市场与政府的关系，也即在市场信用约束下，政府如何有效地实施信贷调节，才能促使各层次农户增收处于帕累托效率状态，进而有助于实现“道义小农”向“理性小农”的转化，确保农户公平增收；二是选取 2010 年我国 30 个省（自治区、直辖市）（上海市除外）2 037 个县（市）为样本，运用分位数回归（quantile regression，QR）方法，就农户信贷的增收效果进行分层比较，并从地区层面分析了县域农户信贷对各收入层次的农户增收效应的异质性，旨在深入揭示产生这种异质性的主要原因。

7.2　国内外农贷作用与农贷制度分析

一是国外关于农户信贷作用与功能的研究。Lewis（1954）认为农民自身资本极为有限，他们需要的资本远超过他们所能够进行储蓄的能力，因此，信贷资金的投入对于农民收入水平提高是必不可少的。Nurkse（1953）得出了“一国穷是因为它穷”（a country is poor because it is poor）的著名命题，他认为贫穷国家如果要打破“贫困恶性循环”，必须大规模地增加资金供给，不断扩大投资规模，促进资本形成和积累。农户作为农村的微观经济主体，要在一定的资金约束下做出生产、消费和投资决策，就需要通过获得信贷服务改变初始禀赋，从而进行农业投资，扩大生产规模，最终增加收入（Feder et al.，1990）。由于农业生产具有周期性，农户的收入并不稳定，农户在歉收的年份需要通过借贷来平滑消费（Duong and Izumida，2002）。Binswanger 和 Khandker（1995）认为正式借贷显著提高了贷款农户的劳动生产率和收入水平，并在一定程度上促进了农村社区的发展。Dowla（2006）强调，随着时间的推移，小额信贷提供的信用服务有助于发展建立在信任基础上的社会资本。Todaro（1969）、Matin 等（2002）、Jansson 等（2013）的研究表明，农户信贷资金投入是影响农民收入增长的重要因素。究其影响机理来看，一些学者的研究发现，农户信贷主要通过传统资本路径提升农民的农业投资和经营能力，最终促进农业产出和农民收入增长（Gonzalea-Vega，1984；Darrat，1999；Adetiloye，2012；Weber and Musshoff，2012）。

二是国外关于农户信贷服务模式与信贷配给的研究。在如何为农村发展提供信贷支持方面，“农业信贷补贴论”认为必须从外部注入政策性资金，由政府控制的金融机构分配信贷资金，而“农村金融市场论”则主张以市场机制来为农村提供信贷服务。Fry（1993）的研究同样表明，政府对金融市场的干预和抑制会导致农村金融市场出现萎缩，进而导致金融机构的经营效率低下。Besley（1994，1995）分析了信贷市场对农业生产的影响，认为针对农户的正规信贷由于国家的干预，会造成道德风险和卖方市场垄断，降低信贷资金配置效率，因此，农户正规信贷不能促进农业生产。Stiglitz 和 Weiss（1981）的研究显示，信息不对称与逆向选择会引发信贷配给，导致农村正规金融机构的信贷供给不足。Boucher 和 Guirkinger（2007）指出在信息不对称的农村金融市场不仅会导致一定数量上的信贷配给，还会造成风险配给。Boucher 等（2009）在 Feder 等（1990）、Kochar（1997）的研究基础上，进一步改进了信贷约束的衡量方法，发现农村金融市场中存在多种信贷配给机制，如风险配给和交易成本配给等。

三是关于中国农户信贷制度和农村金融制度的相关研究。20 世纪 90 年代中期以来，随着我国“三农”问题日益加剧，围绕农业信贷的相关研究也逐渐丰富起来，期间，不少学者更是直接关注了农户信贷的约束和农村金融制度问题。谢平（2001）从八个方面入手，比较系统和全面地综论了农村金融体制改革的基本思路。张杰（2004）认为中国农贷制度的完善取决于农户利用农贷的经济能力，农贷制度改革的成本与收益不只局限于农户和农村本身。张红宇（2004）认为，对农村金融机构进行不同的功能定位与组织创新，是农村金融体系改革的一种理性选择。何广文（2004）从制度变迁和结构演进的视角提出了组织机构多元化的农村金融改革路径。王芳（2005）认为，农村金融制度的成败在于能否有效满足微观金融需求，现阶段中国所需要的是一个多层次、梯度化的农村金融制度。何德旭和饶明（2008）认为，引入具有金融包容性的金融中介，可以缓解农村信贷市场的供求失衡及因此而产生的金融排斥现象。褚保金等（2009）研究了县域农村资本在农村区域分割下流动不畅的现实，认为在农村信贷资金外流的情形下，需要发挥政策性金融的支农作用。王定祥等（2010）认为，未来中国农村金融制度改革，应当始终以农村金融与农村经济协调发展为目标，明晰财政金融在“三农”发展中的职能，发挥好财政金融协调配合作用。王文成和周津宇（2012）基于东北地区农户调查数据和分位数回归模型，证实了借贷资金对高收入农户和低收入农户的收入效应均不显著，而对中等收入农户的收入效应明显。王小华等（2014a）的研究表明，农户信贷对非贫困县农民收入增长起到了显著的推动作用，相反，贫困县的农户信贷却不是推动农民收入增长的显著资源要素。王小华（2015）指出，政府要想要在不损害农户信贷效率的同时促进农民公平增收，就需要在尊重农贷市场规律的条件下对农户信贷进行调控。何广文等（2018）指出，为了提升农户信贷可获得性，有必要从金融供给角度进一步放松市场准入管制、整合县域金融监管、实施有利于提升农户和小微企业的特殊性金融制度安排，并从需求侧进行结构调整。温涛和王煜宇（2018）认为，改革开放以来农村金融制度是以“阶段式宏观经济目标”和“阶梯式的区域发展战略”为主要特征的改革逻辑，虽然在过去取得了一定成绩，但尚未打破农村金融难以适应农村经济整体发展态势的格局。

7.3　县域农贷促进农民增收的实证研究设计

7.3.1　研究变量的选择与说明

本章研究涉及的实证变量均为县域变量。其中，被解释变量为农民人均纯收入；核心解释变量为农户贷款，农户贷款额的高低反映了农户面临的信贷约束状况。控制变量有县域财政支出、农村固定资产投资、农村就业率、产业结构。理论上，这些因素均与农民人均纯收入相关，除了产业结构对农民人均纯收入的影响方向不确定外，其他变量对农民人均纯收入的影响预期均为正向，但在我国实践中还需要进一步检验。以上这些变量都进行了均化处理（即用人均数而非总水平值表示），是为了更好地排除人口总量及其结构的影响；同时为了消除模型可能存在的异方差、多重共线性等问题，对各变量数据均作对数处理。其中各变量代码、定义及测算方法如表 7.1 所示。

表 7.1 各变量定义及测算方法

变量名称	变量代码	变量定义与测算
农民人均纯收入	FINC	FINC=ln（县域农村居民人均纯收入）
农户贷款	LOAN	LOAN=ln（县域金融机构年末农户贷款余额/乡村从业人数）
县域财政支出	FISCAL	FISCAL=ln（县域地方财政一般预算支出/县域总人口）
农村固定资产投资	INVEST	$\mathrm{INVEST}=\ln\left(\dfrac{\text{县域全社会固定资产投资}-\text{城镇固定资产投资}}{\text{乡村从业人数}}\right)$
农村就业率	REMP	$\mathrm{REMP}=\ln\left(\dfrac{\text{乡村从业人数}}{\text{农村总人口}}\times 100\%\right)$
产业结构	STRU	$\mathrm{STRU}=\ln\left(\dfrac{\text{第一产业生产总值}}{\text{地区生产总值}}\times 100\%\right)$

7.3.2 数据来源与描述性统计

县域农户贷款余额相关数据来自中国银行保险监督管理委员会网站（http://www.cbrc.gov.cn/index.html）的农村金融服务栏目。其他变量的数据均来自《2011 年中国区域经济统计年鉴》《2011 年中国县（市）社会经济统计年鉴》的县级单位统计指标。为了保证实证分析所使用的原始数据的完备性和可比性，我们对所有数据进行了清理，对奇异数据进行剔除，对部分缺失数据根据中国银行保险监督管理委员会官方网站公布的《2011 年中国农村金融服务分布图集》和各省《2011 年统计年鉴》数据进行插补，最终共收集了 2010 年中国 30 个省（自治区、直辖市）（上海除外）2 037 个县（市）的基本经济金融数据。各主要变量的描述性统计结果如表 7.2 所示。不难看出，东、中、西部地区的农民人均纯收入存在一定差距，表现为东、中、西部地区依次递减的趋势。从农户贷款水平的平均值来看，东部最高、西部其次、中部最低；从农户贷款水平的标准差来看，东部最低、西部次之、中部最高。

表 7.2 主要变量的描述性统计

变量名称	变量代码	东部		中部		西部	
		平均值	标准差	平均值	标准差	平均值	标准差
农民人均纯收入	FINC	8.873 6	0.357 3	8.521 8	0.408 5	8.370 3	0.388 7
农户贷款	LOAN	8.302 9	1.268 1	7.694 6	2.306 6	7.769 4	2.152 2
县域财政支出	FISCAL	7.963 2	0.504 2	7.916 5	0.447 1	8.343 6	0.598 8
农村固定资产投资	INVEST	8.742 2	1.940 3	7.617 8	1.971 6	7.712 6	2.741 5
农村就业率	REMP	3.993 1	0.123 6	3.962 1	0.221 5	3.985 6	0.233 3
产业结构	STRU	2.694 6	0.723 2	2.930 9	0.680 5	3.079 0	0.633 3
样本量		546		603		888	

表 7.3 给出了 2009 年各地区信贷资金分配市场化指数，可以据此看出各地区农贷资金分配情况的差异。由表 7.3 的数据可以看出，东部地区信贷资金分配市场化指数最高、西部地区次之、中部地区最低，分别为 13.22、12.66 和 12.53。其中，东部地区除了最低的北京（10.98）和天津（11.47）以外，其他 9 个地区均超过了 13，最高的浙江高达 14.61（也是最高水平）；中部地区最低的是吉林和黑龙江，分别只有 11.50 和 11.51（也是最低的两个地区），其余 6 个地区均高于 12，最高的湖南为 13.26；西部地区最低的为重庆和新疆，分别只有 11.88 和 11.93，但是其余 10 个地区均高于 12，最高的西藏为 13.67。由此不难推测，不同地区的农贷资金分配市场化程度必然存在较大差异。

表 7.3　2009 年中国各地区信贷资金分配市场化指数

东部	北京	天津	河北	辽宁	上海	江苏	浙江	福建	山东	广东	海南	平均值
指数	10.98	11.47	13.01	13.47	13.02	13.74	14.61	13.90	13.41	14.04	13.81	13.22
中部	山西	吉林	黑龙江	安徽	江西	河南	湖北	湖南				平均值
指数	12.58	11.50	11.51	13.18	12.95	12.84	12.39	13.26				12.53
西部	内蒙古	广西	重庆	四川	贵州	云南	陕西	甘肃	青海	宁夏	新疆	平均值
指数	13.06	12.92	11.88	13.14	12.31	12.87	12.03	12.28	12.76	13.11	11.93	12.66

注：西部地区的西藏为 13.67

资料来源：樊纲，王小鲁，朱恒鹏. 中国市场化指数：各地区市场化相对进程 2011 年度报告[M]. 北京：经济科学出版社，2011

综上所述，不管是农民收入还是农户贷款或其他各变量，不同地区之间都存在明显的差异。仅就农民收入和农户信贷来看，两者在地区之间的差异显著，中部地区农民收入高于西部地区，但是西部地区的农户贷款要明显高于中部地区。结合前文的理论分析提出如下问题：东部和西部地区农户信贷是否更利于低收入农户？中部地区农户信贷投入较少，是否更容易被高收入农户获取从而更利于高收入农户增收？中部地区农户信贷是否比东部和西部地区更有效率？因此，我们将样本拆分为东、中、西三个地区，分别检验县域农户信贷及其他因素对不同地区各收入层次的农户增收效应的异质性，并进一步揭示这种异质性存在的主要原因。

7.4　县域农贷与农民公平增收的差异比较

使用 Stata 12.0 软件进行分位数回归，旨在考察农户信贷对不同分布层次的县域农民收入的具体影响。同时，我们在每个分位进行回归时均做 400 次自助法

（Bootstrap）重复抽样，以增强估计和推断的效能。为了反映不同地区、不同分位数条件下农民收入各影响因素的差异情况，我们将对东部（546 个样本）、中部（603 个样本）和西部（888 个样本）三个地区分别给出农民收入决定模型的分位数回归结果，在此主要选择 5 个具有代表性的分位数，分别是 QR_10、QR_25、QR_50、QR_75、QR_90。

7.4.1 东部地区县域农贷与农民公平增收的差异比较

由表 7.4 的分位数回归结果及图 7.1 的分位数回归结果图可知，随着条件分布由收入低端向高端变动，东部地区农户贷款（LOAN）的弹性系数表现出先快速降低，后微弱增长的趋势，但是各弹性系数均不显著。这一结果表明，东部地区农户信贷对各收入层次的农民而言，并未成为其增收的显著资源要素。从控制变量来看。县域财政支出（FISCAL）的弹性系数在 QR_10 分位点处为负但不显著，在 QR_25 分位点处为正但不显著，在其余三个分位点的弹性系数均显著为正，并且，随着条件分布由收入低端向高端变动，其弹性系数呈快速增长的变动趋势。这表明，在东部地区，县域财政支出整体上是农民增收的积极因素，但主要集中于中等收入、中高收入和最高收入组农民。这一结论与理论预期相符，东部地区与中西部地区相比经济更发达，政府财政预算收入相对更高，因此政府有能力提高其财政支出，增加财政补贴，于是东部地区有更多的农民能够俘获财政资源，促使其收入快速增长。

表 7.4 东部地区农民人均纯收入影响因素的分位数回归结果

变量	OLS	QR_10	QR_25	QR_50	QR_75	QR_90
LOAN 农户贷款	0.008 2 （0.406）	0.070 0 （0.145）	0.051 8 （0.119）	0.005 3 （0.799）	0.001 1 （0.931）	0.012 5 （0.269）
FISCAL 县域财政支出	0.182 8*** （0.000）	−0.050 4 （0.527）	0.042 5 （0.306）	0.192 5*** （0.000）	0.272 8*** （0.000）	0.306 9*** （0.000）
INVEST 农村固定资产投资	0.003 6 （0.584）	0.090 3** （0.029）	0.005 9 （0.686）	0.004 0 （0.562）	0.001 761 6 （0.824）	−0.002 3 （0.752）
REMP 农村就业率	0.369 0*** （0.000）	0.987 3*** （0.000）	0.329 0*** （0.001）	0.231 4** （0.011）	0.355 8*** （0.003）	0.277 2*** （0.004）
STRU 产业结构	−0.209 2*** （0.000）	−0.257 4*** （0.000）	−0.241 0*** （0.000）	−0.206 1*** （0.000）	−0.163 41*** （0.000）	−0.130 5*** （0.000）
常数项 C	6.409 3*** （0.000）	4.293 2*** （0.000）	7.271 0*** （0.000）	6.928 0*** （0.000）	5.869 0*** （0.000）	5.900 0*** （0.000）
Pseudo R^2		0.201 3	0.191 6	0.261 1	0.350 9	0.410 5
调整的 R^2	0.409 1					
F 值	76.47***					

*、**、***分别表示 10%、5%、1%的显著性水平

注：括号里的数据为回归系数标准误差 P 值

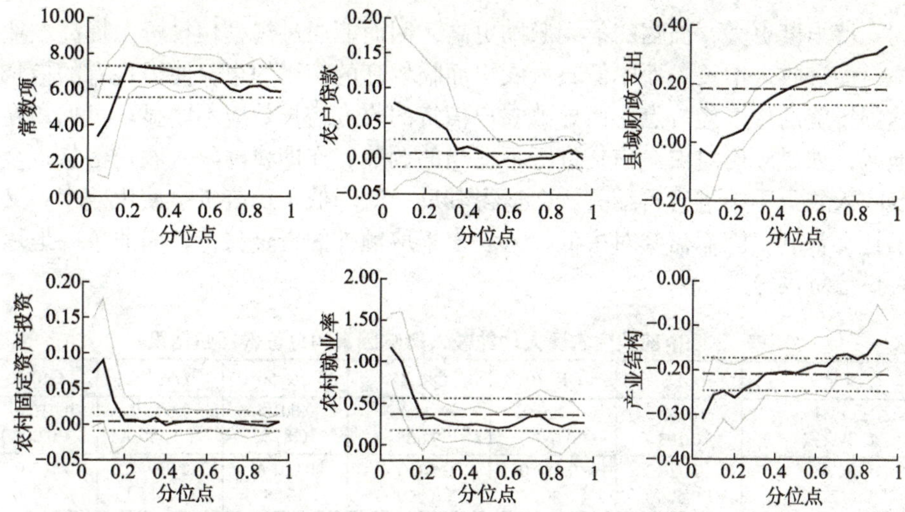

图 7.1 分位数回归中各解释变量弹性系数和常数项的变化情况（东部地区）

农村固定资产投资（INVEST）在 QR_10 分位点处显著为正，在 QR_90 分位点处为负但不显著，在其余三个分位点处均为正且不显著。这一结果表明，东部地区县域农村资本投入对农民增收的拉动作用主要体现在最低收入农民阶层。其余收入层次农民可能主要在城市务工，而没有享受到农村资本投入带来的益处。农村就业率（REMP）在各分位点的弹性系数均显著为正，随着条件分布由收入低端向高端变动，其系数快速下降后又逐渐趋于平缓，表明提高农村就业率有助于拉动各层次农民的收入增长；产业结构（STRU）在各分位点的弹性系数均显著为负，但是，其系数随着条件分布由收入低端向高端变动呈逐渐增长的趋势。这表明第一产业产值占比越小，越有利于各层次农民收入增长，表明东部地区县域各层次农民的收入增长主要依赖于二、三产业的发展。

7.4.2 中部地区县域农贷与农民公平增收的差异比较

由表 7.5 的分位数回归结果及图 7.2 的分位数回归结果图可知，中部地区农户贷款（LOAN）的弹性系数在 QR_10 分位点处显著为负，在 QR_25、QR_50 和 QR_75 分位点处不显著，在 QR_90 分位点处显著为正。这说明中部地区农户贷款仅仅对最高收入层次农民的收入增长有显著的正向促进作用。这一结果不但符合理论预期，即收入越低的农户，面临的信用约束越重，越难以达到投资和收入增长的门槛，而且符合我国中部地区的实际。中部地区是我国的粮食主产区（特别是黑龙江、河南和湖北地区），农业规模化经营比较普遍，规模经营又主要分布在高收入农户家庭，相比小规模经营的生存性农户，高收入农户得到国家支农政策的支持力度更大，面临的信用激励更高，因而能通过规模化投资，提高农业生产率，促进收入增长。而中低收入农户面临较高的信用约束，使得现有的信贷无法达到投资的规模经济点，而导致农户信贷的收入增长效应不明显。可见，在中部地区，如果政府对农户信贷进行不适当的调节，亦即将高收入农户信贷资金往中低收入农户手中进行再配置，会适得其反，既降低了信贷资金使用效率，又损害了社会福利，因而需要对中低收入农户采取额外的资金扶持，而非单一地增加其农户信贷供给。

表 7.5 中部地区农民人均纯收入影响因素的分位数回归结果

变量	OLS	QR_10	QR_25	QR_50	QR_75	QR_90
LOAN 农户贷款	−0.009 5 （0.193）	−0.020 9* （0.082）	−0.004 2 （0.605）	0.001 4 （0.878）	0.004 9 （0.380）	0.010 4*** （0.007）
FISCAL 县域财政支出	−0.020 3 （0.620）	−0.089 0 （0.301）	−0.203 7*** （0.000）	0.031 4 （0.708）	0.064 4 （0.215）	0.101 0*** （0.000）
INVEST 农村固定资产投资	0.014 2* （0.088）	0.071 1*** （0.000）	0.062 7*** （0.002）	0.017 5 （0.476）	−0.004 9 （0.516）	−0.013 3** （0.045）
REMP 农村就业率	0.313 4*** （0.000）	0.734 8*** （0.001）	0.646 0*** （0.004）	0.270 5* （0.082）	0.296 7** （0.014）	0.200 5 （0.206）
STRU 产业结构	−0.125 8*** （0.000）	−0.160 6** （0.012）	−0.229 7*** （0.000）	−0.143 3*** （0.001）	−0.078 3*** （0.005）	−0.054 4* （0.067）
常数项 C	7.773 4*** （0.000）	5.902 1*** （0.000）	7.545 0*** （0.000）	7.556 4*** （0.000）	7.351 5*** （0.000）	7.522 7*** （0.000）
Pseudo R^2		0.218 6	0.223 2	0.205 3	0.208 5	0.200 8
调整的 R^2	0.365 4					
F 值	10.49***					

*、**、***分别表示 10%、5%、1%的显著性水平

注：括号里的数据为回归系数标准误差 P 值

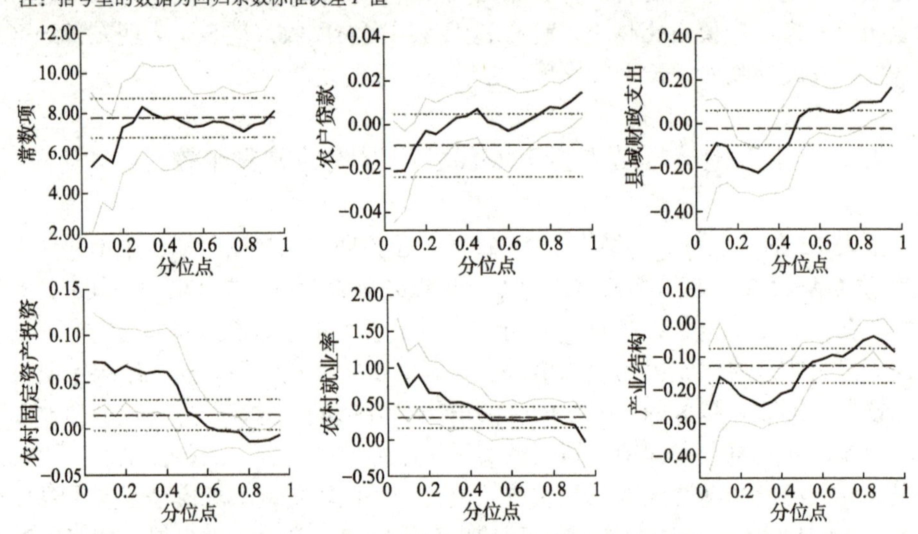

图 7.2 分位数回归中各解释变量弹性系数和常数项的变化情况（中部地区）

从控制变量来看，县域财政支出（FISCAL）的弹性系数在 QR_25 分位点处显著为负，在 QR_90 分位点处显著为正，其余分位点均不显著。这表明，财政政策在中部地区对高收入农户的增收效应显著，这可能与各收入层次的农户得到的财政资金不同有关。高收入农户因为自身的农业经营规模大和社会资本相对雄厚，因此更容易俘获有限的财政补贴，而投资与收入的门槛效应最终导致财政支出对中低收入农户没有显著促进作用。农村固定资产投资（INVEST）的弹性系数在 QR_10 和 QR_25 分位点处显著为正，在 QR_50 和 QR_75 分位点处不显著，在 QR_90 分位点处显著为负。这表明，农村资本投入对中部地区中低收入农户的收入增长有显著的拉动效应，也证明中部地区中低收入农户对农业基础设施投资的依赖性较大，相反，高收入农户反而因为农业基础条件的改善增加了竞争对象，而降低了自身的市场竞争力，从而影响其收入增长。农村就业率（REMP）在前三个分位点处的弹性系数均显著为正，且随着条件分布由收入低端向高端变动，弹性系数基本上表现出逐渐降低的趋势。这表明，提高乡村就业率始终是中部地区农民收入增长的源泉。产业结构（STRU）在各分位点的弹性系数均显著为负，随着条件分布由收入低端向高端变动，弹性系数整体上表现出逐渐增大的趋势。说明中部地区的农民收入增长也越来越依靠非农产业的发展，农业的增收效应整体上仍然堪忧。

7.4.3　西部地区县域农贷与农民公平增收的差异比较

由表 7.6 的分位数回归结果及图 7.3 的分位数回归结果图可知，西部地区农户贷款（LOAN）在各分位点处的弹性系数均为正，且仅在 QR_75 和 QR_90 两个分位点处不显著，这表明，信贷支农政策对西部地区中等、中低、最低收入农民的增收效应十分显著，且随着农民收入水平的提高，农户信贷的增收效应逐渐增强。这与西部地区的实际情况高度吻合。西部地区由于地形以丘陵和高山地区为主，平原地区较少，绝大多数耕地不适宜机械化耕作，农业的农户小规模经营方式仍占主体地位。在国家惠农政策支持下，中低收入农户融资的竞争环境相对宽松，面临的信用约束也比中东部地区农户少（因为中东部地区有大量规模经营的高收入农户参与融资竞争），因而西部地区的中低收入农户信贷的收入促进效应比较显著；西部地区高收入农户尽管有较少的信用约束，但其实际信贷的增收效应不明显。这可能是因为西部地区低收入农户的自身资本积累和正规、非正规外源融资能力均相对较差，适当的信贷刺激能帮助这类农户达到投资门槛，因此农户信贷提高能有效促进中低收入农民收入增长；高收入农户自身资本积累水平相对较高，其非正规的外源融资能力相对于低收入农民而言更强，因此，直接导致这类农户对正规金融借贷的依赖性降低，使得农户信贷对高收入农民增收效应不显著。可见，适当促进农户信贷从高收入农民向低收入农民转移配置，有助于促进西部地区农民整体增收。

表 7.6　西部地区农民人均纯收入影响因素的分位数回归结果

变量	OLS	QR_10	QR_25	QR_50	QR_75	QR_90
LOAN 农户贷款	0.028 0*** （0.000）	0.012 7* （0.081）	0.028 4*** （0.000）	0.034 7*** （0.000）	0.021 1 （0.234）	0.015 2 （0.118）
FISCAL 县域财政支出	−0.033 9 （0.114）	−0.035 9 （0.274）	−0.011 6 （0.731）	−0.102 9*** （0.000）	−0.033 8 （0.259）	0.115 8*** （0.006）
INVEST 农村固定资产投资	−0.000 6 （0.887）	0.007 4 （0.542）	0.001 4 （0.842）	0.002 0 （0.661）	−0.002 6 （0.831）	−0.014 5** （0.023）
REMP 农村就业率	0.014 1 （0.789）	0.262 7 （0.201）	−0.036 5 （0.567）	0.002 8 （0.958）	0.023 4 （0.814）	−0.034 3 （0.708）
STRU 产业结构	−0.203 5*** （0.000）	−0.207 5*** （0.000）	−0.196 8*** （0.000）	−0.242 8*** （0.000）	−0.200 6*** （0.000）	−0.113 6*** （0.005）
常数项 C	9.010 7*** （0.000）	7.687 2*** （0.000）	8.752 7*** （0.000）	9.659 3*** （0.000）	9.269 5*** （0.000）	8.325 2*** （0.000）
Pseudo R^2		0.208 5	0.305 9	0.310 7	0.309 8	0.308 4
调整的 R^2	0.336 6					
F 值	29.07***					

*、**、***分别表示 10%、5%、1%的显著性水平

注：括号里的数据为回归系数标准误差 P 值

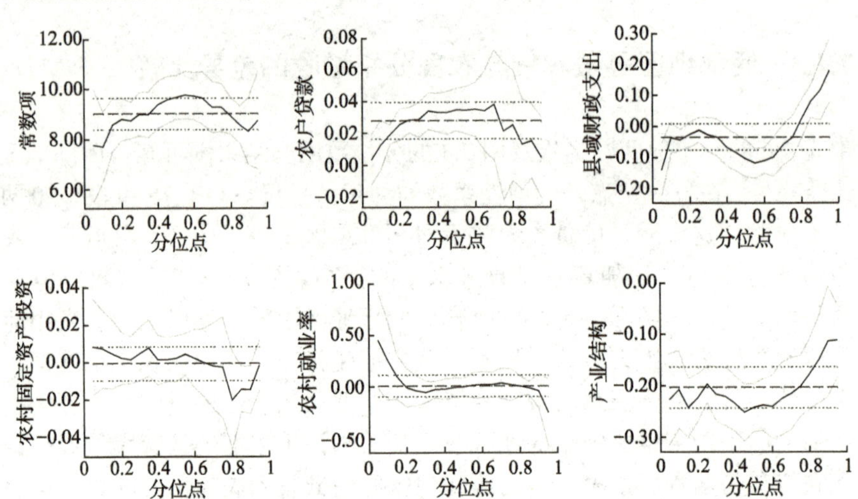

图 7.3　分位数回归中各解释变量弹性系数和常数项的变化情况（西部地区）

从控制变量来看。县域财政支出（FISCAL）的弹性系数在 QR_10 和 QR_25 分位点处不显著，在 QR_50 分位点处显著为负，在 QR_75 分位点处不显著，在 QR_90 分位点处显著为正。这表明，财政支出在西部地区只对高收入农民有较高的增收效应，对中低收入农民的增收反而有负向作用。这可能是，中低收入农户得到

的财政资金，相对于经营规模大、生产率高的高收入农户要少，少量财政资金的投入使得中低收入农户投资仍低于最低农业投资门槛要求，导致收入增长不明显，甚至无法抵御农业风险损失而转为负向效应。农村固定资产投资（INVEST）的弹性系数在前四个分位点处都不显著，在 QR_90 分位点处显著为负，表明西部地区农村固定资产投资并未成为农民收入增长的显著资源要素，主要是因为西部地区农村固定资产投资本来相对低下，再加上各地区分布严重不均衡，对农民增收的作用自然无法体现。农村就业率（REMP）的弹性系数在各分位点处均不显著。这一结果明显与东中部地区不同。这可能是因为我国西部地区劳动力大量外流至东中部地区，导致西部地区农业劳动力在本地乡村就业率较低。产业结构（STRU）在各分位点的弹性系数均显著为负，其系数随着条件分布由收入低端向高端变动表现出先平缓后快速增长的趋势。这表明，农业在促进西部地区农民增收中日益处于不利的地位。挖掘农业对农民增收的潜力，对西部地区来说显然任重而道远。

7.4.4　县域农贷与农民公平增收的地区差异比较

上述结果充分证实，县域农户信贷对各地区不同收入层次农户的增收效应具有明显的差异性。这种差异性不仅有地区农业资源禀赋差异的影响，还有地区农业在国家粮食安全中的地位不同而导致的财政支农水平和农业经营方式差异的影响，也有农村劳动力转移因素的影响，更有市场信用约束不同而导致信贷规模差异的影响。如果要有效推动低收入农民从“道义小农”向“理性小农”转换，最终实现不同地区不同收入层次农民公平增收，金融机构和政府不但应有所作为，而且应大有作为。因为收入越低的农民，其自身资本积累能力低下和可抵押资产严重不足，正规金融机构难以兼顾财务效率与社会效率，信贷资源的投放必然会偏向“锦上添花”而拒绝“雪中送炭”，这使得低收入农民受到的信用约束程度越大，所以低收入农户在“外部输血性救援”相对缺失的情况下越发难以摆脱收入增长较低的困境。但从实证结果来看，不同地区加大农户信贷调节未必是完全无效的。例如，西部地区可以进一步加大政府对农贷市场的调节力度，引导农贷资金向中低收入农民配置，提高农贷使用效率；东部和中部地区需要针对性地根据产业结构差异和资源禀赋差异提高各地区市场配置农贷资金的效率。

综上，从理论层面来看，不同收入水平的农民由于生产率存在明显的差异，其面临的市场信用约束不同。农民信用约束的异质性使得信贷资本更倾向于向“理性”的高收入农户配置，低收入农户会陷入“低生产率、高信用约束、收入低增长”的恶性循环，高收入农户则会进入“高生产率、低信用约束和收入高增长”的良性循环。如果不加区别地采取信贷调节措施，简单地增加高收入农民的信用约束，加大对中低收入农民的信贷支持，总量既定的信贷资本所能激发的产出和收入将会减少，从而有损社会总福利。但是，如果将一部分高收入农民的多余信贷资本往聪明且能干的低收入农户手中调剂，不仅不会减少产出，反而能从总体上增加农民收入，实现帕累托效率改进。但是，实证研究发现，农户信贷对农民的增收效应不但在农民内部存在较大差异，而且在地区之间也存在明显的差异。其中，西部地区的农户信贷对中低收入农民的增收效果比高收入农民明显，中部地区的农户信贷对最高收入农民增收效果显著，东部地区农户信贷对各收入层次农民的增收效果均不显著。这种差异主要源于农民信用约束程度差异、农民收入对农业依赖性的差异、农民自身生产率的差异。这恰好印证了我国农户信贷政策需要因地制宜的事实，而不能全国“一刀切”。

基于上述结论，提出如下政策建议：

（1）实行农户差异化信贷政策。由于不同收入水平的农户生产率和所需资本规模不同，客观需要引导金融机构对生产率异化的农户实行不同程度的授信，对生产率相同的农户给予同等授信，增强金融机构对农民信用等级的识别能力，防止信贷歧视。

（2）谨慎使用农户间商业信贷调节政策。应加强对信贷资本配置过多（导致资本边际效率递减）的高收入户向低收入户的转移调节，引导银行适当减少对生产率低的高收入户授信，提高对聪明能干的低收入户的授信水平。

（3）实行地区差异化的农户信贷政策。对于东部地区，农民收入水平整体较高，对农业依赖性小，应通过财政补贴、税收减免、再贷款等政策优惠，将信贷资金向对农业收入依赖高的中低收入农户倾斜配置。对于中部地区，因为高收入户信贷资本处于高效利用状态，所以对中低收入农户商业信贷不应通过农户内部的增减调剂，而只能采取额外政策性贷款给予支持；对于西部地区，农户信贷可从高收入农户适度向中低收入农户调节。

（4）健全“商业性、政策性、合作性、互助性”互补的农村信贷组织体系，建立充分竞争的农业信贷市场，改善中低收入农民面临的市场信用约束，对于商业信贷约束较强的中低收入农民，其有效信贷需求可通过政策性、合作性、互助性贷款予以满足。

（5）加大县域财政支农支出力度，加快改善农业生产和农产品流通的基础设施，培育新型农业经营主体，向农业挖掘增收潜力，促进低收入农户快速增收，实现向“理性小农”的过渡，以缓解其面临的信用约束。

（6）积极发展农村第二、第三产业，推进农村城镇化进程，提高中低收入农户非农收入比重，这有助于实现低收入农民从“道义小农”向“理性小农”转换，对缓解“道义小农”的市场信用约束具有重大意义。

第8章　基于农户分化视角的中国农贷市场供求关系再解读

本章首先基于农户分化视角，对新常态下农贷市场的动态演变进行了机理分析；其次利用微观调查数据，对新常态下中国农贷市场的供求关系进行了实证检验。研究发现：①新常态下，普通农户随着收入水平的提高，对正规信贷和非正规信贷的需求都不足，创业型农户各类资本较高而容易获得正规信贷和非正规信贷青睐，新型农业经营主体则由于缺乏有效抵押等原因难以获得正规信贷；②正规信贷供给的收入导向特征明显，非正规信贷更能贴近并满足农户的信贷需求；③信息对称等变量对信贷供求两端也产生了显著的影响。启示在于：中国农贷市场应有机整合正规信贷与非正规信贷的比较优势，并大力推进普惠信贷体系建设，优化供给侧结构；同时，农贷市场应主动适应农户信贷需求的动态演变，特别应深化农村产权资产抵押担保融资改革，加强农村领域的金融知识普及，进而实现农村金融促进农民收入可持续增长，助推农业现代化及全面小康的实现。

8.1　农贷市场供求关系演变事实

当前，中国经济进入新常态，经济增速由高速转为中高速，在整体经济下行、财政增速放缓的现实格局下，为确保农村经济和农民收入可持续增长，进而实现全面小康建设目标，必须加快发展农村金融，改善农贷市场供求关系，充分发挥农村金融对农业经济增长的催化剂作用。2014~2017 年的中央一号文件都指出：强化金融机构服务“三农”职责，推动金融资源向“三农”倾斜，创新“三农”金融服务和重点领域的信贷投放，确保“三农”贷款投放持续增长。据此，农贷市场进行了加快农村金融体系建设、创新服务供给及推进农村利率市场化等一系列改革。涉农贷款从 2009 年的 9.14 万亿元增加到 2014 年[①]的 23.6 万亿元，增幅达 158.20%；涉农贷款占各项存款比例从 2009 年的 17.5%提高到 2014 年的 23.2%，提高了 5.7 个百分点；农贷机构[②]数从 2009 年的 3 467 家增加到 2014 年的 3 566 家，营业网点数从 2009 年 75 935 个增加到 2014 年的 81 397 个[③]。由此可见，在国家对农村金融体系建设高度重视下，涉农贷款规模出现了大幅的增加，网点覆盖面得到进一步提升。

然而，宏观水平上的集聚容易让人产生农贷市场效率改进的错觉，就更能反映农贷市场真实运行状况的农户贷款与农业贷款而言，农户贷款从 2009 年的 2.16 万亿元增加到 2014 年的 5.4 万亿元，占各项贷款比例从 3.43%增加到 6.22%，仅增加 2.79 个百分点，农业贷款则仅从 2009 年的 1.46 万亿元增加到 2014 年的 3.4 万亿元，占各项贷款比例反而从 5.08%下降到 3.81%，下降 1.27 个百分点，两类贷款占各项贷款比例均远远低于第一产业的 GDP 占比（9.17%）[④]。由此可见，各级政府高度重视的涉农贷款对农民收入增长和农业现代化发展而言，存在明显的粗放供给、无效供给。在需求端，非农工资的持续上升加速我国农业劳动力向非农领域转移，推动部分农户实现非农化经营；而农业逐渐“去过密化”则催生了规模化和专业化生产的新型农业经营主体的迅速崛起，我国农户开始由同质性的“小农”逐步演进为异质性的普通农户、新型农业经营主体和创业农户。农户家庭经营特征分化客观上催生了更强针对性和差异化的信贷产品和金融服务供给。综上，在农贷市场供求端均发生显著变化的情况下，探寻新常态前后农贷市场供求关系，充分把握农贷市场供求关系的演变特征并据此做出相应的战略调整，对于保障农业经济、农民收入持续较快增长，早日实现全面小康有着至关重要的现实意义。

就农贷市场的信贷供给而言，主要分为正规和非正规信贷两种。关于二者的特征，一些学者指出，正规信贷往往由于农业经营风险高、利润低、农户缺乏传统抵押等风险制约而吝于对农户借贷（Feder and Feeny，1991）。同时，农村由于地理位置较偏、基础设施缺失，正规信贷难以形成规模效应（朱喜和李子奈，2006；程郁等，2009），进而远离农村，农户难以获得正规信贷（Chapple et al.，2002；Barslund and Tarp，2008）。非正规信贷虽然在信息甄别，监督管理及合约执行上有着比较优势，并且愿意接受部分正规信贷不愿意接受的抵押物，

① 2012 年，中国经济进入中高速增长；2014 年 5 月，习近平总书记正式提出中国经济进入新常态。为此，我们认为从经济意义上来说，自 2012 年开始，中国已经进入新常态。

② 主要包括农村信用社、农村商业银行、农村合作银行、村镇银行与贷款公司五类机构。

③ 数据来源于《中国金融年鉴 2015》。

④ 数据由《中国农村金融服务报告 2010》《中国农村金融服务报告 2014》《2014 中国金融机构贷款投向报告》《中国统计年鉴 2015》整理而得。

对借贷双方是一种互惠的制度安排（苏士儒等，2006；程恩江和刘西川，2010），但是受自身供给能力所限，非正规信贷无法对农户形成长期、持续的供给，对正规信贷的替代作用较弱（陈雨露和马勇，2010；马丁丑等，2011）。另外，信息不对称也长期制约着农贷市场的信贷供给。Stiglitz 和 Weiss（1981）提出，信息不对称会导致借款人的逆向选择和道德风险效应，在缺乏保险市场的情况下，以高利率为特征的供给配给将会成为信贷市场的长期均衡状态，鉴于农贷市场中的信息不对称程度比之一般信贷市场更高，其信贷配给也更为严重。此外，农户自身禀赋特征对于信贷获得的影响同样不容忽视。张龙耀和江春（2011）发现农户禀赋特征的异质性会导致信贷供给的差异性，具有一定资金实力和社会关系的乡村精英往往可以获得绝大部分的农贷资金，农贷市场的“精英俘获”现象较为普遍（Klychova，2014；温涛等，2016）。

鉴于农贷市场的供给先行特征，农贷市场的信贷需求自然地被分为了正规信贷需求和非正规信贷需求。部分学者基于融资秩序角度，对农贷市场的信贷需求进行了研究。高帆（2002）、李似鸿（2010）发现中国农村的乡土意识与家庭圈层结构延续到了信贷需求层面，当农户拥有信贷需求时，会首先寻求圈层结构内的亲朋好友，其次是熟人，然后是圈层结构外的正规信贷机构，无奈之下则求助民间贷款，即“非正规—正规—非正规”的融资秩序。而张杰（2003）指出，由于“面子成本”的存在及国家农贷所暗含的补贴性质，农户产生借贷需求时会首先考虑国家农贷，然后考虑熟人，最后才会考虑民间借贷乃至高利贷，即“正规—非正规”这一融资顺序。信息不对称除了束缚信贷供给之外，也对农户的信贷需求产生着制约。农户普遍缺乏如生产性固定资金、金融资产等标准信息禀赋，与正规信贷机构之间存在较为严重的信息不对称，他们更倾向于向拥有甄别人格信息等软信息优势的非正规信贷借款（胡士华和卢满生，2011；张兵等，2014）。此外，农户禀赋特征的异质性也会导致信贷需求的差异性，资产水平较低、缺乏有效抵押的农户普遍面临正规信贷配给，其信贷需求满足往往依靠非正规信贷（Pal and Laha，2015）；而实物、人力、社会资本较高的农户所受正规信贷配给程度较低，他们在融资时倾向于选择正规信贷（徐璋勇和杨贺，2014）。

综上所述，大量中外学者基于不同的视角就农贷市场的供求关系进行了广泛且深入的讨论，指出在传统的农贷市场中，由于农业低效性和弱质性、信息不对称、交易费用高等因素，正规信贷在供求两端均存在较为严重的配给现象；非正规信贷由于在信息甄别、监督管理、合约执行及抵押要求等方面拥有比较优势，对供求双方均是最优选择，然而非正规信贷资产实力较弱又制约了自身对农户形成长期、持续的供给。随着中国经济进入新常态，非农工资的持续上升与农业“去过密化”加速了我国的农户分化，农户家庭经营特征的改变也刺激其信贷需求随之变化。此外，信贷机构的持续增加也赋予了供给方更强的供给能力。然而对农贷市场在新常态下的供求变化还鲜有研究，有鉴于此，本章利用微观调查数据，尝试对新常态下中国农贷市场的供求关系及影响因素进行重新解读，探索农贷市场供求两端的动态变化，以期为有效推动我国农村金融供给侧结构性改革和普惠金融体系构建提供可资借鉴的政策建议。

8.2 农贷市场供求关系的理论分析

8.2.1 新常态下农户信贷需求变迁

改革开放以来，随着工业化、城镇化进程的加速推进，加之城乡二元户籍制度的松动，使得城市经济逐渐具备了较强的吸收农业劳动力就业的能力与现实可行性，全国城乡一体化的劳动力市场开始形成，原本被固定在土地上的农业劳动力开始大量向城市转移。我国经济进入新常态之后，非农部门工资不断上涨，一部分非农经营能力较强、受教育程度较高的农户，逐步放弃农业而从事非农经营，成为离乡又离土的创业农户[①]；同时，得益于农业“去过密化”，土地流转的迅速推进[②]，部分农业经营能力强、资本积累足的农户逐步发展成为规模化和专业化生产的新型农业经营主体[③]；而其他农户或是因为非农专业技能较弱、受教育程度相对较低、非农经营能力相对较弱，或是因为农业资本积累不足，成为继续作为从事小农经营或是兼业经营的普通农户。

综上所述，我国经济进入新常态以后，随着非农工资的持续上涨，农业“去过密化”，我国农户的经营特征分化加剧，逐步演变为创业农户、新型农业经营主体与普通农户三类农户。而伴随农户经营特征分化，其信贷需求无疑会产生变化。就普通农户而言，他们主要从事劳动密集型生产，资本—劳动比较低，信贷需求主要为生活性的，资金需求量小，期限短。同时，随着经济的发展，我国已经迈入中等收入国家行列，普通农户收入水平大幅提高，已经基本可以满足自身生活需求，因此他们信贷需求并不旺盛。而对于新型农业经营主体与创业农户而言，由于非农工资上涨造成农村劳动力转移，从而带动农业工资的上涨，新型农业经营主体在大量转入土地之后，势必会采取劳动力替代的资本密集型生产方

---

① 指已经完全放弃农业经营，家庭劳动力全部常年在外务工或者从事其他非农经营，其经营收入完全为非农经营收入的农户，由于其生产经营集中于工商业，但户籍仍在农村，将其定义为创业农户。

② 我国的土地流转速度自 2010 年以来进一步加快。根据农业部的数据，2015 年，我国耕地流转面积达 4.47 亿亩（1 亩≈666.67 平方米），流转率达到 33.30%。

③ 具体指从事规模化、专业化经营的种养大户、家庭农场、专业合作社与龙头企业四类经营主体。

式，进而极大地节约生产成本，其资本—劳动比相对于普通农户大幅提升，因而其信贷需求相对于普通农户无疑更加旺盛。创业农户从土地和劳动力密集型的农业转化为资本密集型的工商业，对他们而言，资本对于土地和劳动力的替代必然要大量增加资本要素的投入力度，从而产生强烈的资金需求。

8.2.2 新常态下农贷市场的信贷供给

中华人民共和国成立以来，在重工业优先的赶超战略导向下，国家为了有效地动员经济资源和经济剩余，通过信贷配给和利率管制等措施对正规金融进行控制，使其功能逐渐被财政化，成为向国家建设输送资金的管道，而非正规金融由于其发展目标与赶超战略相背离，则被完全取缔。改革开放以后，随着正规金融功能逐渐去财政化及非公有制经济的不断发展，社会资本逐步积累，内生于经济发展的非正规金融开始重新崛起，最终塑造了当前正规信贷与非正规信贷并存于农贷市场这一特殊格局。随着中国经济进入新常态，为确保在整体经济下行、财政增速放缓的现实格局下实现农村经济和农民收入的可持续增长，进而实现全面小康建设目标，国家通过一系列举措强化金融机构服务“三农”职责，确保“三农”贷款投放持续增长。

然而，由于传统农业经营风险高、利润低、农户缺乏传统抵押等风险制约，信贷机构吝于对普通农户借贷。同时，农村由于地理位置较偏、基础设施缺失，正规信贷难以形成规模效应，进而导致信贷机构远离农村，使得普通农户难以获得信贷（朱喜和李子奈，2006），因此，正规信贷机构通常对普通农户惜贷。此外，农贷资金进入乡村需要寻求与内部化交易成本主体的对接，这进一步巩固了新型农业经营主体等乡村精英获取信贷的优势地位（温涛等，2016）。然而，尽管比较优势明显，但新型农业经营主体仍处于成长初期，并未完全摆脱低效性和弱质性的制约，加之农村产权资产抵押尚未完善，且政府缺少风险分担与补偿机制，新型农业经营主体的发展仍然受到较强的正规信贷约束（黄祖辉和俞宁，2010）。非正规信贷虽然在信息甄别、监督管理及合约执行上有着比较优势，并且愿意接受部分正规信贷不愿意接受的抵押物，对借贷双方是一种互惠的制度安排。然而受自身供给能力所限，非正规信贷无法对农户形成长期、持续的供给，对正规信贷的替代作用较弱。对创业农户而言，职业分化促使他们离开农村而创业，他们生活于城镇，文化、理念和习惯也日益市民化。同时，随着人力资本增加、收入增长和抗风险能力的提高，创业农户具有摆脱社区共同责任的行为能力和内在意愿，正规信贷机构也因此而更可能将他们视为合格客户（米运生等，2017）。综合上述分析，我们提出本章的研究假说。

假说 8.1：普通农户主要从事劳动密集型行业，其资金需求主要为生活性的，随着收入的提高，他们的储蓄能够较好地应对日常资金需求，因此对两类信贷资金需求有限；新型农业主体和创业农户从事资本密集型的规模化农业或工商业，资本有机构成高，因此对两类信贷均有旺盛需求。

假说8.2：非正规信贷内生于经济发展与社会网络，借贷灵活、办理便捷，因此能够较好地缓解三类农户的资金需求；正规信贷出于交易成本和资金安全性考虑，更加青睐资本实力相对雄厚、拥有合格抵押的创业农户，而普通农户和新型农业经营主体或是因为交易成本高，或是因为缺乏有效抵押，通常被正规信贷拒之门外。

8.3 数据来源、变量选取与描述性统计

8.3.1 数据来源

“要素集聚与农民收入增长”课题组于 2015 年完成了三大经济地带的 17 个省（自治区、直辖市）（其中东部包括吉林、辽宁、山东、浙江、江苏、福建、广西；中部包括山西、安徽、河南、湖北、湖南；西部包括陕西、甘肃、四川、重庆、贵州）70 个县（市）的农户家庭信贷供求情况的调研，采用分层随机抽样的方法，按照国家统计局关于农户家庭人均纯收入总体进行 5 分层的方式进行分层，确定在每个县的每层中抽取 10 个农户家庭进行问卷访谈，每个县固定发放 50 份问卷，对农户家庭 2013 年基本情况以入户调查的方式进行调查，共发放问卷 3 500 份，最后共回收 68 个县的问卷 3 318 份，问卷回收率为 94.80%，最终共收集有效问卷 3 162 份。

8.3.2 变量选取

1. 因变量

根据研究目的，我们将农户的信贷需求和信贷供给作为方程的因变量，并且将农户信贷需求分为正规信贷需求和非正规信贷需求两类，将农户信贷供给分为正规信贷供给和非正规信贷供给两类。在具体的问卷调查中，我们通过直接意愿法，对农户的信贷供求及其种类进行了调查①。

---

① 将对银行、信用社和国家批准设立的小额贷款公司等正规金融机构的资金需求和供给定义为正规信贷需求和供给，将对亲友、民间借贷的资金需求和供给定义为非正规信贷需求和供给。

2. 自变量

基于上述分析，我们将影响农户两类信贷供求的因素分为以下几类。一是为考察农户类型对信贷供求的影响，我们引入了普通农户、新型农业经营主体、创业农户三个变量；二是为考察与户主特征有关的变量对信贷供求的影响，我们选择了性别、年龄、年龄平方、婚姻、受教育程度等变量；三是为考察农户还款能力对信贷供求的影响，我们引入了总收入、非农业收入占比、消费、土地禀赋四个变量。表 8.1 列出了按照变量类别分类的各变量及定义，同时为了保证实证分析的平稳性，我们对个别数值较大的变量进行了取对数处理。

表 8.1　主要自变量定义

类型	名称	描述
农户类型	普通农户	是否在家从事小农经营，或者一边务工一边务农，是=1，否=0
	新型农业经营主体	是否为专业种植、养殖大户或者经营家庭农场，是=1，否=0
	创业农户	是否以在城市经营工商业为生，是=1，否=0
户主特征	性别	户主性别，男=1，女=0
	年龄	户主年龄
	年龄平方	户主年龄平方
	婚姻	户主婚姻状况，已婚=1，未婚=0
	受教育程度	户主受教育程度：不识字=1；小学=2；初中=3；高中=4；大专及以上=5
家庭特征	总收入	家庭总收入（取对数）
	非农业收入占比	农户非农业经营收入（取对数）
	消费	农户人均消费（取对数）
	土地禀赋	农户土地经营面积*土地质量（平原=3；丘陵=2；山地=1）
识别变量	礼金支出	家庭的亲朋礼金（取对数）
	城市亲戚	是否有亲戚居住在城市
	固定资产	房屋价值（取对数）
	重大事件	是否发生小孩上学、重大疾病、购房等大笔消费支出

3. 识别变量

如表 8.1 所示，为了保证计量分析的联立方程可以识别，我们还选择了部分识别变量以保证方程的有效估计。对于农户正规信贷需求方程，我们选取城市亲戚这一刻画农户信息对称程度的变量；对于农户正规信贷供给方程，我们选取衡量抵押的固定资产变量。对于农户非正规信贷需求方程，我们选取重大事件这一衡量较大资金需求的变量；对于农户非正规信贷供给方程，我们选择礼金支出这一刻画农户社会关系的变量。

8.3.3 数据描述性统计

1. 主要变量的描述性统计分析

表 8.2 列出了各变量的均值、标准差、最小值、最大值及观察数等描述性统计特征。

表 8.2 主要变量的描述性统计

变量	均值	标准差	最小值	最大值	观察数
正规信贷供给	0.163 1	0.369 4	0	1	3 162
正规信贷需求	0.196 3	0.397 6	0	1	3 162
非正规信贷供给	0.131 6	0.338 3	0	1	3 162
非正规信贷需求	0.080 2	0.272 6	0	1	3 162
性别	0.926 6	0.206 8	0	1	3 162
年龄	48.175 8	11.029 0	20	86	3 162
年龄平方	2 442.493	1 092.135	400	7 396	3 162
婚姻	0.962 8	0.189 0	0	1	3 162
受教育程度	2.743 5	0.934 5	1	5	3 162
总收入	10.767 8	0.948 2	6.907 7	14.285 5	3 162
非农业收入占比	0.758 0	0.299 6	0	1	3 162
消费	10.156 3	1.004 7	7.313 2	14.285 5	3 162
土地禀赋	6.537 1	8.932 6	0	236	3 162
普通农户	0.432 2	0.385 2	0	1	3 162
创业农户	0.220 1	0.335 3	0	1	3 162
新型农业经营主体	0.106 8	0.292 6	0	1	3 162
礼金支出	7.790 0	1.056 6	3.912 0	10.819 7	3 162
城市亲戚	0.630 4	0.482 9	0	1	3 162
固定资产	11.417	1.276 1	0	1	3 162
重大事件	0.296 8	0.457 0	0	1	3 162

2. 新常态下农贷市场的信贷供求关系

表 8.3 列出了新常态下各类农户的信贷供求关系。其中，拥有正规信贷需求的普通农户 268 户，得到信贷的 88 户；拥有非正规信贷需求的普通农户 324 户，得到信贷的 252 户，信贷满足率分别为 32.83%和 77.78%。拥有正规信贷需求的新型农业经营主体为 81 户，得到信贷的 30 户；拥有非正规信贷需求的新型农业经营主体 42 户，得到信贷的 36 户，信贷满足率分别为 37.04%和 85.71%。拥有正规信贷需求的创业农户 271 户，得到信贷的 136 户；拥有非正规信贷需求的 150 户，得到信贷的有 128 户，信贷满足率分别为 50.18%和 85.33%。从上述数据可以看出，新常态下，普通农户对两类信贷需求均较弱，而新型农业经营主体与创业农户的信贷需求较强，这也证实了从事资本密集型生产的新型农业经营主体与创业

农户比之普通农户拥有更加旺盛的资金需求。就信贷满足率而言，非正规信贷满足率远远高于正规信贷满足率，这说明新常态下我国的农贷市场仍然存在一定的正规信贷配给，而非正规信贷能够较好地满足农户的融资需求。

表 8.3　新常态下异质性农户信贷供求情况　　单位：户

类别	正规信贷需求	正规信贷获得	非正规信贷需求	非正规信贷获得
普通农户	268	88	324	252
新型农业经营主体	81	30	42	36
创业农户	271	136	150	128
合计	620	254	516	416

8.4　实证模型、估计结果及分析

8.4.1　实证模型

1. 基本模型

根据本章的研究目的，我们设置基本的计量模型如下：

$$\text{loan}_s = \gamma_0 + \sum_{i=1}^{n}\gamma_i\beta_i + \sum_{j=1}^{n}\gamma_j\beta_j + \sum_{l=1}^{n}\gamma_l\beta_l + \text{id}_s + \varepsilon_s \tag{8.1}$$

$$\text{loan}_d = \alpha_0 + \sum_{i=1}^{n}\alpha_i\beta_i + \sum_{j=1}^{n}\alpha_j\beta_j + \sum_{l=1}^{n}\alpha_l\beta_l + \text{id}_d + \varepsilon_d \tag{8.2}$$

其中，loan_s 表示信贷供给，loan_d 表示贷款需求，β_i、β_j、β_l 分别表示农户类型、户主特征、家庭特征，id_s、id_d 分别表示信贷供给方程和信贷需求方程的识别变量，γ_0、α_0 分别表示两个方程的常数项，ε_s、ε_d 分别表示两个方程的随机扰动项。

2. 估计方法

将信贷需求和信贷供给作为方程的因变量，就经济理论而言，农户的信贷需求和信贷供给之间存在相关关系，然而传统的 Probit 模型往往是针对方程只有一个因变量的情况，但是如果单独对需求方程和供给方程建模，又存在效率损失。因此，为了防止估计效率损失，采用双变量 Probit 模型对农户的信贷供求关系进行研究[①]。

① 鉴于双变量 Probit 的应用已经非常广泛，在此不再推导。

8.4.2 回归结果与分析

表 8.4 和表 8.5 显示了实证分析的结果。从两个模型的极大似然函数值来看，模型是稳定的。同时两者的 chi（1）值均强烈地拒绝了原假设 $H_0:\rho=0$，故需求方程和供给方程之间存在相关性，有必要使用双变量 Probit 模型。

表 8.4 正规信贷需求方程和供给方程回归的结果

变量属性	自变量	需求方程	供给方程
农户类型	普通农户	0.044 7（0.142 7）	0.308 4（0.169 1）
	新型农村经营主体	0.502 3**（0.204 5）	0.228 7（0.249 9）
	创业农户	0.240 2**（0.106 9）	0.120 8*（0.135 5）
户主特征	性别	-0.235 5（0.163 4）	-0.355 7*（0.214 6）
	年龄	0.004 3（0.024 9）	0.013 1（0.031 1）
	年龄平方	-0.000 1（0.000 2）	0.000 1（0.000 3）
	婚姻	0.153 1（0.272 2）	0.315 4（0.228 9）
	受教育程度	0.129 6***（0.051 7）	0.124 6*（0.066 8）
家庭特征	总收入	-0.107 6*（0.065 3）	0.046 3*（0.084 1）
	非农业收入占比	-0.245 9（-1.21）	-0.179（0.279 3）
	消费	0.112 0*（0.059 1）	0.273 8***（0.064 6）
	土地禀赋	0.000 6（0.002 6）	0.004 3（0.375 1）
识别变量	城市亲戚	0.108 5**（0.080 5）	—
	固定资产	—	0.122 3**（0.050 2）
统计特征	常数项	-1.084 5（0.823 1）	-5.222 8***（1.084 2）
	极大似然函数值	-700.918 6	
	chi（1）值及概率	115.605（0.000 0）	

***、**、*分别表示系数在 1%、5%、10%的显著性上显著

注：自变量系数后括号里的数值为标准差

表 8.5 非正规信贷需求方程和供给方程回归的结果

变量属性	自变量	需求方程	供给方程
农户类型	普通农户	0.048 0（0.147 2）	0.328 1**（0.139 2）
	新型农村经营主体	-0.006 4（0.226 6）	0.383 8*（0.210 8）
	创业农户	0.226 9**（0.109 9）	0.251 6**（0.114 2）
户主特征	性别	0.119 9（0.198 7）	-0.340 1（0.195 7）
	年龄	0.044 1（0.028 3）	0.061 7（0.035 5）
	年龄平方	-0.000 5*（0.000 2）	-0.000 7（0.000 3）
	婚姻	-0.056 7（0.177 6）	0.128 7（0.177 1）
	受教育程度	0.017 4（0.055 6）	0.040 3（0.053 6）

续表

变量属性	自变量	需求方程	供给方程
家庭特征	总收入	−0.315 7***（0.068 7）	0.258 4***（0.071 0）
	非农业收入占比	−0.115 8（0.214 7）	−0.031 1（0.206 0）
	消费	0.252 4***（0.061 9）	0.423 7***（0.061 4）
	土地禀赋	0.003 8（0.006 7）	−0.000 1（0.006 6）
识别变量	重大事件	−0.034 8（0.093 3）	—
	礼金支出	—	−0.039 1（0.041 1）
统计特征	常数项	−1.150 5（0.849 6）	-3.611 3***（0.921 4）
	极大似然函数值	−833.289 2	
	chi（1）值及概率	183.335（0.000 0）	

***、**、*分别表示系数在 1%、5%、10%的显著性上显著

注：自变量系数后括号里的数值为标准差

我们首先对供给方程进行讨论。

从农户类型来看，普通农户对非正规信贷供给产生了显著的正向影响，对正规信贷供给影响不显著。普通农户的信贷需求主要是生活性的，信贷需求短、频、快，因此倾向于借贷灵活、办理便捷的非正规信贷。而正规信贷办理程序繁杂、交易费用高，严重地抑制了其信贷需求，进而在需求端形成了对两类信贷的“自我配给”（高帆，2002）。创业农户对两类信贷供给均产生了显著的正向影响，这说明两类信贷都倾向于对他们发放贷款。对此，我们归纳为以下两点原因：一方面是因为创业农户的经济状况较好，这与金融“嫌贫爱富”的特征是吻合的；另一方面是因为创业农户预期收入较高，还款能力和意愿都较强。新型农业经营主体对非正规信贷供给产生了显著的正向影响，对正规信贷供给影响不显著，这说明新型农业经营主体受到了一定程度的正规信贷约束。对此，我们做出如下解释：首先，新型农业经营主体资金尚未完全走出低效性和弱质性的桎梏，回收期较长、经营风险较高，正规信贷机构对其惜贷；其次，农地经营权抵押程序繁复，正规信贷因交易成本高而难以实现（黄惠春，2014）。然而，鉴于新型农业经营主体在农村中处于精英阶层，仍然可以凭借自身较好的社会网络获得非正规信贷。以上分析也很好地验证了本章的假说 8.1。

从户主特征来看，受教育程度对正规信贷供给产生了显著的正向影响。这说明新常态下，正规信贷机构对农户受教育程度越来越重视，受教育程度与信贷的相关程度更加密切。受教育程度越高，获取信息的能力越强，经营水平也相应越高，因此更容易获得正规信贷。

从家庭特征来看，消费对两类信贷供给都产生了显著的正向影响。鉴于中国农民“量入为出”的消费习惯，消费越高的农户通常经济状况越好，同时，此类

农户往往还能提供有效担保（刘西川，2012），因而能够吸引两类信贷机构向其提供贷款。总收入对两类信贷供给都产生了显著的正向影响，信贷机构供给的收入导向依旧明显，收入越高，还款能力越强，更容易获取信贷。这与朱喜和李子奈（2006）、张龙耀和江春（2011）的关于中国农贷市场研究结论一致，其根本原因在于新常态下正规信贷机构的垄断性地位并没有得到实质性的削弱，农村信贷机构与少部分生产规模大、收入稳定农户建立起的重复放贷机制没有发生较大的改变，农贷市场的“精英俘获”特征依旧十分明显（温涛等，2016）。

作为衡量抵押资产的固定资产变量对正规信贷供给产生了显著的正向影响。固定资产越高的农户往往越富有，抵押能力和还款能力越强，正规信贷机构愿意为其提供贷款，这与程恩江和刘西川（2010）的研究结论相反。对此，我们根据实际调研结果，将原因归纳为以下两点：一是新常态下，随着农房抵押融资的推进，一些农户已经通过农房抵押获得了贷款；二是随着农户收入的稳步提升，部分农户已经在城市中购买了商品房，而正规信贷机构对于商品房作为抵押也十分认可。作为衡量社会关系的礼金支出变量对非正规信贷供给的影响不显著，这说明新常态下，随着经济的发展和收入水平的提高，“面子成本”逐步上升；并且随着市场机制进一步增强，社会网络作为一种非正式制度的作用逐渐减弱，关系型借贷已然不再是农户长期、稳定的融资方式。

对需求方程进行讨论。

从农户类型来看，普通农户对两类信贷均没有产生显著的影响，这说明普通农户对两类信贷需求均不强烈，普通农户主要从事劳动密集型生产，其信贷需求主要是生活性的，但随着新常态下中国进入中等收入国家，农民收入大幅增长，其自有储蓄已经能够较好地应对日常资金需求，因此对两类信贷均无旺盛需求。创业农户对两类信贷需求均产生了正向作用，且显著，这说明创业农户对两类信贷均有旺盛的需求。其原因如下：一方面创业农户从事资本密集型的工商业经营，资金需求量大，无论是对于贷款量大、期限长的正规信贷，还是对放贷量小、期限较短的非正规信贷，都有着强烈的需求；另一方面创业农户实物、人力、社会资本较高，两类信贷获得约束较小。新型农业经营主体对正规信贷需求也产生了显著的正向影响，这说明新型农业经营主体也对正规信贷有着旺盛的需求。我国的新型农业经营主体尚处于成长初期，面临巨大的基础设施建设投入，因此他们更加希望获得贷款量大、期限长的正规信贷。以上分析也很好地验证了本章的假说 8.2。

从户主特征来看，年龄对两类信贷需求均产生了正向影响，但不显著。年龄平方对正规信贷需求产生了负向影响，不显著；对非正规信贷需求产生了负向影响，且显著。这说明户主年龄与信贷需求存在着倒“U”形关系。户主在年轻时缺乏原始资本积累，对信贷资金需求旺盛；随着年龄的增长，实物、人力和社会资本随之增长，信贷需求趋于下降。受教育程度对正规需求产生了显著的正向影响，这与程郁等（2009）的研究结论相反。这说明新常态下，随着农户对信贷市场的了解进一步深入，受教育程度高的农户拥有更强的获取信息的能力，可以更快地了解正规信贷的程序和规则，乃至国家农贷中暗含的补贴性质，进而通过正规信贷进行融资。

从家庭特征来看，总收入对两类信贷需求都产生了显著的负向作用，消费对两类信贷都产生了正向作用，均显著。根据前文理论模型的推导，信贷需求的产生取决于资本存量与资金需求的缺口，鉴于中国农户有着良好的储蓄习惯，收入越高的农户，储蓄往往越多，从而降低了资金缺口出现的频率，抑制了信贷需求。消费越高，所需流动资金越多，当自身的储蓄不能满足流动资金需求时，农户往往需要求助于信贷。

作为衡量信息对称程度的城市亲戚变量对正规信贷需求产生了显著的正向影响。拥有城市亲戚的农户由于经常和亲戚交流，从而对国家的支农政策和信贷政策更加了解，能够对两类信贷的实际价格做出更为准确的判断，选择正规信贷。作为识别非正规信贷需求的重大事件变量并不显著。这与李似鸿（2010）、程恩江和刘西川（2010）等的研究结论相反，这说明新常态下，随着收入逐渐提高，农户自有资产已经可以较为从容地应对婚丧嫁娶等重大事件，对非正规信贷的依赖程度降低。

8.4.3　稳健性检验

对模型增加某些控制变量可以避免在基准回归中因为没有考虑到某些因素而导致的有偏问题，进而对估计结果的稳健性进行检验（表 8.6 和表 8.7）。对正规信贷需求方程增加了“交通”变量，进一步衡量交易费用对正规信贷需求的影响；对正规供给方程增加了“专业组织”变量，用来考察农户的联合担保能力对正规信贷供给的影响；对非正规需求方程增加了“是否当官”这一变量考察农户社会资本对非正规信贷需求的影响；对非正规信贷供给方程添加了“党员”变量，进一步考察农户的社会关系对非正规供给的影响。从稳健性检验的结果来看，主要的解释变量为受教育程度、总收入、消费、创业等变量，这些变量的估计系数、显著性及方程之间的相关性均没有显著变化，这说明估计结果是稳健的。

表 8.6　正规信贷需求方程和供给方程稳健性检验结果

变量属性	自变量	需求方程	供给方程	需求方程	供给方程
户主特征	性别	−0.193 3（0.160 9）	−0.320 5*（0.193 7）	−0.211 7（0.161 7）	−0.333 6*（0.192 8）
	年龄	0.010 5（0.029 6）	0.008 1（0.039 8）	0.012 1（0.029 6）	0.010 2（0.040 2）

续表

变量属性	自变量	需求方程	供给方程	需求方程	供给方程
户主特征	年龄平方	-0.000 2（0.000 3）	-0.000 1（0.000 4）	-0.000 2（0.000 3）	-0.000 2（0.000 4）
	婚姻	0.170 6（0.272 2）	0.293 2（0.364 7）	0.161 9（0.271 8）	0.299 8（0.365 5）
	受教育程度	0.163 2**（0.051 7）	0.141 5（0.067 5）	0.166 4**（0.051 8）	0.140 7**（0.067 4）
还款能力	总收入	-0.132 4**（0.062 9）	0.055 2*（0.077 3）	-0.123 2**（0.063 4）	0.057 6*（0.076 9）
	非农业收入占比	-0.451 9***（0.172 9）	-0.652 9***（0.221 0）	-0.453 3***（0.172 6）	-0.657 3***（0.222 2）
消费特征	消费	0.122 7**（0.056 8）	0.309 2***（0.070 0）	0.125 0**（0.057 0）	0.308 1***（0.069 8）
经营特征	土地禀赋	0.000 7（0.004 8）	-0.008 1（0.398 0）	0.002 1（0.004 9）	-0.008 4（0.006 3）
	创业	0.487 2***（0.131 2）	0.493 7***（0.157 2）	0.479 0***（0.131 3）	0.493 5***（0.157 0）
	新型农村经营主体	0.427 3***（0.155 6）	0.092 4（0.196 0）	0.419 9***（0.155 6）	0.103 1（0.196 5）
识别变量	城市亲戚	0.166 5**（0.083 3）	—	0.177 2**（0.083 4）	—
	交通	—	—	-0.054 9（0.044 1）	—
	专业组织	—	—	—	0.225 2（0.207 1）
	固定资产	—	0.071 8*（0.044 1）	—	0.058*（0.043 8）
统计特征	常数项	-1.135 1（0.843 2）	-4.865 4***（1.125 3）	-0.992 0（0.831 4）	-4.598 9***（1.105 9）
	最大似然函数值	-685.500 8		-684.148 7	
	chi（1）值及概率	212.818（0.000 0）		215.195（0.000 0）	

***、**、*分别表示系数在1%、5%、10%的显著性上显著

注：自变量系数后括号里的数值为标准差

表 8.7 非正规信贷需求方程和供给方程稳健性检验结果

变量属性	自变量	需求方程	供给方程	需求方程	供给方程
户主特征	性别	0.198 6（0.198 7）	-0.036 1（0.195 7）	0.200 9（0.198 3）	-0.041 0（0.195 8）
	年龄	0.046 9（0.032 3）	0.041 7（0.035 5）	0.046 4（0.032 4）	0.041 9（0.035 4）
	年龄平方	-0.000 5*（0.000 3）	-0.000 5（0.000 3）	-0.000 5*（0.000 3）	-0.000 5（0.000 3）
	婚姻	-0.004 5（0.282 8）	0.358 1（0.340 2）	-0.002 3（0.283 0）	0.362 3（0.340 5）
	受教育程度	0.020 2（0.053 6）	0.007 5（0.057 2）	0.022 7（0.053 6）	0.005 0（0.057 4）
还款能力	总收入	-0.403 5***（0.068 7）	0.460 0***（0.071 0）	-0.400 5***（0.068 7）	0.465 6***（0.071 3）
	非农业收入占比	-0.032 0（0.185 2）	-0.162 5（0.192 2）	-0.036 1（0.185 0）	-0.154 8（0.192 4）
消费特征	消费	0.303 8***（0.068 4）	0.406 1***（0.064 5）	0.302 4***（0.068 3）	0.407 3***（0.064 5）
经营特征	土地禀赋	0.004 3（0.005 2）	-0.000 2（0.005 5）	0.004 3（0.005 2）	-0.000 1（0.005 5）
	创业	0.201 7（0.142 8）	0.295 4**（0.148 9）	0.209 4（0.143 1）	0.304 9**（0.148 9）
	新型农村经营主体	-0.047 4（0.180 9）	0.201 2（0.178 8）	-0.031 1（0.181 2）	0.200 5（0.179 2）
识别变量	重大事件	-0.136 0（0.095 8）	—	-0.138 5（0.095 3）	—
	是否当官	—	—	-0.087 5（0.107 2）	—
	党员	—	—	—	0.070 5（0.089 5）
	礼金支出	—	-0.049 3（0.039 6）	—	-0.049 3（0.039 6）

续表

变量属性	自变量	需求方程	供给方程	需求方程	供给方程
统计特征	常数项	−0.891 3（0.965 8）	−0.899 7（1.012 2）	−0.891 3（0.965 8）	−0.899 7（1.012 2）
	极大似然函数值	−679.860 9		−680.441 8	
	chi（1）值及概率	355.379（0.000 0）		358.281（0.000 0）	

***、**、*分别表示系数在 1%、5%、10%的显著性上显著

注：自变量系数后括号里的数值为标准差

基于上述研究结论，可以得到如下研究启示：

（1）鉴于新型农业经营主体经营的特殊性及其所面临的正规信贷困境，国家应协调政策性金融、合作性金融、商业性金融对其进行信贷支持。同时，简化农地经营权抵押贷款程序，建立土地抵押价格评估机构，让农村土地更加便捷地变成农民的“存折”“活资产”，促进新型农业经营主体健康、可持续发展。

（2）针对信贷供给的收入导向将造成农户内部的不平等，进而影响到全面小康的实现，应大力推进普惠金融体系建设，让低收入的农户跨过资本的门槛效应。此外，应有机整合正规信贷和非正规信贷的比较优势，优化农贷市场供给结构，从而形成多层次、广覆盖、可持续的农村信贷供给体系。

第 9 章　东南亚国家农村扶贫信贷制度的比较与启示

贫困是阻碍发展和威胁社会稳定的重要因素，金融扶贫是帮助贫困农户脱贫致富的重要途径，金融扶贫是广大发展中国家普遍采用的一种反贫困方法。本章首先考察了孟加拉国、印度尼西亚、印度、马来西亚等东南亚国家的农村扶贫信贷制度状况，然后对各国农村扶贫信贷制度的共性和差异进行了比较分析，并对各国农村扶贫信贷制度建设的经验进行了总结，最后在此基础上，针对我国农村扶贫信贷制度给出了有关创新的政策启示。

9.1　东南亚国家农村扶贫信贷发展概况

世界银行扶贫协商小组（CGAP，2004）认为，向贫困及低收入人群提供金融服务（指小额信贷）是扶贫的重要方式，贫困农户通过金融服务可以提高收入，积累自己的财产。随着经济的不断发展，发展中国家都越来越重视农村经济的发展与农民收入水平的提高，扶贫信贷也就被众多国家视为帮助农民脱贫的重要方式之一。本章将把农村贫困居民作为贷款对象的商业性小额信贷和扶贫贴息贷款均视为扶贫信贷，并通过研究东南亚国家农村扶贫信贷运行现状，得到关于我国农村扶贫信贷发展的政策启示。限于篇幅，本章只对孟加拉国、印度尼西亚、印度、马来西亚等扶贫信贷运行较好的东南亚国家进行比较分析。

9.1.1　孟加拉国农村扶贫信贷

孟加拉国是小额信贷扶贫的发源地，20 世纪 70 年代中后期，尤努斯教授就开始了把小额信贷作为扶贫工具向农村贫困农户提供贷款的实验，并认为只要以合理的方式向贫困农户发放贷款，他们一样是可信的。实践证明，尤努斯教授的观点是正确的，贫困农户不仅是可信的，还有着非常强烈的信用意识，在实验过程中发放的贷款一直保持着非常高的偿还率。在实验取得了良好的效果后，尤努斯教授于 1983 年创办了孟加拉乡村银行，专门向贫困型农户提供无抵押的小额贷款。经过多年的成功经营，孟加拉乡村银行已成为世界上公认的运行最好的扶贫银行，孟加拉乡村银行为贫困农户提供了大量贷款，有力地促进了农村的经济发展，提高了农民收入。孟加拉国农村扶贫信贷发展的特征主要有如下几点。

（1）以贫困型农户为目标群体。孟加拉乡村银行是一家扶贫银行，自成立之日起就以农村最贫困者为目标群体，并明确规定只有无地（土地少于 0.5 公顷）或无财产（全部财产折合成现金达不到 1 公顷土地价值）的居民才能成为其贷款对象（石俊志，2007），从而排斥那些非贫困者和有土地的农民。

（2）以妇女为主要贷款对象。由于女性在社会上处于弱势地位，相对于男性更难改变其贫困状况，但女性谨慎、善于持家的特点，使得她们会更积极地利用贷款改善家庭成员的福利水平，所以，孟加拉乡村银行有 96%的贷款是发放给妇女的。

（3）贷款实行小组联保模式。联保小组由 5 名没有亲缘关系且社会经济地位相近的同村贫困居民组成，5~6 个小组组成一个中心，在组内一般实行“2+2+1”的贷款次序，即先对组内两个最贫困的人发放贷款，若在一定期限内能正常还款，则再向小组另外两人贷款，最后向组长发放贷款。小组成员申请贷款不需任何抵押和外部担保，仅靠小组成员之间的相互连带责任。为了保持业务过程的透明度，中心定期召开会议，会议的中心内容是进行集中放款和还贷，以便于成员之间相互监督，同时也有助于交流致富信息，传播科技知识等。

（4）特殊的贷款制度。①在利率上，乡村银行对贫困农户发放的贷款利率一般都高于市场利率，以覆盖由其贷款额度小、风险大引起的高成本。②在还款方式上，改革前实行的是每周分期付款，并且不允许一次性提前偿付，改革后实行的则是更加灵活的还款方式，即在借贷双方协商的基础上，可以修改贷款条款，延长还款时间，调整还款频率。

（5）政府对扶贫信贷的大力支持。政府对扶贫信贷的支持主要体现在四个方面：①资金支持，政府以 4%~5%的利息向乡村银行提供信贷资金；②法律支持，政府制定法律法规允许乡村银行以 NGO（non-governmental organization，非政府组织）的形式从事扶贫金融活动；③政策支持，政府为乡村银行提供免税的优惠政策支持（韩学红，2006）；④组织支持，成立政府小额信贷组织，如孟加拉国农村发展委员会、农村就业支持基金会、政府小额信贷项目、国有商业银行小额信贷项目等。

9.1.2 印度尼西亚农村扶贫信贷

印度尼西亚是一个农业大国，贫困人口数量众多。截至2007年底，农业人口占总人口的 67%，有 3 717 万人还处于贫困之中（崔德强和谢欣，2008）。为了更好地向贫困农户提供金融服务，印度尼西亚政府从 20 世纪 80 年代开始进行了多次金融改革，使中小金融机构的小额信贷业务得到了快速发展，为农村贫困型农户提供了大量的资金，并取得了显著的扶贫效果，其中运行最好、贡献最大的是印度尼西亚人民银行（Bank Pakjat Indonesia，BRI）。在 1984 年印度尼西亚政府取消利率限制和信贷配额后，印度尼西亚人民银行的村信贷部在财政部的资金支持下，改建成自主经营、自负盈亏、提供完全金融服务的村银行，并开始实行商业化运作。

改革后，村银行的业务量不断扩大，利润不断增加，3 年便实现了营业收支平衡，5 年后开始盈利，并一直保持着较高的贷款回收率，在促进农民收入增加和农村经济发展方面做出了重大贡献。经过多年的不懈努力，村银行由一个需要大量政府财政补贴、亏损严重的国家银行变为一个成功的商业银行。目前的运行特点主要有以下几点。

（1）以中低收入阶层的农户为主要贷款对象。印度尼西亚人民银行较低的单笔贷款限额确保贷款瞄准中低收入者，目前其小额信贷业务的主要目标客户为处在贫困线以上、信用状况合格、有潜力的个人或家庭小作坊，贷款的最长期限一般为 2 年（或 3 年）（农业银行国际业务部课题组，2007）。

（2）灵活的贷款制度。村银行向农户提供贷款，额度在 300 美元以下的不需要任何抵押，300 美元以上的可以用土地、固定资产、工资单、储蓄或动产等多种物品作抵押。还款方式分为两种，客户可以选择贷款期限内每月还款，也可以选择 3 个月、4 个月、6 个月分期还款，对于在 6 个月内都按期还款的客户，银行将每月返还本金的 0.5%作为奖励。

（3）较高的贷款定价。作为印度尼西亚人民银行最重要的机构组成部分，村银行以一个独立的利润中心进行管理，是一个在财务上不依靠政府补贴、自负盈亏的经营单位，它实行独立核算。为了覆盖小额信贷的高成本，村银行对农户发放的贷款不论期限长短，利率都为 32%，如果客户不能按期还款，利率将提高到 42%。

（4）明确的激励机制。村银行作为独立核算、自主经营、自负盈亏的经营单位，为了能够很好地调动单位职员的工作积极性，提高经济效益，村信贷部规定每年利润的 10%用于对职员的奖励，在第二年初按职位不同发放奖金。除此之外，印度尼西亚人民银行每年还要对村银行的经营业绩进行比较，对于业绩较好的银行会给予进一步的奖励。

9.1.3 印度农村扶贫信贷

印度是一个人口众多的发展中国家，在其农村地区存在着大量的贫困人口。20 世纪 90 年代以前印度主要通过正规金融机构为农村地区的贫困农户提供金融服务，但在 20 世纪 80 年代末，烦琐的规章制度、恶化的市场环境、双重的控制、贷款违约率的不断增加一度使农村金融体系陷入崩溃的边缘，为了扭转这一局面，1992 年，印度国家农业和农村发展银行（National Bank for Agriculture and Rural Development of India，NARARD）发起了“自助小组-银行联结”（SHG-Bank Linkage）的新型小额信贷模式，并取得了非常好的效果。在这一项目表现出巨大的潜力后，印度储备银行（Reserve Bank of India，RBI）规定所有的商业银行都要将自助小组-银行联结项目作为其发展战略的一部分。经过多年的运行，印度小额信贷取得了巨大的成功，在为农村贫困农户提供大量资金的同时，各农村金融机构还得到了可持续发展，起到了很好的扶贫效果。目前印度农村扶贫信贷的主要特点如下。

（1）独具特色的授信方式。自助小组-银行联结模式是印度小额信贷最具特色的地方，也是贫困农户获得正规贷款的最主要渠道，目前印度 80%的小额信贷都是通过这种渠道发放的。自助小组一般由 10~20 名成员组成，小组内的成员有着相同背景和共同利益，其中 90%是妇女（武翔宇和高凌云，2009）。所有的自助小组成员必须进行定期小额储蓄，然后以小组的名义存到附近的商业银行或合作银行，组成小组基金，自助小组利用基金为小组成员提供贷款，并自主决定贷款利率、金额和还款计划等。待自助小组满足了银行的要求后，银行便以小组为单位进行放贷，无须抵押。小组成员在申请贷款和偿还贷款时都以小组的名义，小组对贷款的偿还集体负有责任。正是这种授信方式，保证了印度小额信贷的良好运行，其贷款偿还率为 95%左右。

（2）目标群体定位合理。印度自助小组-银行联结模式正是基于农村贫困人口缺乏金融服务和有效抵押品这一现实特征提出来的，所以其服务对象主要是农村地区最为贫困的农户，尤其是贫困妇女。截至 2003 年底，印度 2 931 个小额贷款机构对 8 087 万家客户提供过借贷服务，其中约 5 480 万个最为贫穷的农户初次尝试小额借贷活动。在最贫困的小额信贷客户中，有 82.5%的客户是妇女（唐高原，2009）。

（3）NGO 发挥着重要作用。NGO 在自助小组-银行联结项目的起步和发展过程中一直起着促进者和金融中介的作用，它负责宣传有关自助小组的概念和政策，组织成立自助小组，并与银行进行联结，帮助他们维护账户。

9.1.4 马来西亚农村扶贫信贷

马来西亚是一个中等收入以上的发展中国家，其政府历来重视反贫困，并将小额信贷业务作为反贫困的重要手段。在马来西亚，发放小额信贷的组织既有NGO又有正规金融机构，其中最重要的是两个NGO——扶贫信贷组织（Amanah Ikhtiar Malaysia，AIM）和经贸企业储蓄协会，前者主要是服务于最贫困的农户，后者主要为本地的微型企业提供小额贷款。扶贫信贷组织成立于1986年，其正式名称是“马来西亚伊克提亚公司基金理事会”，是一个以资助穷人为目标的、非营利的、效仿孟加拉乡村银行模式的私人信托投资公司。目前扶贫信贷组织的运行特点主要如下。

（1）以最贫者，尤其是最贫困妇女为贷款对象。扶贫信贷组织作为一个专门的扶贫信贷机构，把贷款对象明确确定为国家贫困线80%以下的最贫困人口。目前其覆盖的贫困农户占全国人口的一半以上，且绝大部分是贫困妇女。

（2）贷款实行小组联保模式。在授信方式上：扶贫信贷组织效仿孟加拉乡村银行模式以小组为单位发放贷款，不需抵押，以小组成员之间的连带责任为担保，程序简单，但要求借款者按周偿还贷款，并且每周要按贷款的一定比例进行储蓄。在利率方面：20 世纪 90 年代中期以前，扶贫信贷组织向农户发放的贷款不按市场化利率收取利息，而是每笔贷款收取30美元的固定管理费用（孟昭坤，2008）；1992 年开始，马来西亚政府对扶贫信贷组织的资金援助进行限制，导致扶贫信贷组织出现严重的资金流动问题。为了解决资金问题、减少对政府的依赖、实现自身的可持续发展，扶贫信贷组织取消了对每笔贷款收取固定管理费用的办法，改为对贷款收取19%的利息。

（3）能够有效鉴别目标群体。在马来西亚，贫困与不贫困的界限不明显，要真正鉴别出国家贫困线80%以下的人口比较困难。但经过长期摸索，扶贫信贷组织总结出了一套行之有效的鉴别方法，具体包括：①住房指数。通过事先设计好一套评分标准，根据农户的住房情况进行打分，并根据一定的分数线标准，确定是不是贫困型农户。②收入考察。通过对家庭人口和劳动力的基本情况、家庭就业结构、收入、生产和消费情况、生产资料占有情况、家庭简史等内容的考察（杜吟棠和孙若梅，1995），了解造成家庭贫困的原因，以确定真正的目标客户，并据此判断客户的风险情况。

（4）政府对扶贫信贷给予大力支持。①资金支持。自扶贫信贷组织成立以来，马来西亚政府通过各种渠道在资金上给予大力支持，仅在马来西亚第七个发展计划中，政府向扶贫信贷组织项目提供的无息贷款就达 2 亿吉林特，而且在扶贫信贷组织的全部本金中，政府提供的贷款约占 59%。②法律支持。为了保证扶贫信贷组织和其他小额信贷组织的顺利运行，提升小额信贷的扶贫效果，马来西亚政府制定了各种法律条例，如贷款人条例、银行和金融机构条例、金融机构发展条例等。

9.2　东南亚国家农村扶贫信贷发展的比较分析

9.2.1　东南亚国家农村扶贫信贷发展的共性

从上述几个国家农村扶贫信贷的运行情况来看，基于扶贫信贷目的的相同性、贫困型农户经济状况的相似性，各国农村扶贫信贷在运行过程中呈现出一些共同的特征，如下所示。

（1）各国主要扶贫信贷机构的目标群体基本相似。通过比较不难发现，各国扶贫信贷机构都把农村低收入群体作为自己的贷款对象，这在很大程度上限制了部分营业网点为过分追逐利润而把资金贷给资金需求量大、抵押品有效的企业和投资者，保证了信贷资金能够顺利到达贫困农户手中，真正达到了扶贫的目的。

（2）需求导向型的贷款制度是各国扶贫信贷的共同特征。需求额度小、缺乏有效抵押品是贫困型农户贷款的典型特点，再加上严重的信息不对称，使得正规金融机构不愿向贫困居民提供贷款。基于此，以上各国的主要扶贫信贷机构都针对客户需求制定了合理的贷款制度：孟加拉乡村银行和马来西亚扶贫信贷组织都以小组为单位向贫困型农户发放小额贷款，不需抵押，农民只要加入某个小组且贷款需求合理，即可以小组名义向正规金融机构申请贷款；印度实行自助小组-银行联结模式，只要自助小组符合银行规定的要求，银行就会通过促进机构、NGO、小额信贷机构或者直接向自助小组发放小额贷款，不需抵押；印度尼西亚人民银行村银行规定，向农户提供的贷款，额度在 300 美元以下的不需要任何抵押，300 美元以上的贷款可用土地、固定资产、工资单、储蓄或动产等多种物品作为抵押。

（3）各国扶贫信贷机构都实行较高的贷款定价以实现财务独立。农村贫困农户的贷款需求额度小、风险大，使得各扶贫信贷机构面临着更高的交易成本和风险损失。为了能够完全覆盖较高的经营成本，摆脱长年依靠政府补贴带来的负面影响，实现财务上的独立，以上四国的扶贫信贷机构都实行较高的贷款定价，贷款利率高于市场利率，如在印度尼西亚，不论期限长短，利率都为 32%。

（4）各国政府对扶贫信贷都给予了大力支持。从以上四国扶贫信贷的运行可知，政府对扶贫信贷机构的成立和扶贫信贷发展给予了大力支持：孟加拉国政府以 4%~5%的利息向乡村银行提供贷款，累计超过 50 亿达卡，并为乡村银行提供免税的优惠政策支持；20 世纪 80 年代，印度尼西亚进行金融改革时期，财政部拨付了大量资金以支持印度尼西亚人民银行村信贷部改建成村银行；马来西亚政府仅在第七个发展计划中，就向扶贫信贷组织项目提供了 2 亿吉林特的无息贷款；在印度，印度储备银行规定所有的商业银行都要将自助小组-银行联结项目作为其发展战略的一部分。

9.2.2 东南亚国家农村扶贫信贷发展的差异

各国扶贫信贷的目标群体存在一定的差异。这主要体现在两个方面：①贫困程度方面。扶贫信贷的目的就是为农村贫困居民提供信贷等金融服务，多年来，以上各国的扶贫信贷机构也都以农村低收入群体作为自己的贷款对象。但具体在贷款对象的贫困程度上，各国还存在一定差异：孟加拉国、马来西亚和印度都是以农村最为贫困的农户作为贷款对象，孟加拉乡村银行规定只有无地或无财产的居民才能成为其贷款对象，马来西亚扶贫信贷组织把贷款对象明确确定为国家贫困线 80%以下的最贫困人口；而印度尼西亚人民银行村银行虽也以低收入群体为贷款对象，但其目标客户主要为处在贫困线以上、信用状况合格、有潜力的个人或家庭小作坊。②性别方面。由于妇女谨慎、善于持家的特点，孟加拉国、印度、马来西亚三个国家的扶贫信贷都以妇女为主要贷款对象，在印度尼西亚则没有这种偏向。

各国扶贫信贷在组织特征和授信方式上存在一定的差异：①在组织特征方面。孟加拉国的孟加拉乡村银行和马来西亚的扶贫信贷组织都是专门的扶贫信贷机构；印度通过自助小组-银行联结项目向农村贫困居民提供贷款的信贷组织比较多，但也有专门的扶贫信贷机构，如印度的自营职业妇女协会；印度尼西亚人民银行则是一家国有商业银行。②在授信方式方面。孟加拉国、马来西亚和印度向贫困农户发放贷款的银行一般都不需要提供个人贷款，也不需抵押，孟加拉乡村银行和马来西亚扶贫信贷组织以小组为单位向贫困农户发放贷款，印度 80%的小额信贷是通过自助小组-银行联结模式发放的；而印度尼西亚人民银行村银行主要是向个人提供贷款，贷款额度在 300 美元以下的不需抵押，300 美元以上的则需要抵押。

9.3 东南亚国家农村扶贫信贷发展的基本经验

经过比较分析不难发现，上述几个国家在扶贫信贷方面都取得了较大的成绩，我们可以从中获得很多值得借鉴的经验。

（1）扶贫信贷机构长期坚定不移地以低收入群体为贷款对象，是取得扶贫最终胜利的基础。扶贫是一项长期而又艰巨的任务，需要各部门长期的共同努力。扶贫信贷机构作为扶贫的重要部门，应该持续不断地为低收入群体提供资金支持。马来西亚的扶贫信贷组织自成立以来，一直以国家贫困线80%以下的最贫困人口为贷款对象，经过多年的运行，取得了显著的扶贫效果。孟加拉乡村银行自1983创办以来也始终以低收入群体为贷款对象，在取得显著的扶贫效果的同时还成为孟加拉国盈利比较好的几个金融机构之一。

（2）实现财务独立和自身的可持续发展是扶贫信贷机构未来的发展方向。扶贫信贷不是慈善性的无偿救济，而是资金的有偿使用，印度尼西亚人民银行和马来西亚扶贫信贷组织的早期实践也证明了贴息式贷款是低效率的，过度依赖政府的资金援助和补贴很难取得良好的扶贫效果。扶贫效果最显著的孟加拉乡村银行，在成立之日起就力争实现财务独立，并最终实现了扶贫和盈利双丰收；印度尼西亚人民银行和马来西亚主要扶贫信贷机构在进行改革之后也都基本实现了财务独立，并取得了相对于以前更显著的扶贫效果。通过比较发现，以上国家扶贫信贷机构主要通过以下途径实现财务独立和自身的可持续发展：一是对贷款利率进行市场化改革，以能够完全覆盖其成本的市场化利率代替贴息式利率；二是通过对员工进行培训和机构自身的不断完善，提高运行效率，降低经营成本；三是通过提供良好的配套服务及对客户的动员，扩大自己的客户量，以降低成本。

（3）以客户为中心的贷款制度是扶贫信贷取得成功的关键。低收入群体与高收入群体相比具有一些特殊的特点：缺乏有效抵押品、贷款额度小、文化水平比较低、可靠收入来源比较少、同一社区内的居民相互比较了解等，这些特点决定了扶贫信贷机构在贷款制度上不能照搬其他金融机构。以上四国都根据本国的实际情况建立了灵活的贷款制度，保证了信贷资金的顺利发放和收取，取得了良好的扶贫效果。

（4）政府的大力支持是扶贫信贷取得成功的重要保障。扶贫信贷是一种兼具社会性和商业性双重性质的信贷服务，没有政府的支持是很难获得成功的。以上四国政府都对本国的扶贫信贷给予了大力支持，主要体现在以下几个方面：①资金支持。孟加拉国政府以 4%~5%的利息向乡村银行提供贷款，累计超过 50 亿达卡；20 世纪 80 年代，印度尼西亚进行金融改革时期，财政部向印度尼西亚人民银行拨付了大量资金；在马来西亚扶贫信贷组织的全部本金中，马来西亚政府提供的贷款约占 59%。②政策支持。孟加拉国政府为乡村银行提供免税的优惠政策支持；印度储备银行规定所有的商业银行都要将自助小组-银行联结项目作为其发展战略的一部分。③法律支持。为了保证小额信贷的顺利发展，马来西亚政府制定了各种法律条例，如贷款人条例、银行和金融机构条例、金融机构发展条例等。

9.4 东南亚国家农村扶贫信贷发展对我国的启示

（1）培育和发展以低收入群体为贷款对象的农村扶贫信贷组织体系。随着农业银行和其他商业银行网点的大量撤并，再加上农村发展银行的业务又不能延伸到农村，这样就使得农村信用社在目前我国农村金融市场上“一枝独秀”，根据金融机构“嫌贫爱富”的本性，那些缺乏有效抵押品和没有可靠收入来源的社会最底层贫困居民自然也就不会成为其服务的重点对象。为了解决这一问题，同时借鉴上述几国扶贫信贷运行比较成功的经验，首先应通过农村金融组织或活动多样性在农村金融领域引入供给方的良性竞争，旨在打破农村信用社的垄断或者准垄断格局。为此需要加快发展专门以低收入群体为贷款对象的扶贫信贷机构，长期为农村低收入群体的脱贫提供资金支持，该组织在发放贷款时可以有针对性地采用小组联保模式、次序贷款、定期还款、小组基金等贷款方式，利用横向选择、横向监督、动态激励、分期偿付与担保替代等机制，从而解决金融中介机构常见的信贷风险问题（包括逆向选择、项目选择、努力程度选择、审计成本与策略性违约等）和我国农村贫困居民缺乏有效抵押品和信息不对称的问题，最终有效提高还款率，并力争实现财务独立和自身的可持续发展。

（2）建立与扶贫信贷机构相协调的专业化合作组织。贫困农户技术能力的发展不仅受到历史知识积累水平的限制，同时还受到隐性知识的壁垒限制，因此，面对较低知识水平的中国式贫困型农户，确保其收入水平的提高需要有农业生产的持续发展，这其中需要的不只是资金，更重要的是需要采取适当的方式向其提供显性知识和传递隐性知识，并使他们获得发展转产所需的各项技术能力。基于此，可在农村地区由政府和扶贫信贷机构出资建立农业合作组织，该组织可通过以下方式为农民提供服务：①产前为农民提供农产品市场信息，帮助农民选择种植作物种类，产中进行农业技术支持，产后统一收购和出售农民的各种农产品，并从中收取一定的费用。通过这种渠道可以化零为整，实现我国农业产业化；②出资开办一些专门针对农产品加工的企业，一方面为农民提供稳定的农产品销售渠道，减少中间流通环节，让农民获得更多的利润，另一方面还可以为农民提供就近就业机会。

（3）建立有效的激励机制。扶贫信贷要想取得良好的效果，扶贫信贷机构必须与农户建立良好的互动关系，这就需要信贷人员不定期对农户进行走访，以进行政策宣传、了解农户的信贷需求和信贷资金的使用情况、激发农户贷款积极性等，此外，还要对申请贷款的农户或小组进行信用评估。所有这些工作都对信贷人员提出了更高的要求并在一定程度上加重了他们的负担，所以信贷组织需要建立有效的激励机制，以其为组织带来的利润为基础，对业绩良好的信贷人员进行一定奖励。

（4）加强并改进监督管理。受利润的影响，扶贫信贷机构在服务对象上容易发生转移，政府需要对其加大监管力度，提高金融监管当局的独立性和公信力，严格执行审慎监管手段，兼顾公平和效率的同时确保扶贫政策落到实处。具体可由县政府或者银行监管机构定期抽出专人，组成督查小组深入农村走访农户，了解扶贫贷款的发放对象、发放程序及利率执行等情况，并随时抽查基层扶贫信贷机构的账册单据，促使扶贫信贷的每项政策落实到位。

（5）政府对扶贫信贷的发展应给予一定支持。扶贫信贷的健康发展离不开政府的大力支持，国家的扶贫信贷和财政补贴性投入对脱贫阶段的农户不但应该有所作为，而且应大有可为。结合我国扶贫信贷的运行现状，政府应在以下方面给予支持：①资金支持。例如，对刚成立的扶贫信贷机构给予资本金支持，以无息或较低利率向扶贫信贷机构进行再贷款，并划拨一定的财政资金用于补偿其由高成本和高风险造成的损失。②政策支持。对扶贫信贷机构提供免税或税收优惠的政策支持；放宽金融管制，允许 NGO 进入农村金融市场，以形成多机构共存、各机构之间既相互独立又相互补充的有序竞争的农村金融市场格局。③法律支持。目前我国扶贫信贷方面的法制建设还很不健全，为了维护扶贫信贷机构和借款客户的利益，为扶贫信贷的健康发展营造一个良好的法制环境，政府应尽快出台如“小额信贷法”等金融法规。

第10章 “一带一路”沿线国家的金融扶贫模式与经验共享

贫困问题是庙堂之忧，更是草根之痛。既有理论与实践表明，金融扶贫是帮助贫困人口脱贫增收和降低脆弱性的重要途径，“一带一路”沿线国家在金融扶贫领域进行了诸多探索，并形成了一系列符合本国国情的模式创新。而“一带一路”倡议正好为沿线国家金融扶贫经验交流提供了平台，有利于打造沿线国家共同繁荣发展的命运共同体。基于此，本章对“一带一路”沿线国家的金融扶贫模式进行了系统总结，深入分析了其内在的行动逻辑，并立足于当前新时期新阶段中国现实困境，提出了基于“顶层设计—体系完善—精准识别—功能定位—模式创新”完善金融扶贫机制与模式的战略构思。同时，中国金融扶贫实践模式的调整与创新，也将为“一带一路”沿线国家进一步提供有益借鉴，实现合作共赢。

10.1 “一带一路”沿线国家金融扶贫模式与经验总结的意义

贫困是一个全球性的问题，消除贫困是人类的共同使命。在联合国的千年首脑会议上，191 个成员国将消除贫困作为联合国千年发展的首要目标。根据 2015 年《千年目标发展报告》，在过去的几十年里，全球的极端贫困率[①]由 1990 年的 50%下降到 2015 年的 14%，贫困人口从 19 亿下降到 2015 年的 8.36 亿，贫困率年均下降 1.44%。尽管人类的反贫困行动已取得了巨大的成就，但目前仍有 8 亿多人口处于极端贫困状态，深陷于贫困陷阱当中。“一带一路”作为世界上跨度最

---

① 极端贫困指的是每日收入低于 1.25 美元的全球贫困线标准。

大的经济走廊，横贯欧亚非地区，涵盖了66个国家，这些沿线国家绝大部分为发展中国家或新兴经济体，分布着大量的贫困人口。根据世界银行的数据，“一带一路”沿线国家的人口规模达到了全球的 63%，但经济总量仅占全球的 29%，贫困问题是大部分沿线国家所面临的严峻挑战（表 10.1）。例如，尼泊尔、缅甸等国家的整体性贫困，印度、孟加拉国、斯里兰卡的阶层性贫困，乌克兰、巴基斯坦、叙利亚等国的灾害性贫困，以及克罗地亚、摩尔多瓦等国的相对性贫困（姜安印和张庆国，2016）。因此，摆脱贫困成为“一带一路”沿线国家的长期真实诉求。

表 10.1　“一带一路”部分沿线国家的贫困发生率

地区	国家	贫困发生率	地区	国家	贫困发生率
东南亚地区	老挝	23.2%	西亚地区	也门	34.8%
	柬埔寨	17.7%		伊拉克	18.9%
	越南	13.5%		约旦	14.4%
南亚地区	孟加拉国	31.5%	中亚地区	吉尔吉斯斯坦	32.1%
	巴基斯坦	29.5%		塔吉克斯坦	31.3%
	印度	21.9%		乌兹别克斯坦	14.1%
独联体	亚美尼亚	30.0%	中东欧地区	塞尔维亚	25.4%
	格鲁吉亚	14.8%		波黑	17.9%
	摩尔多瓦	11.4%		阿尔巴尼亚	14.3%

资料来源：联合国发布的《2016 年人类发展报告》（*Human Development Report 2016*），以各国的国家贫困线为标准

习近平提出的“一带一路”倡议强调的是国与国之间互利共赢、共同繁荣的利益和命运共同体，这为沿线国家开启了优势互补、经验共享的机遇之窗。在 2017 年“一带一路”国际合作高峰论坛中，习近平总书记再次指出，“一带一路”建设是开放包容的发展平台，各国都是平等的参与者、贡献者、受益者①。正如龙永图所说，“一带一路”倡议正好要让这些全球相对落后封闭的地区发展起来，在某种意义上是超级的扶贫战略②。与此同时，中国作为“一带一路”倡议的发起国，尽管在减贫事业上取得了举世瞩目的成就，但仍然存在一些问题，因此，扶贫经验的交流与共享就成为“一带一路”沿线国家共同繁荣发展目标的重要组成部分。

那么，贫困人口脱贫之路在何方？正如 Nurkse（1953）“贫困恶性循环论”

---

① “一带一路”国际合作高峰论坛举行圆桌峰会. 经济日报，2017-05-16（02）.

② 龙永图于 2016 年 5 月 31 日在中国国际经济合作“走出去”高峰论坛中的主题演讲。

所指出的那样，发展中国家之所以长期陷于贫困恶性循环，主要是因为资本缺乏与资本积累严重不足。金融作为现代经济增长过程中的核心要素，其发展与针对性的创新已被证明是减缓贫困的有效途径之一（Galor and Zeira，1993；Sehrawat and Giri，2016），这为人类提供了摆脱贫困的可行路径。实践上，诺贝尔和平奖得主尤努斯教授所创立的小额信贷扶贫模式，成为发展中国家贫困群体脱贫致富的有效手段。Microcredit Summit Campaign 估算，全球约达 1.75 亿个极端贫困家庭从小额信贷中获益。毋庸置疑，相比"输血式"的扶贫，有效的金融扶贫方式更有利于促进贫困人口脱贫致富，真正实现贫困人口的"造血"功能（Pitt and Khandker，1998；Khandker and Koolwal，2016）。

具体而言，贫困农户可以通过获得金融支持改变自身初始禀赋约束，进行农业投资，扩大生产规模，从而增加收入（Feder et al.，1990；何广文等，2005；温涛等，2015a；Banerjee and Jackson，2017）。同时，由于农业生产具有周期性，农户的收入并不稳定，农户在歉收的年份需要通过金融渠道来平滑消费，填补福利性支出缺口及缓解经济困境（Duong and Izumida，2002）。此外，金融借贷也在一定程度上促进了农村社区的发展，形成对贫困群体的有效带动（Binswanger and Khandker，1995；熊德平，2009；Qian and Huang，2016）。因此，包括小额信贷在内的金融服务对许多农户的产出具有决定性影响，并能显著改善贫困农户的福利（Khandker et al.，1998；Awojobi and Bein，2011）。由此可见，金融扶贫是引导贫困人口摆脱贫困的有效手段。

从"一带一路"沿线国家在金融扶贫领域的探索来看，沿线国家积累了大量的经验，形成了十分有益的经验与模式，金融扶贫成效十分显著。2000~2016 年，"一带一路"沿线国家的饥饿指数明显下降，贫困状态得到较大程度的改善。而"一带一路"倡议正好为沿线国家金融扶贫领域的经验交流与共享提供了有效的平台，有利于沿线国家优化金融扶贫的制度设计、提升金融扶贫的功效，最终有利于贫困人口的脱贫增收，实现"一带一路"经济体的可持续发展。尤其是对中国而言，现阶段的脱贫攻坚目标十分艰巨，亟须加快完善金融扶贫体系。基于此，本章将通过总结"一带一路"沿线国家的金融扶贫模式的成功经验，分析其内在的行动逻辑，并基于当前中国金融扶贫的现实困境，提出有利于金融扶贫功能发挥的路径选择，旨在为"一带一路"沿线国家的金融扶贫事业提供可资借鉴的经验，真正体现"一带一路"倡议的"和平、交流、理解、包容、合作、共赢"的精神。

本章其余部分安排如下：第二部分是"一带一路"沿线国家金融扶贫的实践，该部分内容总结了沿线国家金融扶贫的典型模式；第三部分是"一带一路"沿线国家金融扶贫的行动逻辑，该部分内容基于既有的金融扶贫实践，以交易费用及农村金融发展等理论为指导，总结了其内在的行动逻辑；第四部分是中国金融扶贫的现实困境及实践模式调整，该部分内容主要基于课题组 2016 年采集的贫困地区农户调查数据，客观地揭示现阶段金融扶贫的现实困境，并提出我国金融扶贫模式调整的可行路径。

10.2 “一带一路”沿线国家金融扶贫的实践模式

融资难一直是困扰农民收入增长的主要问题，尤其是对贫困农户而言，这一问题更加显著，这也直接制约了贫困农户的自身发展。“一带一路”沿线国家将小额信贷作为重要的金融扶贫工具，以解决贫困人口融资难的问题（李莹星，2015）。根据贫困人口的金融需求特点，沿线国家针对性地形成了多种有效的金融扶贫模式，一定程度上满足了贫困人口的小额度借贷、储蓄及保险等金融服务，并帮助贫困人口实现生产经营，从而逐步摆脱贫困。具体而言，根据“一带一路”沿线国家金融扶贫模式的差异，其典型的模式大致可分为以下几类：①NGO 扶贫模式；②政府主导的正规金融扶贫模式；③互助组织+金融机构模式；④合作金融扶贫模式；⑤微型金融+技术培训援助模式。同时，中国作为“一带一路”倡议的发起者，在“精准扶贫、精准脱贫”战略的实施下，对金融扶贫领域进行了有益的探索，并已初步形成政府自上而下的政策主导，各类金融机构组织实施的多位一体模式。因此，该部分我们也将单独对中国的金融扶贫模式进行阐述。具体而言，本章将从基本情况、运作模式及主要贡献（成效）三个方面对“一带一路”沿线国家的金融扶贫模式进行阐述。

10.2.1 NGO 扶贫模式

在金融扶贫的 NGO 模式中，最为典型的案例是孟加拉乡村银行。孟加拉乡村银行最早起源于 20 世纪 70 年代尤努斯博士的小额信贷实验。尽管在政府的支持下，孟加拉乡村银行于 1983 年转变为独立的银行，但就其本质而言，仍属于 NGO 模式，这主要是因为其运作基础是以贷款小组为单位的农户组织，而贷款小组则是由经济社会特征相似的贫困农户组成（熊德平，2009）。

1. 基本情况

经过多年运营，截至 2017 年 2 月，孟加拉乡村银行已拥有 891 万名借款者，2 568 个分支机构（均实现会计电算化与管理信息系统），遍布于 81 396 个村庄，覆盖了孟加拉国 97%以上的乡村。

2. 运作模式

孟加拉乡村银行是一种 NGO 从事小额信贷扶贫的模式，其特征主要有以下几点。

（1）以贫困妇女为服务对象。孟加拉乡村银行从成立之初，目标就在于为贫困人口提供金融服务，帮助其摆脱贫困。孟加拉乡村银行要求只有无土地或无财产①的贫困人口，即极端贫困人口，才能成为其贷款发放对象。根据 2017 年 2 月底的数据，孟加拉乡村银行所服务的贫困贷款人口为 891 万人，其中，贫困妇女的数量为860万人，男性仅约30万人，贫困妇女所占的比例高达96.57%。这主要是因为在孟加拉国，妇女在社会中处于更加明显的弱势地位，同时，相比男性而言，妇女的流动性较弱、生活恶习较少，具备更强的还款意愿。因此，孟加拉乡村银行的贷款对象基本为贫困的农村妇女。

（2）无抵押、无担保模式。无抵押、无担保是贫困人口被正规金融机构排斥在外的根本原因之一，为了解决这一问题，孟加拉乡村银行所采用的是无抵押、无担保的小额贷款。早期，主要是通过互助小组，实行“2+2+1”的放款模式②；在第二代业务模式中，孟加拉乡村银行修正了这一模式，即使小组有借款人无法偿还贷款，也不影响其余成员的借款，小组的作用更多地体现为互助，并以道德约束监督组员的还款行为③。在此基础上，6~8 个小组进一步构成一个中心，中心每周召开一次组会，通过定期交流，能够使贫困人口之间相互学习技术、管理等方面的经验，从而提升贫困人口的生产能力，提高经济收益。目前，在这一制度框架下，孟加拉乡村银行的还款率高达99.08%。

（3）市场化运作。为了保障小额贷款扶贫模式的可持续性，孟加拉乡村银行采取了一系列风险管理工具，如贷款期限一般在一年以内（按周偿还），辅之以信贷激励制度，即当初始贷款按时偿还之后，能够逐步获得更高额度的贷款。同时，要求贷款客户设立储蓄账户，当储蓄额度达到一定数额时，必须购买孟加拉乡村银行的股份，成为银行股东④。在贷款利率方面，根据贷款用途的不同，孟加拉乡村银行规定创收目的的贷款利率为 20%；住房贷款利率为 8%；教育贷款利率为 5%，较高的利率水平保证了其运作的可持续性。

---

① 无土地指的是贷款者所拥有的土地面积少于 0.5 公顷；无财产指的是贷款者的全部财产的现值不超过 1 公顷土地的价值。

② 孟加拉乡村银行的互助小组是由 5 个没有亲缘关系且经济特征相似的贫困农户组成。首先，向组内最贫困的两人发放小额贷款，经考察能够正常还款之后，再向小组的另外两人发放贷款，组长最后获得贷款。

③ 需要强调的是，孟加拉乡村银行从未要求借款成员之间的“连带责任”，每个借款人仅对自己的借款负责。

④ 目前，孟加拉乡村银行的贷款者拥有孟加拉乡村银行 94%的股权，6%为政府所拥有。

3. 主要贡献

孟加拉乡村银行极大程度地满足了孟加拉国贫困人口的金融服务需求，不仅帮助数百万贫困人口摆脱了贫困，同时也实现了孟加拉乡村银行的商业可持续性。这从实践上证明了，穷人是可信的，为穷人提供无抵押贷款是可行的。

在孟加拉乡村银行成功实现金融扶贫的基础上，马来西亚的扶贫信贷组织也实施了类似于孟加拉乡村银行的 NGO 模式，并取得了较大的成功。具体而言，其贷款对象为低于贫困线 2/3 的人口，且妇女优先；贷款方式为无抵押、无担保模式，并要求按周还款，每周强制储蓄总贷款的 1%，同时，也对贷款的贫困人口进行技能培训与生产互助；在金融服务方面，扶贫信贷组织也提供了借贷、储蓄、保险等金融服务；但在贷款利率方面，由于文化背景差异，某些客户对利息较为排斥，因此，扶贫信贷组织所实行的是按贷款总额的 10%作为管理费用。在这一体系中，2014 年，扶贫信贷组织所支持的贫困人口达到 34.79 万贫困人口，其还款率也达到了 99.6%。

10.2.2 政府主导的正规金融扶贫模式

1. 基本情况

印度尼西亚人民银行乡村信贷部（Unit Desas of Bank Pakjat Indonesia，BRI-UD）是政府主导的正规金融扶持模式的代表。BRI-UD 起源于 20 世纪 70 年代印度尼西亚人民银行实行的政府贴息的指导性小额信贷计划，主要是为了解决当时国内稻米自给问题，在政府的大量补贴下，贷款管理不善，出现了大量违约贷款，这导致其长期亏损。直到 1983 年，随着印度尼西亚利率市场化改革，BRI-UD 转变为成功的商业银行，主要为农村低收入群体提供无补贴的信贷和储蓄服务。

2. 运作模式

其运作模式主要有以下几方面特征：

（1）以相对贫困农户作为贷款对象。与孟加拉乡村银行及扶贫信贷机构等 NGO 模式不同，BRI-UD 的服务对象主要是相对贫困农户及一般贫困农户，而非极端贫困者。BRI-UD 基本排除了村庄中收入在前 10%的富裕农户及 30%的贫困农户，即服务于 60%的中小农户，向信用合格、具有一定发展潜力的农户提供贷款，贷款期限一般为 2~3 年。

（2）存贷模式。在实现商业化运营之后，BRI-UD 通过合理的存贷体系设计，有效保证了贷款供给来源及机构收益。其一，在储蓄方面。由于印度尼西亚政府要求 BRI-UD 的资金必须来源于储蓄，为了鼓励农户存款，BRI-UD 设计了灵活的储蓄模式，即利率根据储蓄额设定，不设置储蓄期限，从而满足了客户对储蓄安全性、收益性、方便性等的要求，从而吸引了大量的储蓄，这就保证了BRI-UD的信贷供给。其二，在借贷方面。其利率水平较高，在30%~35%之间浮动，若借款人到期无法按时偿还，则加收0.5%的利息。在扣除10%的资金成本、9%的管理费用及3%的风险损失之后，其存贷利差收入在10%左右，这就保证了其利润收入。

（3）激励制度。BRI-UD在提供贷款时，贷款额度低于300美元的，不需要抵押物，而300美元以上的则需要一定的抵押物。BRI-UD模式并未采用小组联保制度，而是更多地运用激励制度来提高贷款的还款率，即若贷款者连续6个月都能够按时偿还贷款，则其所支付利息的25%将会返还给借款者，同时，在借款者没有违约记录的前提下，能够获取更高额度的贷款，统计数据显示，BRI-UD的偿还率高达98%。

3. 主要贡献

在BRI-UD模式下，通过存贷利差的收入来实现自身的商业可持续性，有效解决了印度尼西亚的相对贫困和返贫问题，同时，也从实践上证明了正规金融机构可以从事小额信贷活动，但应该设立独立的小额信贷部，并采取完全不同的风险管理技术。

10.2.3 互助组织+金融机构模式

1. 基本情况

印度既是一个人口大国，也是一个贫困大国。在20世纪90年代以前，印度主要采用的是通过正规金融机构，以信贷补贴的方式来覆盖农村地区的信贷，与印度尼西亚等国相同，但该方法未能达到预期目标，最终导致贷款的拖欠率越来越高，农村金融系统濒临崩溃。在这一背景下，印度国家农业和农村发展银行创建了自助小组–银行联结的金融扶贫模式。

2. 运作模式

具体而言，其运作模式主要有以下几个特征：

（1）自助小组的形成。自助小组指的是一组面临着相似困难的贫困妇女，通过相互帮助来解决所面临的问题，一般是在NGO的帮助下，由10~20个妇女组成自助小组。小组的主要功能有三个方面：一是储蓄。自助小组要求成员必须定期储蓄小额存款，使储蓄成为一种连续性的习惯，然后以小组的名义将储蓄存放到商业银行或合作银行，形成小组基金。二是内部贷款。自助小组能够利用小组基金向成员发放贷款，贷款的目的、金融、利率及还款计划等由小组自行决定。三是互助交流。互助小组一般每周都会召开小组会议，主要是用于组员相互交流并致力于解决生产、生活中遇到的困难，从而有利于小组成员的自我发展。

（2）自助小组-银行联结。在自助小组正常运营一段时期之后，当满足了银行的质量检查要求，银行便可向自助小组发放贷款，贷款通常是以小组的名义，利率由银行决定，但不需要提供抵押。同时，为了避免限制小组成员的内部储蓄贷款，银行也不会将小组的储蓄作为抵押物（武翔宇和高凌云，2009）。最终贷款将由自助小组偿还，因此，小组对贷款偿还具有连带责任，这自然就会在小组内部形成道德约束，激励借款人按时还款。从已有的经验来看，自助小组-银行联结模式的贷款偿还率要明显高于个人账户的偿还（Harper et al., 2005）。

（3）相关主体。一是国家农业和农村发展银行。国家农业和农村发展银行作为自助小组-银行联结模式的发起者和推动者，对这一项目的发展起到了极大的促进作用。首先，国家农业和农村发展银行对致力于促进和培育自助小组的 NGO 给予大量的金融支持，推动自助小组的迅速发展，同时，也对 NGO、银行、自助小组等提供技术培训，保障联结的有效运行。二是商业银行与合作银行。银行主要承担的是信贷资源供给者及自助小组促进机构的角色。早期，在印度储备银行的推动下，商业银行成为自助小组-银行联结模式的主要信贷供给者，其后，随着合作法的修订[①]，合作银行开始从事自助小组的促进和培训等活动。三是 NGO。自助小组通常是在 NGO 的援助下形成的，NGO 负责将合适的对象聚集在一起，传播自助小组的概念与知识，并协助小组会议的召开、小组账户的维护及银行的联结等，这对自助小组的创立和培育起到了至关重要的作用。四是自助小组。既作为向成员提供贷款的金融中介，也作为向银行偿还贷款的金融中介，这有利于银行降低放贷成本及风险，贷款合约的设计比较有效地限制了对贫困户的冲击（Camfield et al., 2013）。同时，自助小组也提升了贫困妇女的自组织能力与发展能力。

3. 主要贡献

通过自助小组-银行联结模式，印度有效地解决了贫困人口的金融服务需求。经过多年的运行，印度从最开始的 500 个互助组试点发展到 2015 年的 770 万个互助组，覆盖了将近 1 亿的印度贫困家庭，当年的贷款余额达到 27 582 千万卢比，带动了大量贫困人口脱离贫困，发挥了很好的扶贫效果，根据联合国《2015 年千年发展目标报告》，印度对全球减贫的贡献率仅次于中国。

---

① 在印度早期的合作法中，不允许自助小组在合作银行开设账户，因此，合作银行参与 SHG-Bank 联结的时间相对较晚。

类似地，还有印度尼西亚的PHBK（Proyek Hubungan BankDengan Kelompok）项目，其通过印度尼西亚 NGO 社会自立促进社在正规金融机构与农村互助小组之间形成联结，进而通过生产培训与指导，为中下阶层及贫困农户提供金融服务，有效带动了贫困农户脱贫。

10.2.4 合作金融扶贫模式

1. 基本情况

泰国的农业合作社属于合作金融扶贫模式典型案例。泰国的农业合作社始于20 世纪初，最初的目的是提高低收入农户的议价权，从而促进其收入增长、改善福利。目前，泰国的农业合作社有7大类，涵盖了借贷、储蓄、生产、营销、培训等功能。

2. 运作模式

其运作模式如下：

泰国农业合作社以合作金融的模式为社员提供金融服务，主要包括借贷与储蓄。其中，借贷业务主要包含了农业生产、家庭消费等方面，这为社员发展农业生产、改善生活福利提供了便捷的融资方式。同时，合作社鼓励会员储蓄，不但有利于提高社员的理财观念，而且为合作社的放贷、投资等业务提供了大量资金来源，为合作社及社员带来利益。截至2013年底，泰国农业合作社运营的资本金总额达 2.05 万亿泰铢，其中，主要为社员的合作资本及存款，分别占了 44%与31.5%，金融机构的贷款占24.5%。

在社员获得金融资源的基础之上，合作社进一步为社员提供了培训、采购及营销等服务。首先，在培训层面，为社员提供了农业生产的基本技能与经验，这保证了社员具备基本的生产能力；其次，合作社统一大批量采购的农资农具比市场价格更为优惠，这降低了社员的生产成本；最后，合作社的统一营销不仅提高了社员的市场议价能力，而且保证了农产品的销售渠道，从而实现了社员的经济收益。可见，泰国通过合作金融扶贫模式，有效保障了贫困人口充分利用金融资源，实现了脱贫增收。

3. 主要贡献

截至 2013 年底，合作社的数量达 6 704 个，参与社员 1 130 万人，达到全国人口的 17.6%，涵盖了泰国绝大部分贫困人口。泰国的农业合作社在政府的指导与监督下，为贫困人口提供了便捷的金融服务，并在生产、销售等方面实现互助，使大量贫困人口脱贫增收。

10.2.5 微型金融+技术培训援助模式

1. 基本情况

微型金融是在传统正规金融体系之外发展起来的一种金融方式[①]。在"一带一路"沿线国家的金融扶贫实践中，中东欧国家普遍采用了这一模式，从微型金融的扶贫模式来看，其核心在于为低收入人口提供小额信贷，同时也包括储蓄、保险、汇兑等金融服务。同时，该模式特别强调微型金融应该承担对贫困者的非金融服务功能。

2. 运作模式

从其运作模式来看，主要有以下几方面特征。

根据欧洲微型金融中心目标群体的调查，发现在微型金融服务的对象中，妇女所占的比例为 45%，农村客户的比例为 29%，从中可以发现，欧洲微型金融扶贫模式所针对的不仅包含农村贫困人口，还包含城市中的贫困人口。从微型金融机构所提供的服务来看，特别强调微型金融应该承担对贫困者的非金融服务功能，金融服务的比例仅为 40%，而非金融服务的比例高达 60%，其服务的涵盖范围十分广泛，如技术咨询服务、教育平台、行业协会、支付结算系统及征信服务等。在提供各类型的服务过程中，中东欧国家微型金融机构特别强调对贫困人口的教育培训、地区性的技术援助项目和各类金融工具支持的协同。同时，这些服务已超越了国界，甚至遍及全球。可见，中东欧国家微型金融扶贫模式的特色在于：以全球化、现代化的视角，充分运用各类资源，全面提升贫困人口的发展能力，从而有效发挥出金融资源的减贫效应。

尽管诸多学者的研究都表明了微型金融在促进贫困人口减贫增收方面的重要作用，但在发展观上却存在两种意见相左的观点：机构主义与福利主义。其中，机构主义论认为，微型金融机构的可持续是给穷人成功提供金融服务的关键，自给自足是金融机构可持续的必要条件；而福利主义论则认为微型金融机构不需要自给自足就能可持续发展，更强调消除贫困和外延的深度（即服务于最穷的客户），而不是广度（即服务于客户的数量），应按照社会尺度衡量机构是否成功。在"一带一路"的中东欧国家中，倾向福利主义的国家公益性捐赠较多、普惠性好，如斯洛文尼亚、爱沙尼亚等国；而倾向机构主义的国家普惠性明显较差，如波黑、阿尔巴尼亚等国，Augsburg 等（2013）运用随机对照试验的方法，发现微型金融并没有使波黑乡村贷款人的净收入得到明显改善。通过比较各国的

---

① 根据世界银行的定义，微型金融是指对低收入人口提供的小额金融服务。

经济发展水平可以发现，倾向于福利主义的国家人均GDP水平明显要高于倾向机构主义的国家。

3. 主要贡献

由于欧洲的社会保障体系普遍较为完善，因此，微型金融的服务对象是被忽略的收入低下或赤贫的中低端客户群体，具有很强的针对性。该模式不仅为贫困人口提供了综合性金融服务，同时也通过技能培训提升了贫困人口的自我发展能力，这有效地培育了贫困人口的自我造血功能，能够更好地通过金融资源实现脱贫增收。

10.2.6 中国的金融扶贫模式

1. 基本情况

从中国的金融扶贫模式来看，政府主导的扶贫贴息贷款是至今最重要、持续时间最长的金融扶贫工具[①]，至今已开放到各类金融机构，乃至扶贫小额信贷机构，统计数据显示，2013 年中央和地方的财政贴息撬动的扶贫贷款总额达到 903.1 亿元，其中项目贷款为 454.2 亿元，到户贷款为 448.9 亿元。在货币信贷方面，截至 2013 年底，中国人民银行向贫困地区下发再贷款、再贴现额分别为 612.7 亿元和 30.3 亿元，同比增长 23.8%和 20%；与此同时，2015 年，政府在支农再贷款的基础上，设立了扶贫再贷款，实行更加优惠的利率，重点支持贫困地区产业发展及贫困人口就业创业。目前，针对贫困户发展产业的扶贫小额信贷，中国实行的是 5 万元以下、三年以内，免担保、免抵押，以基准利率放贷。同时，辅之以保险、证券、担保等各类金融服务。至此，中国形成了各类金融机构及扶贫小额信贷机构多位一体的金融扶贫模式。

2. 运作模式

中国所实行的是政府自上而下的政策主导，各类金融机构组织实施的多位一体模式。

（1）各类银行机构。一是开发性与政策性金融机构（即国家开发银行[②]与中国农业发展银行[③]）。其中，国开行主要从开发贫困地区特色产业、帮助制定贫困地区发展规划及加大贫困地区基础设施建设这三个方面开展扶贫工作。同时，

① 中国的扶贫贴息贷款始于 1986 年，由政府主导实施，2008 年国务院扶贫开发领导小组办公室等四部门出台了《关于全面改革扶贫贴息贷款管理体制的通知》，将扶贫贴息贷款的发放主体扩大到各类金融机构及扶贫小额信贷机构。

② 国家开发银行简称国开行。

③ 中国农业发展银行简称农发行。

在教育扶贫贷款方面，截至 2015 年底，国开行的贷款已覆盖 832 个国家级贫困县，累计发放贷款 1.56 亿元。此外，农发行已对 537 个国家级贫困县提供了信贷支持，其中，易地扶贫搬迁项目 412 个，金额达 2 700 亿元，惠及贫困人口 518 万人。二是商业银行。以中国农业银行为例，截至 2016 年初，累计投放贷款 3 783.4 亿元，用以支持贫困地区基础设施建设；投放贷款 1 331.9 亿元，用以支持贫困地区龙头企业，带动贫困人口脱贫致富。三是合作性金融机构。其中，农村信用社的扶贫功能主要体现在扶贫贴息贷款及涉农贷款方面，截至 2014 年底，其支农再贷款余额达 1 852 亿元，占全部支农再贷款的 85.8%，有效地推动了贫困地区农村经济发展。

（2）扶贫小额信贷。一是贫困村村级互助资金。这是一种以贫困户需求为导向的扶贫资金使用机制，使财政扶贫资金实现了真正瞄准贫困群体的目标，同时也提升了贫困人口自身的"造血"功能。截至 2013 年底，全国共有 19 397 个贫困村开展了互助资金试点，资金规模达 45.83 亿元，入社的贫困户数量达到了 98.88 万人，为贫困户发放贷款 48.19 亿元。二是 NGO 小额信贷。NGO 是中国扶贫小额信贷的重要组成部分，但总体来看，该模式在中国未能得到有效发展。在过去 10 年中，NGO 的规模由 100 多家下降到目前的 56 家（杜晓山，2015）。

（3）保险、担保等机构。由于贫困人口的脆弱性及农业生产的灾害性等特点，中国实施了多元化的保险服务，精准对接建档立卡贫困户的保险需求，从而为其提供全方位的风险保障，增强其造血功能。具体而言，在农业保险方面，开展了特色农产品保险、目标价格保险、设施农业保险等品种；为了有效缓解"因病致贫、因病返贫"等现象，不断改善大病保险等服务；积极开展贫困学生的助学贷款保证保险等。各地区根据自身实际情况，对贫困人口的保费投入给予补贴，从而提高贫困人口参保的积极性。同时，通过证券机构实施同等优先原则，推动扶贫龙头企业上市融资，带动贫困人口脱贫；通过担保机构有效分担金融扶贫过程中的系统性风险。

3. 主要成效

自 1986 年起，中国在金融扶贫领域进行了 30 余载的探索，这对大量贫困人口摆脱贫困起到了重要的支撑作用。截至 2015 年底，贫困地区的人民币贷款总额达到了 4.15 万亿元，同比增长了 18.17%，这为贫困地区注入了大量金融资源，发挥了积极的减贫作用，使中国成为首个实现"联合国千年发展目标"的国家，对全球贫困减缓的贡献率达到 70%。

10.3 “一带一路”沿线国家金融扶贫的行动逻辑

从“一带一路”沿线国家金融扶贫的实践可以发现，尽管不同国家之间的经济发展基础、社会文化背景等方面存在较大的差异，在金融扶贫领域的实践路径也各有特色，但都使得贫困人口获取了有效的金融服务，实现了金融扶贫。那么，这些国家金融扶贫实践所遵循的是什么样的行动逻辑？对于这一问题的回答，能够更为清晰地厘清其内在共性。因此，本节接下来将对“一带一路”沿线国家金融扶贫的行动逻辑进行分析。

10.3.1 降低金融服务穷人的交易成本

从金融的本质来看，金融资源天然具有逐利性和风险规避性，要使其介入扶贫，就必须保证金融机构能够维持简单再生产（王定祥等，2011）。然而，金融的减贫增收存在明显的门槛效应约束（Greenwood and Smith，1997；Ram，1999），这加大了金融服务穷人的风险性。与此同时，受地区经济差异、较高的信息成本及不可能提供抵押等原因的影响，正规金融服务穷人的成本较高，贫困户很难从正规金融机构得到金融支持，存在明显的金融抑制现象，其融资表现出更多的内源性特征（Deaton，1991；Udry，1994；何广文，1999；李锐和朱喜，2007；韩俊等，2007；刘西川等，2014a）。由此可见，有效降低金融服务穷人的交易成本是解决问题的关键所在。基于这一现实困境，“一带一路”沿线国家通过四种行动选择，有效降低了金融服务穷人的交易成本，从而实现了金融扶贫。第一种是由政府构建专门的金融机构，从而节约金融市场的交易成本，如早期的印度尼西亚人民银行及印度国家农业和农村发展银行都选择了这一模式，但在这过程中产生了相应的组织成本，最终未能持续。第二种是政府对扶贫金融机构进行专门的政策支持，使扶贫金融的交易成本降低，如马来西亚的扶贫信贷组织及印度尼西亚的 BRI-UD 都在政府的支持下，实现了金融扶贫的可持续运作。第三种是金融机构选择特定客户群体，形成稳定预期，规避交易风险，内部化交易成本，这一行动选择主要以孟加拉乡村银行为代表，针对贫困妇女的低风险、高守信等特质，以贫困妇女为主要服务对象，有效降低了金融扶贫的风险及成本。第四种是 NGO 和慈善组织的公益性资金注入，优先考虑社会效率的决定性地位（Woller，2002；Hashemi and Rosenberg，2006），经济较为发达的中东欧国家普遍采取了这一模式，通过外源性的资金注入来实现微型金融扶贫的可持续。

10.3.2 针对贫困群体分化进行模式调整

为何沿线国家的金融扶贫模式基本上都发生了变化？这主要是因为在普遍贫困时，各国主要以“农业信贷补贴论”为理论基础，该理论认为，要增加农业生产和缓解农村贫困，有必要从农村外部注入政策性资金、并建立非营利性的专门金融机构来进行资金分配（Adams and Hillier，2000；张晓山和何安耐，2002），因此，这成了大多数国家的行动出发点，也在一定程度上减缓了贫困。但普遍贫困适用的模式，不一定适应新的发展。在贫困群体发生分化之后，理论基础发生了变化，“农村金融市场论”认为，政府的贷款低息政策和政策性资金很难实现其促进农业生产和向穷人倾斜的收入再分配目标，低息贷款的主要受益人不是农村穷人，低息贷款的补贴可能被集中并转移到使用大笔贷款的较富有的农民身上（张杰，2004）。与此同时，现实格局也发生了根本性的变化，从金融需求方来看，随着乡村精英阶层的不断兴起，农村信贷资源的供给出现了明显的“精英俘获”现象（刘西川，2012；温涛等，2016）；从金融供给方来看，基于金融资源的逐利性，其供给出现了“使命漂移”的问题（谢玉梅等，2016）。在这双重桎梏下，既往的金融扶贫模式难以满足现实需求，这就对金融扶贫的政策调整及模式创新提出了新的要求。如印度尼西亚人民银行、印度国家农业和农村发展银行在早期的金融扶贫模式中，就经历了惨痛的失败教训，政府的贴息贷款所带来的是不良贷款率的快速上升，最终导致了农村金融系统的崩溃。但随着金融扶贫模式的不断调整，其扶贫效益逐渐显现。

10.3.3 通过立法和监管为金融扶贫提供保障

正如柏拉图所言，正义的实现有赖于法律制度的保障。在“一带一路”沿线国家中，印度、波黑、巴基斯坦等国家都连续出现了贫困人口拒绝偿还或因无法偿还贷款而选择自杀的事件[①]。究其根源，主要是因为高回报吸引了大量国际资本的流入、贫困人口被诱导过度借贷、社会责任退化等（何光辉和杨咸月，2011）。由此可见，农村金融的弱质、低效和风险等特征在金融扶贫领域尤为突出，这需要专门的法律制度加以激励和约束（王煜宇，2011）。从“一带一路”沿线国家金融扶贫的行动逻辑可以发现，尽管各国的金融扶贫体系及经济发展基础存在一定差异，但都普遍意识到法律制度在农村金融资源有效配置中的核心地位，这不仅保障了贫困

---

① 最具代表性事件的是 2010 年 10 月，印度安德拉邦爆发的信贷危机，数万贫困人口拒绝偿还营利性微型金融的贷款，这一行动也得到了地方政府官员的支持。此次危机来源于无力偿还贷款的贫困人口在暴力追债下被迫自杀，统计数据显示，从 2010 年 3 月到 11 月，安德拉邦共有 70 多人因此自杀。

群体获取金融资源的基本权利，也在一定程度上防范了金融风险的产生。因此，要有效解决农村金融难题，必须通过国家的强制性干预手段，立法规范农村金融机构，从而降低金融交易成本及实现金融资源的有效配置（王煜宇，2017）。具体而言，中亚五国针对微型金融实现了专门立法及独立监管，如吉尔吉斯斯坦的《共和国银行和银行活动法》及《微型金融组织法》都明确规定了微型金融的种类（商业性、非商业性）及能够从事的银行业务；亚洲发展中国家是专门的农村金融立法或专门的农村金融机构法律及监管，如孟加拉国专门为孟加拉乡村银行制定了《乡村银行法》①、印度尼西亚针对小额信贷机构制定了《小额信贷法》、泰国则为农业与农村合作社银行制定了《农业与农村合作社银行法》；而中东欧国家的欧盟成员国则对农业金融与普惠金融进行了有效切割，使之能够根据金融服务穷人的特性，制定出更加适宜的法律及监管体系。由此可见，要实现金融扶贫模式的长效培育，须以健全的法律制度作为支撑。

10.3.4 金融要素注入辅以贫困人口发展能力培育

缺乏金融资源，只是贫困的外在表现，而非导致贫困的根本原因。因此，金融扶贫的核心不仅在于如何让贫困人口获得有效的金融资源，更为重要的是如何培育其生产经营管理能力，将金融资源运用到生产活动当中，真正具备自我“造血”功能，实现脱贫增收。从各国的金融扶贫实践的行动逻辑来看，逐步培育贫困人口发展生产的能力是其关注的重点。例如，孟加拉国的孟加拉乡村银行通过小组互助、印度的印度国家农业和农村发展银行通过自助小组-银行联结模式、欧洲微型金融通过“技术性”的非金融服务、泰国的农业合作社通过社员互助、中国通过政府及定向企业帮扶等，多渠道、多方位地对贫困人口的生产方式及管理技能进行交流培训，从根本上提升贫困人口的生产能力、改善贫困人口的管理能力。通过有效协同贫困人口的发展能力与金融资源的供给，不但能够实现金融扶贫的脱贫增收目标，而且能够有效保障贫困农户贷款的偿还，创造出良好的金融扶贫生态。

10.4 中国金融扶贫现实困境及实践模式调整

我国目前正处于脱贫攻坚的决胜阶段，而金融扶贫是贫困地区、贫困人口摆

① 《乡村银行法》作为孟加拉国仅有的七部法律之一，可见其地位之重要。正如尤努斯博士所言，《乡村银行法》的制定对孟加拉乡村银行而言，是其得以成功发展的关键因素。

脱贫困的有力保障。因此，有效吸收“一带一路”沿线国家金融扶贫模式的行动逻辑，完善我国金融扶贫体系的运作，对于我国顺利实现 2020 年全面脱贫的目标具有极为重要的现实意义。同时，我们也应当深刻地认识到，不同国家的历史文化、制度环境及经济发展水平都存在着显著的差异，难以找到一条最佳的实践路径。有鉴于此，本节将立足于我国金融扶贫的现实困境，因地制宜，致力于优化我国现有的金融扶贫实践模式。

10.4.1 中国金融扶贫的现实困境

自 1986 年以来，我国的金融扶贫实践已有 30 余载，取得了巨大的成就，成为首个实现“联合国千年发展目标”的国家，对全球贫困减缓的贡献率达到了 70%。截至 2015 年底，贫困地区的人民币贷款总额达到了 4.15 万亿元，同比增长 18.17%①，可见，在政府主导下，贫困地区金融资源匮乏的问题有所改善。但与此同时，我国的金融扶贫仍面临着诸多现实困境，严重制约了我国金融扶贫长效机制的培育。因此，本节接下来将重点基于国家社会科学基金重点项目课题组 2016 年采集的我国贫困地区微观农户调查数据，并结合《中国农村贫困监测报告》及相关学者的研究，客观地揭示当前金融扶贫的现实困境。

1. 政府主导、机构实施的委托—代理问题突出

从我国金融扶贫的参与主体来看，政府作为金融扶贫的引导者，负责制定相关金融扶贫政策，引导金融资源有序地流向贫困地区，各类金融机构充当金融扶贫政策的实施者，而贫困地区及贫困农户则是金融扶贫政策的受益者。可见，金融机构在这一过程中充当着极为重要的角色，其是否能够有效落实政策意愿，关系到金融扶贫机制的有效运转。然而，基于商业可持续性的考虑，金融扶贫的高成本、高风险问题让许多金融机构望而却步。在金融资源嫌贫爱富本质的驱动下，自然而然地就产生了委托—代理问题，从而导致了金融扶贫资源投入目标偏移等现象。从现实调查情况来看（表 10.2），对贫困地区农户的调查数据显示，在 564 户贫困农户中，有 444 户有借贷需求，占 78.72%。在 384 户有借贷行为的农户中，从正规金融机构获得贷款的贫困农户仅有 60 户，占 15.62%；从非正规金融获得贷款的有 324 户，比例高达 84.38%。而根据王定祥等（2011）于 2010 年采集的贫困农户信贷需求数据，发现贫困农户的借贷需求为 74.91%，在有借贷行为的贫困农户中，有 31.36%的贫困农户能够通过正规金融机构获得贷款。从这一对比可以发现，现阶段贫困农户的借贷需求有所上升，但通过正规金融机构借

① 数据来源于中国社会科学院和国务院扶贫开发领导小组办公室联合发布的《中国扶贫开发报告（2016）》。

贷的比率却大幅度下降，贫困农户的正规金融融资环境发生了恶化。从金融资源的获取来看，2016 年的调查数据显示，贫困农户平均获得正规金融借贷额为 2 863 元，精英农户（收入前 20%的农户）则高达 6 936 元；而根据《中国农村贫困监测报告》，2010 年扶贫重点县的贫困户平均获得正规金融借贷额为 7 985 元。由此可见，在委托—代理问题的作用下，金融扶贫资源难以有效精准投入贫困农户，易导致金融扶贫资源的配置效率低下、金融扶贫效果不明显。

表 10.2　贫困农户的信贷需求特征及信贷行为

类别	指标	所占比例（2010 年）	所占比例（2016 年）
借贷需求	有借贷需求	74.91%	78.72%
	有借贷行为	44.92%	68.08%
借贷行为	正规金融机构贷款	31.36%	15.62%
	非正规金融借贷	68.64%	84.38%

资料来源：2010 年数据来源于王定祥，田庆刚，李伶俐，等. 贫困型农户信贷需求与信贷行为实证研究. 金融研究，2011，（5）：124-138；2016 年数据来源于国家社会科学基金重点项目课题组

2. 金融扶贫的外部环境制约

金融扶贫的基础性条件在于地区的经济产业发展基础，通过将金融扶贫资源注入贫困地区的特色产业当中，推动贫困地区经济发展，进而带动贫困人口脱贫致富，这是实现金融扶贫功能的重要途径。然而，从贫困地区的发展现状来看，在 2 661 份有效调查农户的样本中，有 2 253 户农户认为自身所处的地理位置较为偏远，占比高达 84.67%；有 2 312 户农户认为所在地区的农业产业发展较为落后，占比高达 86.88%；有 2 411 户农户认为所在地区的非农产业发展较为落后，占比高达 90.61%。由此可见，区位条件的不利限制了贫困地区生产要素的有效流动，这就导致了金融资源无法被有效激活，难以实现有效的市场对接；产业基础的薄弱也使其无法吸收有效的技术及人才，金融资源无法发挥出应有的优势。因此，贫困地区金融扶贫的外部环境条件不容乐观，这直接制约了金融扶贫效应的传导。在金融资源的可获取性方面，也存在着明显不足，在调查农户样本中，有 1 915 户农户认为居住地到金融机构的距离较远，即金融基础设施的覆盖严重不足，这不仅提高了贫困地区农户获取金融服务的成本，也制约了其金融资源的可得性。

3. 贫困地区农户的“造血”能力不足

贫困地区的贫困人口作为金融扶贫资源的重要投入对象，其能否有效利用金融扶贫资源、实现自我“造血”功能，直接关系到金融扶贫的成败。从其“造血”能力不足的根源来看，主要由内、外两部分因素所导致。从内部因素来看，主要表现为贫困人口长期处于低水平物质均衡状态，这导致了人力资本禀赋积累

严重不足。既有的研究表明，贫困地区剩余贫困人口的内在发展能力也明显不足（方迎风和邹薇，2013），主要表现为贫困人口可能受到有效劳动力不足、人力资本低等多方面因素制约（王瑜和汪三贵，2016），缺乏符合市场要求的基本素质，难以有效运用金融资源、实现自我发展。具体而言，从贫困地区贫困农户的调查情况来看，在人力资本方面（表 10.3），98.58%的贫困户户主受教育程度为中学及以下，其中，受教育程度为小学及以下的农户占比高达 86.17%；从家庭成员的受教育程度来看，高达 89.18%的贫困户没有高中及以上学历的家庭成员；从家庭劳动力的劳动技能来看，高达 95.04%的贫困户家庭劳动力不具备特殊技能。在致贫原因调查中，62.76%的贫困户认为是由于自身缺乏一技之长，难以发展。从外部因素来看，则表现为贫困人口的“输血”依赖。在长期“输血”式扶贫的实施下，贫困地区部分贫困人口形成了等、靠、要的消极思想，甚至将金融扶贫资源看作“免费的午餐”，这直接导致了金融扶贫资源的无效供给，无法真正提升贫困人口的“造血”功能。通过多个层面的分析可以发现，贫困地区贫困人口的“造血”能力明显不足是金融扶贫功能发挥的桎梏。

表 10.3　贫困农户的人力资本特征

项目	选项	户数/户	所占比例	累积比例
家庭主要负责人的文化程度	文盲	250	44.33%	44.33%
	小学	236	41.84%	86.17%
	中学	70	12.41%	98.58%
	高中	7	1.24%	99.82%
	大专及以上	1	0.18%	100.00%
家庭成员是否有高中以上学历	有	61	10.82%	10.82%
	无	503	89.18%	100.00%
家庭劳动力是否具备特殊技能	是	28	4.96%	4.96%
	否	536	95.04%	100.00%

资料来源：国家社会科学基金重点项目课题组

4. 金融扶贫的相关配套不足

金融扶贫功能的发挥依赖于信贷、储蓄、保险、担保、信托等各类金融服务，而非简单地表现为信贷扶贫。通过各类金融服务的有效协同，不但能够放大金融的扶贫效应，而且能够有效地防范金融扶贫风险。然而，从调研情况来看，相关配套的金融服务供给严重不足。仅从基本的政策性农业保险来看，贫困地区从事农业生产的农户中，参加农业保险的比例为 60%，高达 40%的农户未参与农业保险。而融资担保、信托等方面的金融服务，在绝大部分贫困地区基本处于空缺状态。可见，当前贫困地区金融扶贫体系尚未全面完善，无法有效实现各类金融服务齐头并进的格局。在外部制度方面，首先，我国农村金融的法律体制尚未健全，尤其在金融扶贫领域，缺乏针对性的法律及监管制度。其次，产业发展是金融扶贫功能发挥的重要基础，而在产业扶贫的过程中，缺乏有效的监督机制，这导致了产业扶贫过程中的目标偏离与过程扭曲，即地方政府、龙头企业及精英农户等主体联结为切割扶贫资源的利益联合体（邢成举，2017）。

通过分析中国当前金融扶贫的现实困境，可以得出初步判断：首先，既有农村金融改革主要以增长为目标导向，取得了明显成效，但一定程度上抑制了农村金融扶贫功能，而且对农户收入的均衡增长形成了约束效应；其次，仅单方面强调增加货币供给，并不必然导致资本的积累，金融扶贫必须以其产业发展为基础，若本末倒置，必会适得其反；最后，金融扶贫功能的发挥具有一定的门槛效应（Greenwood and Smith，1997），必须注重贫困农户内生发展动力的长效培育。因此，新形势下中国金融扶贫政策应该适时调整，但切忌全国“一刀切”。

10.4.2 中国金融扶贫的实践模式调整

有效破解当前中国金融扶贫的现实困境、实现脱贫攻坚目标，需充分借鉴“一带一路”沿线国家金融扶贫的成功经验，进一步优化我国金融扶贫的实践模式。因此，本节以“一带一路”沿线国家金融扶贫的行动逻辑为起点，遵循“顶层设计—体系完善—精准识别—功能定位—模式创新”的基本思路，提出了有利于我国发挥金融扶贫功能的路径创新。具体调整路径主要有以下几个方面。

1. 借鉴沿线国家成功经验，尽快完善金融扶贫的顶层设计

从“一带一路”沿线国家金融扶贫的经验可以发现，完善的法律制度是金融市场有效运转的重要保障，因此，必须加快我国农村金融的立法进程，将其真正纳入法制轨道。在此基础上，为了有效应对现阶段贫困群体分化问题，应考虑农业金融与扶贫金融的有效分割，实现农业金融立法与扶贫金融机构法律，为金融扶贫奠定坚实的法律基础。金融扶贫模式的调整应倡导“良治”与“善治”的行政法规体系落地，进而保障金融资源分配的精准性与金融市场成长的包容性。金融扶贫资源是在外部政策资源注入下持续运行的，中央政府及宏观政策提供的面向贫困地区及贫困农户的扶贫贴息、扶贫再贷款、再贴现、扶贫小额信贷是国家层面“善治”的体现。然而在委托—代理、乡村基层治理变迁等问题的多重作用下，金融扶贫资源的目标投入产生严重偏移，“精英俘获”现象泛滥，金融扶贫资源分配的公平性与正义性遭受考验与挑战。这样的现象便对一系列倡导“良治”与“善治”的行政法规体系颁布实施和市场监管体系成型提出了现实要求，处理违规违法事件、淡化不公平现象是纠正劣化市场环境的基础，保障金融资源分配的精准性，在此之上开展的金融扶贫才能长期、可持续地服务贫困农户，实

现贫困农户的脱贫增收。

2. 加快贫困地区金融基础设施建设，建立健全普惠金融体系

征信体系、担保体系和支付体系在贫困地区的建设和完善是保障普惠金融体系能够安全、有效进行的基础，基础设施的建立健全能够降低金融扶贫的风险，同时降低金融服务的成本。具体而言，首先，征信体系能够有效降低金融扶贫过程中借贷双方的信息不对称风险，避免道德风险与逆向选择，从而有利于降低交易费用与信用风险，优化金融扶贫业务的资产质量。其次，担保体系的完善需要创新，既有的担保方式主要局限于农机类固定资产、应收账款等，而贫困农户缺乏金融机构认可的抵押物是致使其受金融排斥的主要原因，因此，在贯彻落实扶贫小额信贷的同时，挖掘农村产权抵押融资的潜力，有效满足贫困地区的借贷需求。最后，完善的支付体系不但能够提升清算效率，而且能够便捷、安全地进行交易，从而为贫困地区农户提供高质量的现代金融服务。通过 ATM、POS 机及移动手机等终端设备，为贫困地区农户破除地理障碍、获取高效的金融服务提供了现实可能。在这一过程中，亚洲基础设施投资银行（Asian Infrastructure Investment Bank，AIIB）在“一带一路”沿线国家都大有可为，应充分发挥 AIIB 的平台功能，实现“一带一路”沿线国家金融的互联互通，利用平台可支配资金来加快贫困地区金融基础设施建设，同时，“一带一路”沿线国家金融体系之间的交流对接，能够促进金融扶贫的国际合作，从而提升中国的金融国际影响力。

3. 依托信用体系建设，提高精准识别率

从“一带一路”沿线国家的实践来看，孟加拉乡村银行以财产作为贫困人口的识别标准，BRI-UD 则以收入水平来确定其服务对象，可见，精准识别金融扶贫对象是其成功的关键。因此，就中国现阶段而言，应运用政府的力量，推动贫困地区信用体系的建设，并由此建立贫困农户的精准识别机制。精准识别是精准扶贫的前提，精准识别的“不精准”将导致金融扶贫资源的投入无法准确地瞄准真正的贫困户，不利于金融扶贫功能的发挥。第一，为了有效降低成本，实现贫困农户信用体系的长效性，可将贫困农户建档立卡信息与信用评价指标体系有机结合，建立“贫困农户信用评价+精准扶贫信息系统”，打造出信用村、信用户，从而有效甄别贫困农户及其信用状况；第二，在信用评价时，由于贫困农户的收入、资产水平较低等客观现实，可适度强调贫困农户的道德品质维度。此外，必须依托政府的力量，建立健全贫困村农村金融服务室，打通金融扶贫的“最后一公里”，通过设立金融服务指导员，将贫困地区信用采集前置到贫困村一级，发挥出基层组织的信息优势，实现基层组织建设与金融服务的有机结合，从而形成“金融机构+农村金融服务室+农户”的服务模式，实现金融精准扶贫。

4. 科学定位各类金融的扶贫功能，有效应对贫困群体分化问题

金融扶贫模式的适时调整是“一带一路”沿线国家金融扶贫实践的重要成功经验。就我国现阶段而言，随着扶贫事业的不断推进，贫困群体发生了明显的分化现象。在早期普遍贫困时的可行模式，在贫困群体出现分化以后，不一定再有效，这就需要鼓励因地制宜，科学定位各类金融的扶贫功能。在宏观政策层面，应开始考虑农村金融与扶贫金融的切割，统计指标与口径也应相应地细化到涉农贷款、农村贷款、农业贷款、农户贷款、扶贫贷款等类别，从而为金融的分类施策提供基础。在具体的实施过程中，对赤贫者而言，其发展能力与发展基础极度匮乏，因此，应主要依靠财政及政策性金融，逐步改善其贫困状态。而对于具备发展能力的贫困群体，应以商业性及合作性金融为主，辅之以一定的政策优惠与生产指导，并加快创新贫困农户的信贷支持模式，打造出以合作社或新型农业经营主体为核心的链式融资模式，如“金融机构→专业合作社→农户”“金融机构→新型农业经营主体→农户”等融资模式，即信贷资金随产业、订单流动，从而有效降低金融机构的成本与风险。同时，微型金融作为我国金融扶贫的重要组成部分，其扶贫功能矫正有赖于通过完善资金自主定价权、信贷补贴、风险补偿、税收优惠、定向费用补贴、增量奖励及健全有问题金融机构的退出机制等宏观制度建设，为金融扶贫提供连续的正向激励。

5. 健全贫困户与金融机构协同发展模式，构建可持续的金融扶贫机制

健全贫困户与金融机构协同发展模式是“一带一路”沿线国家十分重视的问题，然而中国尚未发展到欧洲、北美发达国家的经济水平，更未形成慈善捐赠文化，可以着重借鉴欧洲金融扶贫中的非金融服务，提高金融扶贫的“技术含量”。这就要求必须以贫困户脱贫增收能力培植和金融自身财务可持续为核心，并构建一个基于二者共同成长的战略协同框架，既包含供给主体的适时调整，也包含需求主体自身实力的不断夯实，最终形成二者的良性互动循环。在需求主体层面，由于贫困农户的经济生产水平长期处于低水平状态，这就导致其生产的技术能力受到了严格的限制。从理论的角度来看，金融资源仅仅是投入贫困农户的生产要素之一，而要使生产技术水平较为落后的贫困农户实现脱贫增收，更需要的是构建合理的传导路径，传播生产管理经验，切实提升贫困农户的发展能力。对于倾向自主经营的农户，应发挥出合作社的指导作用，对贫困农户产前、产中、产后进行指导与帮助，实现精准帮扶，提高其生产的成功率、降低市场风险；而对于倾向合作经营的农户，则应发挥新型农业经营主体的示范作用，通过带动贫困农户参与生产，指导其学习先进的生产技术，从而转变生产方式，提升金融扶贫的效益，进而实现贫困农户脱贫增收。与此同时，欲扶贫，先扶志，要加强贫困人口的思想教育，引导其思想不断进步，消除其等、靠、要的消极思

想。在供给主体层面，政府应建立起严格的监管体系，对金融资源进行精细化部署，落实各类机构组织的金融扶贫责任，尤其是对于扶贫贴息这类具有优惠性质的金融资源，必须保证对接到户，确保支持对象准确。而在贫困农户监管层面，应避免道德风险的发生，因此，相关机构组织必须严格监控贫困农户贷款的使用去向，确保专款专用，防止金融扶贫贷款被挪为他用。

中国的金融扶贫取得了巨大成绩，也面临新的挑战，应该依托“一带一路”倡议，进一步加强国际合作与交流，既向沿线先发国家借鉴成功典型，也为后发国家提供有益经验，展现了中国和平发展的软实力，与世界同行，助人类共赢。

第 11 章　普惠金融体系构建与农村反贫困战略协同能力培育

本章将主要基于前文关于普惠金融体系构建和农村反贫困战略协同的理论分析和中国普惠金融发展过程中农贷市场的实证分析，进一步通过微观调查数据对中国农贷市场的“精英俘获”现象进行验证，旨在考察当前中国普惠金融体系构建与农村反贫困战略协同现状，寻求当前普惠金融体系构建与农村反贫困战略协同失调的根源，为中国普惠金融体系构建与农村反贫困战略协同提供现实可行的政策建议。

11.1　国内外普惠金融发展的减贫效应研究现状

11.1.1　国外普惠金融发展的减贫效应研究现状

1. 关于针对农户等弱势社会群体金融排斥和金融抑制的研究

Leyshon 和 Thrift（1993）的研究发现，金融排斥会导致地区的非平衡发展。Kempson 等（2005）的研究发现，金融机构提高对低收入人群的信贷服务门槛会导致贫困阶层陷入恶性循环的陷阱。Beck 等（2007）的研究表明，金融准入机制存在缺陷是导致收入不平等和贫困陷阱的重要原因。Argent 和 Rolley（2010）的研究显示，经济发展落后的农村地区金融排斥问题更为严重。Barboni 等（2017）的研究表明，意大利生活在贫困线以下的人群所在地区虽然有大量的银行分支机构渗透，但是这些人仍然面临着严重的金融排斥，这一金融排斥现象对于移民来说更为严重。Kaidi 等（2019）的研究表明，金融发展并不能改善穷人的处境，而制度质量对贫困和金融发展的影响取决于指标的选择。Fernández-Olit 等（2018）利用西班牙 2015 年的社会脆弱性调查数据对金融排斥与社会排斥之间的联系进行了测量，发现社会排斥风险与银行服务使用强度之间存在负相关关系，在最极端的情况下，这可能导致金融脆弱性和被排斥。

2. 关于普惠性信贷服务与普惠金融发展的研究

印度尼西亚、孟加拉国、玻利维亚、巴西等诸多发展中国家的实践表明，作为“为穷人提供银行服务”的微型金融和农户信贷是可行的，强调为低收入群体提供更广泛信贷服务的“普惠金融发展模式”得到认可和关注。Mosley 和 Hulme（1998）的实证研究显示，小额信贷机构能够以财务可持续的方式减少贫困。Gine 和 Townsend（2004）对泰国的实证分析显示，扩展信贷服务可以极大地提升泰国经济的增长率。Beck 等（2009a）的研究发现，包容性更广的金融系统可以降低基尼系数。Burgess 等（2005）的实证结果显示，农村金融机构的技术驱动型扩张具有巨大的潜在收益。Ivatury（2009）的研究表明，新技术的运用可有效降低信贷服务提供者的成本，提高信贷服务的普惠程度。Pickens 等（2009）强调移动支付在扩展金融服务范围的同时，也增加了金融监管难度。Hannig 和 Jansen（2010）认为普惠金融的发展并不会影响金融体系的稳定，服务于贫困者的小微金融机构在金融危机中仍能保持稳定发展。Sarma（2008，2012）则设计出了用以测度各个国家金融普惠性程度的指数体系，之后得到各国学者们的借鉴和改进。de Koker 和 Jentzsch（2013）对非洲八国的实证研究显示，金融监管部门对消费者隐私的恰当保护有助于普惠金融的发展。

3. 微型金融对贫困降低和居民收入增长的影响研究

金融发展有利于贫困的降低得到了国外很多学者的证实，如 Dollar 和 Kraay（2002）、Khandker（2005）、Jeanneney 和 Kpodar（2005）、Imai 等（2010a，2010b，2012）、Ayuub（2013）、Rewilak（2013）、Uddin 等（2014）、Park 和 Mercado（2018）等的跨国数据研究。但是金融具有“保本逐利”的要求和“嫌贫爱富”的本性，因此，学术界在很长一段时间内还未对金融的减贫效应给予足够的重视，直到孟加拉乡村银行的出现，其在实践中引导贫困家庭走出贫困获得了巨大成功（不但自身取得了经济效益，更重要的是收获了很好的社会效益），在这之后，金融的减贫效应才开始得到广泛关注，特别是关于微型金融和普惠金融的减贫效应方面。于是，从 20 世纪 90 年代以来，国外有大量学者开始基于不同主体、采用不同实证方法对微型金融的减贫效应进行了深入研究，基本上都表明微型金融对贫困的降低有着积极的影响（Hulme and Mosley，1996；Jalilian and Kirkpatrick，2002；Khandker，2003；Beck et al.，2004；Khandker，2005；Gaiha et al.，2009；Imai and Azam，2012；Awojobi and Bein，2011；Imai et al.，2010a，2010b，2012；Ihugba et al.，2014；Ghalib et al.，2015），微型金融的减贫效应主要体现在贫困家庭的收入持续增长（Wright，2000；Khandker，1998，2001；Burgess and Pande，2005；Geda et al.，2006）和脆弱性降低（Wright，2000；McCulloch and Baulch，2000；Swain and Floro，2012）方面。Khandker（1998）认为，包括小额信贷在内的正式借贷对许多农户的产出具有决定性影响，并能显著改善贫困农户的福利。Gulli（1998）系统分析了微型金融对贫困减少的影响机制，并认为微型金融对贫困减少的主要贡献在于，帮助穷人克服了金融信贷约束，并对其金钱进行了管理。Swain 和 Floro（2012）的研究发现，微型金融的风险应对机制可以明显提高参与者控制风险的能力，从而降低其脆弱性，对减少贫困有利。Awojobi 和 Bein（2011）指出，穷人由于缺乏改善生活水平的信用，无法参与经济发展的一系列活动，只有通过小额信贷机构提供储蓄和小额贷款服务，才能促使穷人降低贫困。Banerjee 等（2015）曾指出，小额信贷帮助穷人成功主要有两个原因：第一个涉及机会，穷人将获得机会尝试更新鲜的事物；第二个是认识到新的发展，于是改善穷人生活的机会就掌握到穷人自己手中了。Imai 等（2012）的研究表明，微型金融不仅显著降低贫困发生率，还显著降低贫困深度和贫困强度，同时这也意味着最贫困的群体也能从微型金融中受益。Ayuub（2013）的研究表明，小额信贷与扶贫之间具有密切的关系，因为小额信贷帮助他们改善生活水平和提供融资机会以扩大经营业务。Sheremenko 等（2017）的研究发现，通过向更多的借款人，特别是向妇女提供小额贷款，有效减少了贫困。

4. 普惠金融发展对贫困降低和居民收入增长的影响研究

2005 年以来，随着普惠金融概念的提出，服务农村的微型金融成为农村金融的新范式。普惠金融发展，也即金融发展对贫困群体的包容，是金融发展的重要方式之一，既有利于提高资源配置效率与公平，又有利于降低贫困并提高整个社会的福利水平（Sarma，2008；Chibba，2009；Sarma and Pais，2011；Demirgüç-Kunt and Klapper，2012），因此在近年来越发受到学术界和社会各界的重视。普惠金融发展对减少社会排斥和收入不均，实现社会公正有着重要的积极作用（Sen，2010），可以通过提高家庭储蓄额（Martins et al.，2006）、增加健康保障投入和收入水平（Duflo et al.，2006）、扩大妇女参与权（Khandker，2005；Bentley，2004；Goldblatt，2009；Borne，2018）等途径实现减贫。Park 和 Mercado（2018）的研究表明，亚洲发展中国家的人均收入、法治和人口特征显著影响着金融包容性，普惠金融显著减少了贫困，也有证据表明它降低了收入不平等。

11.1.2　国内普惠金融发展的减贫效应研究现状

1. 关于中国农户信贷需求与可得性、农村金融抑制和农村金融排斥的研究

关于农户信贷需求与可得性（何广文，1999；高帆，2002；余泉生和周亚虹，2014）、农村金融抑制（王国华和李克强，2006；陈雨露和马勇，2010；王小华等，2014b）和农村金融排斥（许圣道和田霖，2008）的研究较多。林毅夫（2000）指出，国家农贷发放量偏低，农村地区存在普遍性的信贷约束现象。刘福毅和邹东海（2004）认为，应从金融抑制向政策导向型金融深化，推动农村金融基础设施建设，建立健全农村金融深化，最终才能实现农民增收。李锐和朱喜（2007）的研究发现，金融抑制对其他样本农户和受到金融抑制的样本农户的纯收入、净经营收入的影响都是负方向的，即农村金融抑制显著不利于农民增收，抑制农户信贷需求的因素是多样的，其主要在于初始资源的状态，包括环境资源、物质资源、知识资源等（陈雨露和马勇，2010）。许圣道和田霖（2008）剖析了我国农村地区金融排斥的空间差异与影响因素。马晓青和黄祖辉（2010）发现农户信贷需求偏好与地区经济差异有关，向亲戚朋友借款是样本农户的第一选择。王定祥等（2011）、陈斌开和林毅夫（2012）对金融抑制现象进行了深入剖析，他们认为，金融抑制造成了金融市场的“机会不平等”，使得穷人财富增长更慢，甚至陷入贫困陷阱。余泉生和周亚虹（2014）同样认为信贷约束对农户福祉存在显著的负向影响，他们指出，民间金融在农户缓解信贷约束方面比正规金融起到的作用更大，因此政策应该鼓励和引导民间金融发展。温涛等（2016）对农贷资金的“精英俘获”机制进行了深入剖析，并进一步提出“精英俘获”现象的破解对农村反贫困和农民收入超常规增长至关重要。

2. 关于农村金融体系改革与创新的相关研究

关于农村金融体系建设（张杰和刘东，2006；吴国华，2013）、农村金融改革和服务创新（杜晓山，2002；吴晓灵，2003；谢平等，2006；温铁军和姜柏林，2007；洪正等，2010；陈雨露和马勇，2010；温涛等，2014）的研究文献可谓不胜枚举，最近已经有不少学者专门针对中国农村金融 40 年改革进行了回顾（郭连强和祝国平，2017；温涛和王煜宇，2018），也有一些研究专门针对小额信贷发展对农村金融发展及农村经济发展的贡献（巴曙松，2006；何广文和李莉莉，2011；李明贤和叶慧敏，2012）。其中，杜晓山（2002）对合理的农村金融体系进行了界定，对中国的金融体系现状进行了考察，并进一步提出了农村金融体系的改革思路。赵志华（2004）、钱水土（2006）揭示了县域经济与信贷政策

间的不适应现象和资金供求矛盾，认为应该重构和优化县域金融体系。谢平等（2006）认为贫困地区健全的农村金融体系离不开公共财政的大力支持，若舍此，农村的金融体制现象将会进一步扭曲。苏士儒等（2006）认为，中国农村金融体系建设应突破原有的正规金融渠道建设，尽快把非正规金融发展纳入农村金融体系建设。陈雨露和马勇（2010）认为，在未来的中国农村金融市场发展当中，合作性金融是激发农村金融内生性的基本路径选择。洪正等认为，中介化和农民自组织化可以实现农村金融资源的有效配置，新型农村金融机构改革更多地体现了控制风险的需要，但不利于金融市场增量体系的成长（洪正等，2010；洪正，2011）。

3. 关于中国农村普惠金融创新发展的研究

杜晓山（2006，2008，2010）主张建立一个功能完备、分工合理、产权清晰、管理科学、监管有效、竞争适度、优势互补的农村普惠金融体系。吴晓灵（2006）认为普惠金融有助于中国社会的和谐发展，应利用财政政策引导金融机构将金融资源投向农村领域。只不过，虽然政府的积极作为能显著促进农村普惠金融发展，但是带门槛补贴为主的政策扶持并不一定有效，所以应该慎用（粟芳和方蕾，2016）。韩俊等（韩俊等，2007；韩俊，2009）强调应引入竞争机制，创新农村金融产品和服务方式，加快建立普惠型的农村金融体系。曹凤岐（2010）认为，多层次的农村普惠金融体系有助于解决农村低收入人群的生存和发展问题；郭兴平（2010）指出，电子化金融服务渠道创新是建立农村普惠金融体系的突破口；项俊波（2011）认为，建设农村普惠金融体系可以更好地促进城乡统筹发展；周小川（2013）强调要坚持民生金融优先，鼓励金融创新，推动普惠金融发展；王曙光等（2013）认为，建立农村普惠金融体系是中国农村金融体系的变革方向。但是，中国要实现农村普惠金融还有很长的路要走，不但需要完善法律法规制度，加大软硬件基础设施建设，创新适合农村风险管理的金融服务产品，提升机构和客户的金融能力（吴国华，2013），更需要进一步调整现有的金融制度，提升风险管理水平，推进金融市场分层和提高竞争程度（何德旭和苗文龙，2015）。

4. 关于金融发展和普惠金融发展与农村反贫困的研究

大量研究结果表明农村金融发展及农贷资金的注入有利于农民收入增长和实现农村贫困降低（张立军和湛泳，2006；丁志国等，2011；崔艳娟和孙刚，2012；高远东等，2013；苏静和胡宗义，2015），同样，也有研究表明中国的农村金融发展不利于农民收入增长，没有很好地缓解农村的贫困状况（陈银娥和师文明，2010），其主要原因在于中国目前的整体金融发展存在严重的城乡二元结构，并不是一种“普惠”的金融发展模式，并且农村内部也存在明显的金融资源不公平现象。政府应通过宏观调控完善贫困地区信贷市场，建立普惠金融体系，降低贫困农户的信贷门槛，使更多的贫困家庭获得信贷机会（王宁等，2014）。近年来出现了不少关于普惠金融体系构建与农村反贫困的研究，基本上都认为构建普惠金融体系，大力推进金融创新，有助于缓解农村贫困（崔艳娟和孙刚，2015；江春和赵秋蓉，2015；贾晋和肖建，2017）。其中，贾晋和肖建（2017）强调基于产业支撑的金融扶贫才能保持“造血”功能，避免短期的政策脱贫。王伟和朱一鸣（2018）基于国家级贫困县的数据发现，如果普惠金融只注重解决贫困地区对金融机构的接触性排斥，会进一步加剧资金外流，对减贫产生负向影响，即存在显著的致贫效应，并且这种致贫效应具有明显的空间外溢性，邻近县域的贫困状况在很大程度上会彼此“传染”具有空间衰减特征的地理边界。

11.1.3　普惠金融体系构建对于农村反贫困的重要性

总体而言，国外这些极为丰富和深刻的理论与应用研究，为本书提供了很好的理论借鉴和逻辑起点，尤其是发达国家农业、农村金融服务体系及制度建设和发展中国家农村普惠金融的发展经验，为我国农村经济金融发展和普惠性农户信贷服务体系创新提供了重要参考。此外，国外在农村金融市场竞争、农村金融风险控制、农业产业化经营及与之相适应的投融资工具创新方面的成功经验同样给了我们有益的启示，它们较为成熟的实证研究方法和手段值得我们学习。但是，中国特殊的农村经济背景和金融环境及农业经济和经营环境对其他国家的模式与经验应用构成了明显的约束，要对他国普惠金融的发展模式进行必要的扬弃和创新，迫切需要对中国的具体情况展开更为深入的研究。因为与典型中国小农家族金融需求相适应的，只能是人情信贷、互助信用、民间信贷和国家农贷等传统金融，只有当公共保障机制取代家族保险功能，农民收入水平提高到一定程度，现代商业性金融才可能引入广大农村（王芳，2005）。当然，对当前中国的贫困型农户来说，他们的经济行为并没有明显背离经济理性，只是由于他们面临着较为特殊的外部条件：低水平的收入导致低水平的资本积累能力与投资的不可分割性，这最终导致了低水平收入的均衡状态。但是，贫困型农户被排除在农贷体系之外的现象，并不能直接说明贫困型农户不能从农村金融服务中受益，相反，这只是农村金融机构在满足贫困农户家庭需求上项目设计的失败，而解决问题的关键就在于设计出适合贫困型农户家庭需求的金融服务项目。因此，农村金融机构选择加大对贫困型农户信贷支持，并不是说这部分信贷完全就是无效率的，事实上，加快发展农村经济，提升贫困型农户家庭收入水平，帮助贫困型农户实现转型（低收入均衡状态转向中等收入或者中高收入状态），金融机构不但有所作为，而且是大有作为。只是中国当前农业、农村和农民问题的复杂性决定了任何单一的工具都无法彻底解决农村贫困问题，即便是设计良好的农贷制度和农贷体系，也离不开构建制度运行和体系运转的基础环境和外部条件。在中国贫困型农户实现转型、农业和农村进行发展的过程中，明白城市金融和农村金融可以做什么、应该做什么，以及在什么条件下和什么时候以什么样的方式做，明白农贷体系如何创新，农贷体系如何实现真正意义上的普惠性，农贷体系创新与贫困型农户增收如何实现良性互动，才是破解中国农村贫困和农贷体系可持续发展难题的关键所在。

而国内的研究应该说找准了方向和明确了目标，比较一致地认为农村金融健康发展和建立普惠金融体系对于农村经济发展、农民收入增长和农村反贫困至关重要。然而，国内相关研究要么从农村金融与农村经济和农村贫困关系的宏观层面研究农村金融的发展规律，要么是基于新古典经济学的视角将农村金融机构看作“投入—产出”的“黑箱”，尽管根据对农村金融现状或趋势分析及农村金融体系构建方面提出了比较有意义的对策建议，但由于缺乏打破“黑箱”的应用模型分析，我国农村金融可持续发展的运行机理及农贷体系创新与农村反贫困之间的深层次关系尚未得到有效揭示。同样地，虽然国内一些学者对农村金融组织体系的变迁轨迹（周立和周向阳，2009；蔡四平等，2010；温涛和王煜宇，2018）、农村金融组织体系资金配置功能（姚耀军，2006a，2006b；温涛，2011）、农村金融风险（温涛，2008；何大安，2009；杨大光和陈美宏，2010）、农村金融组织体系的绩效与制度创新（蔡则祥，2002；张红宇，2004；罗来武等，2004；张宁宁，2016）等都进行了有益的研究，并且近年来的新型农村金融机构运行绩效、制度创新（王曙光，2008；陈雨露和马勇，2010；洪正，2011；王煜宇，2012；王煜宇和刘乃梁，2016）和新型农村金融机构的可持续发展（葛永波等，2011；许桂红，2013；高晓光，2015）及完善金融立法（王煜宇，2011，2017；余红永，2015；谭正航，2016；吴晓灵，2017）也越发受到重视，但是专门针对农贷体系及普惠金融体系创新与农村反贫困的研究却很少。一方面，新时期中国扶贫攻坚战略中，普惠金融体系构建与创新本来尚处于探索阶段，由于缺乏顶层设计，实际操作中还存在一些问题和困难，特别是贫困型农户与农贷体系之间并未形成有效的识别关系，导致金融扶贫并不能切实有效地展开；另一方面，当前农村金融体系的整体功能仍然不适应农业和农村金融机构发展的需要，更无法有效满足贫困型农户生产和生活需求，因而很难服务于国家的扶贫攻坚发展战略。所以，普惠金融体系创新还需要给予进一步深入的探究，如增加应用模型的分析及效率评价，引导金融机构在确保安全经营的前提下积极开辟农贷市场，努力走出传统信贷的标准桎梏，针对农村低端信贷市场的特征进行更深入的金融产品创新，使得那些潜在的有效需求得到更好的识别和满足，特别是加大对贫困型农户信贷支持的深度与广度，促进贫困型农户直接和间接实现快速增收，最终实现居民合理共享经济增长和金融发展成果。当然，本书研究所关注的绝不是简单地强调构建普惠性农贷服务体系，更不是一味地强调这一过程必须直接加大农贷资金的投入。但是现存的许多研究往往很容易陷入这个“陷阱”，过多地纠缠在如何增加农贷资金的投入，而忽视了更为重要的农贷资金运行效率的提高，实际政策运行的结果往往是一边不断有农贷资金的投入，另一边却是大量的农贷资金通过更多的渠道流失，还有许多农贷资金沉淀在一些低效的扶贫项目上，而农村反贫困进程相对缓慢，其结果与政策制定初衷背道而驰。

因此，本章将在构建普惠金融体系创新与农村反贫困协同的理论框架的基础上，通过揭示两者之间存在的问题与矛盾，以待进一步探究两者良性互动的实现机理与实现路径。利用全新的视野、思路、理论、方法和技术手段，通过理论整合、方法创新和实证分析，重点对中国农贷体系创新与农村反贫困发展战略进行全新的探索。真正形成从农贷资金到贫困型农户投资的高效转化机制和对农贷资金的有效监控机制，实现农贷资金的高效配置，从而进一步缓解贫困型农户生产和经营面临的资金瓶颈问题，促进贫困型农户实现转型和农村经济健康发展。旨在为实现普惠金融体系与农村反贫困协同发展提供重要的决策参考，同样也对城乡金融协调发展、加快推进城乡一体化进程和全面建成小康社会提供有益的经验借鉴。

11.2 普惠金融体系构建与农村反贫困战略协同现状与问题

在涉农贷款年年高速增长的背景下，厘清到底是谁俘获了有限的农贷资金，既有助于解决农贷资金错位配置和政策实施的目标偏离问题，同时又有助于精准推进普惠金融体系建设和农村反贫困战略目标实现。因此，通过获取优惠性质贷款客户的最新资料，统计这些客户的家庭收入水平、家庭资产情况、抵押物情况、贷款经营所投项目的规模等综合指标，进而与一般、贫困农户的上述指标进行对比，更能直接精准地判断优惠性质的农贷资金是否存在“精英俘获”问题，更能准确判断农贷资金流向了哪些客户。从而可以为进一步阻断优惠性质贷款的“精英俘获”现象，实现普惠金融体系构建与农村反贫困战略目标协同提供借鉴。

11.2.1 普惠金融体系构建与农村反贫困战略协同的现状把脉

1. 相关概念定义

优惠性质的农户贷款：利率优惠的农户贷款（如基准利率、财政贴息）和放款条件较为松动的农户贷款（如引入政府增信的贷款）。本节主要选取政银保贷款、农村青年创业贷款、妇女创业贷款、扶贫贴息贷款、再就业小额担保贷款这5种类型的农户贷款产品作为研究对象，这些农户贷款的品种要么属于利率优惠，要么是放贷条件较其他贷款更为松动，要么是二者兼具，都属于优惠性质类的农户贷款。

“精英俘获”的判断标准：农村中的精英是家庭收入高、拥有抵押物或找得到贷款担保人、所获贷款投向的经营项目规模较大的农户，这种类型的农户，其贷款需求应通过商业化、市场化的途径来满足，即应该通过正常的申请获得不存在优惠性质的贷款，如果这种类型的农户获得了优惠性质的贷款，承接了优惠性质的贷款资金，则说明存在“精英俘获”现象，因为按照政策设计及普惠金融发展战略目标，这些优惠性质的信贷资金本应投向农村中的普通农户和贫困农户等中低收入群体，实现普惠金融体系构建与农村反贫困战略协同。

2. 问卷的基本特征分析

近年来，受国家政策导向影响，越来越多的信贷资金流入“三农”领域，有效地支持了“三农”的发展。《中国农村金融服务报告（2016）》显示，自2007年创立涉农贷款统计以来，全部金融机构涉农贷款余额累计增长361.7%，九年间平均年增速为18.8%，涉农贷款余额从2007年末的6.1万亿元增加到2016年末的28.2万亿元，占各项贷款的比重从22%提高至26.5%。然而，一个值得关注的问题是，在涉农贷款总量不断增加的同时，能够得到贷款的农户却是少之又少，特别是真正属于中低收入阶层的农户几乎很难获得贷款，获得贷款的都是经济条件较好的富裕农户、大户。《中国农村贫困监测报告2011》显示，2010年从金融机构得到贷款（不包括扶贫贷款）的农户占全部农户的3%，比2007年下降了1.2个百分点，贫困农户得到贷款的比例仅为2%，且扶贫贷款的瞄准并不理想，当年只有20.6%的扶贫贷款发放给了中低收入人口。

从普惠金融发展战略目标和金融精准扶贫的角度讲，涉农信贷资金如果仅流向农村中的高收入阶层或者具有更高社会资本家庭，并未真正流向中低收入和贫困农户等最薄弱环节，仅改善了高收入阶层的生产生活状况，只会导致农村中不同群体间贫富差距越来越大，农村中的二元结构越来越固化。因此，关注农村信贷资金的客户结构，分析“是谁得到了农贷资金”，是在涉农贷款总量连年增长的背景下推进普惠金融体系构建不可忽视的问题。

通过随机抽取广东省清远市辖内的 8 个农村信用社 2016~2017 年 844 户获贷农户（其中：政银保贷款 331 户、农村青年创业贷款 134 户、妇女创业贷款 208 户、扶贫贴息贷款 71 户、再就业小额担保贷款 100 户）的信贷档案资料，获取这些农户家庭财务状况、家庭资产负债、经营项目情况、授信情况、客户经理综合评价等方面的信息，其描述性统计如表 11.1。

表 11.1　获贷农户基本情况

类别	项目	均值	标准差	最大值	最小值
申请人	年龄/岁	42	8.423	67	20
	家庭人口/人	4	1.183	8	1
家庭财务状况	家庭收入/万元	59.25	206.31	5 400	1.07
	家庭支出/万元	34.65	162.52	4 320	2
	家庭纯收入/万元	24.59	61.15	1 080	1
家庭资产负债	资产/万元	112.55	345.64	4 283	1
	其中：房地产/万元	43.27	144.83	2 500	0
	负债合计/万元	18.84	88.11	1 439	0
经营项目情况	总投资/万元	59.23	7.25	1 580	2.41
	已投入资金/万元	45.76	7.78	1 580	2.41
	项目年收入/万元	68.74	178.96	4 000	0.5
授信情况	申请借款金额/万元	15.59	18.5	295	3
	授信金额/万元	15	19.28	350	2
客户经理综合评价	客户综合评价分数	76.54	5.57	100	61

注：家庭资产包括固定资产、流动资产和生产资料。家庭负债包括银行贷款、民间借贷，主要统计的是银行贷款。按照农村信用社的评价标准，80 分以上属优秀、70~80 分属较好、60~70 分属一般

从家庭财务状况来看，844 户获贷农户的家庭收入、家庭支出、家庭纯收入平均值分别为 59.24 万元、34.65 万元、24.59 万元，家庭收入最大值为 5 400 万元，最小值为 1.07 万元，家庭支出最大值为 4 320 万元，最小值为 2 万元，家庭年纯收入最大值为 1 080 万元，最小值为 1 万元。对照 2016 年广东省农户人均可支配收入五等份的标准，低收入组、中低收入组、中等收入组、中高收入组、高收入组的人均可支配收入分别为 5 452 元、10 212 元、13 606 元、18 502 元、30 203 元，844 户获贷农户中有 661 户（占比 78%）属于中高收入（211 户）和高收入组（450 户）。对照 2016 年广东省农户人均消费支出五等份的标准，低收入组、中低收入组、中等收入组、中高收入组、高收入组的人均可支配收入分别为 8 342 元、9 991 元、11 864 元、14 977 元、19 448 元，844 户获贷农户中有 478 户

（占比 56%）属于中高收入（83 户）和高收入组（395 户）。

从家庭资产负债情况看，844 户获贷农户资产的均值为 112.55 万元，最大值、最小值分别为 4 283 万元、1 万元，房地产的均值为 43.27 万元，最大值、最小值分别为 2 500 万元、0 万元，家庭负债平均为 18.84，最大值、最小值分别为 1 439 万元、0 万元。按照张杰（2003）的研究，一般农户只有很少的家庭财产，几乎无法提供正式的贷款抵押物；贫困型农户家庭没有任何财产，更不用说符合抵押要求的财产；富裕型农户拥有一定的家庭财产，可以应对一定的贷款抵押要求。844 户获贷农户中，家庭资产大于 30 万的有 584 户（占比 69%），家庭资产大于 20 万的有 693 户（占比 82%），家庭资产大于 15 万的有 737 户（占比 87%）。844 户获贷农户中，有 223 户没有房产，有 661 户（占比 78%）拥有农信社认可的房产。844 户获贷农户中目前 414 户没有银行贷款，430 户仍有银行贷款，其中银行贷款超过 10 万元的有 259 户。

从经营项目情况看，844 户获贷农户所经营项目总投资的均值为 59.23 万元，总投资的最大值为 1 580 万元，总投资的最小值为 2.41 万元。所投资项目年收入均值为 68.74 万元，项目年收入最大值为 4 000 万元，项目年收入最小值为 0.5 万元。具体来看，总投资规模在 10 万元以上的有 786 户（占比 93%），总投资规模在 15 万元以上的有 667 户（占比 79%），总投资规模在 20 万元以上的有 537 户（占比 63%），总投资规模在 30 万元以上的有 400 户（占比 47%）。项目年收入在 10 万元以上的有 786 户（占比 93%），项目年收入在 15 万元以上的有 578 户（占比 68%），项目年收入在 20 万元以上的有 461 户（占比 54%），项目年收入在 20 万元以上的有 364 户（占比 43%）。

从过往借贷记录来看，844 户获贷农户中，有 518 户（占比 61%）农户在此之前曾获得过金融机构的贷款。从抵押和担保情况看，844 户获贷农户中有 163 户在获得这些优惠性质贷款时追加了抵押物，有 445 户在获得这些优惠性质贷款时寻找到了有实力的担保人。

如果将家庭收入、家庭资产和经营项目规模大小三个关键指标作为并列的筛选条件，844 户获贷农户中，有 634 户农户（占比 75%）的家庭人均纯收入大于 1.85 万元、家庭资产超过 15 万元且经营项目规模在 15 万元之上，如果将家庭收入、家庭资产和经营项目的年收入三个关键指标作为并列的筛选条件，844 户获贷农户中有 628 户农户（占比 74%）的家庭人均纯收入大于 1.85 万元、家庭资产超过 15 万元且经营项目年收入在 10 万元之上。

综上所述，无论从单一指标还是结合获得贷款农户的家庭收入水平、家庭资产、经营项目规模大小等综合指标来看，这些带有优惠性质的贷款确实流向了农村中的中高收入阶层甚至是富裕阶层，因为从家庭收入、家庭资产、经营项目规模及项目的年收入来看，这些农户都已经不属于中低收入或贫困农户，由此判断农贷资金的发放确实存在“精英俘获”问题。

11.2.2　普惠金融体系构建与农村反贫困战略协同的实证分析

计量分析采用普通最小二乘回归和分位数回归①进行，重点考察农户家庭收入、家庭支出、借贷记录、经营项目投资规模等变量对农户获贷额度的影响，以证明优惠性质贷款发放过程中存在“精英俘获”现象。

为保证估计结果的稳健性，在普通最小二乘回归中，将农户家庭收入、户主年龄、户主年龄的平方②、家庭人口、家庭支出、家庭负债、借贷记录、经营项目投资规模 8 个变量逐步引入回归模型，得到估计结果（表 11.2）。整体上看，家庭收入、借贷记录和经营项目投资规模与农户获贷额度呈显著的正相关关系，即家庭收入越高、曾获得过正规金融机构贷款、经营项目投资规模越大的农户，越能获得更多的信贷资金。而家庭支出与农户获贷额度呈显著的负相关关系，即家庭支出越多，农户获得的贷款额度越小。普通最小二乘回归结果表明，目前而言，涉农金融机构在向农户配置优惠性质贷款时，仍主要参考农户家庭收入、借贷记录和经营项目投资规模等关键指标，在这种信贷发放的思维导向下，上述关键指标良好的农户必然会获得更多优惠性质的贷款，而一般农户、贫困农户往往表现出家庭收入低、未曾获得过正规金融贷款、经营项目投资规模小等特征，必然被涉农金融机构排除在外，由此导致优惠性质的信贷资金被农村中的精英所俘获。

表 11.2　影响农户获贷额度的普通最小二乘回归结果

被解释变量：农户获贷额度的对数值（LNLoan）								
LNshouru 家庭收入	0.643*** （21.04）	0.636*** （21.04）	0.636*** （21.04）	0.638*** （20.94）	0.668*** （19.84）	0.650*** （19.56）	0.623*** （17.42）	0.520*** （13.34）
Age 户主年龄		0.098*** （3.70）	−0.095 （−0.44）	−0.088 （−0.40）	−0.070 （−0.33）	−0.049 （−0.23）	−0.082 （−0.38）	−0.053 （−0.26）
age^2 户主年龄的平方			0.194 （0.90）	0.191 （0.88）	0.170 （0.79）	0.154 （0.72）	0.184 （0.85）	0.134 （0.65）
Renshu 家庭人口				−0.026 （−0.92）	−0.027 （−0.95）	−0.024 （−0.87）	−0.032 （−1.15）	−0.026 （−0.96）
Zhichu 家庭支出					−0.068*** （−2.64）	−0.075*** （−2.76）	−0.070*** （−2.68）	−0.061** （−2.07）
Fuzhai 家庭负债						0.074 （1.58）	0.064 （1.42）	−0.008 （−0.17）
Jilu 借贷记录							0.089*** （3.25）	0.082*** （3.15）

① 普通最小二乘回归得到的是自变量对因变量条件平均数的影响，分位数回归能够得到在被解释变量的不同分位点上，自变量对于因变量存在的不同程度的影响。

② 一般认为年龄与收入、获贷额度等被解释变量间关系是呈抛物线图像，年富力强时收入、获贷额度呈上升态势，过了年富力强的年龄阶段，收入、获贷额度则呈下降态势。

续表

被解释变量：农户获贷额度的对数值（LNLoan）								
Touzi 经营项目投资规模								0.301*** （4.30）
N 样本数	844	844	844	844	844	844	836	836
R^2 拟合值	0.414	0.423	0.424	0.424	0.428	0.433	0.442	0.513

*、**、***分别表示 10%、5%、1%的显著性水平

注：小括号中的值代表 *T* 值；在计量分析中，对有家庭借贷记录的样本赋值为 1，没有家庭借贷记录的样本赋值为 0

分位数回归的结果进一步显示（表 11.3）：在农户获贷额度分布的各个水平，家庭收入均对获贷额度产生了显著的正向影响，并且影响的强度随着获贷额度分位的上升而上升（最后一个分位点除外），在 10%、25%、50%、75%和 90%的分位处，家庭收入对获贷额度的影响系数分别为 0.273、0.278、0.281、0.343、0.32。在获贷额度的 10%和 25%分位点处，家庭人口显著降低了农户的获贷额度。在获贷额度分布的 10%、25%和 50%分位点处，借贷记录与获贷额度之间不存在显著关系，但随着分位的提高，尤其是在获贷额度的 75%和 90%分位点处，拥有正规金融机构借贷记录可以显著增加农户的获贷额度，在 75%和 90%的分位处，借贷记录对农户获贷额度的影响系数分别为 0.132、0.265。在获贷额度的 10%分位点处，经营项目投资规模与获贷额度之间不存在显著关系，随着分位数的提高，经营项目投资规模对获贷额度产生了显著的正向影响，且影响的强度随着获贷额度分位的上升而上升，在 25%、50%、75%、90%的分位处，项目投资规模对获贷额度的影响系数分别为 0.001、0.003、0.004、0.005。总体而言，随着分位数的提高，家庭收入、信贷记录、经营项目投资规模这 3 个要素在农户获贷额度大小的决定中，发挥的作用越来越大，这些因素对农户获贷额度 75%和 90%分位点处的影响远大于其对其他分位点的影响。这进一步佐证了优惠性质贷款的发放过程中，确实存在“精英俘获”问题。虽然优惠性质贷款的资金一般都是由政府财政贴息、担保，或出现不良时由财政出资补偿，但经办优惠性质贷款发放的是涉农金融机构，发放贷款的本金来自涉农金融机构，出于安全性的经营目标考虑，涉农金融机构往往会选择高收入农户进行信贷资金的投放，这样一来既完成了优惠性质贷款资金的发放，又能最大限度地降低损失贷款本金的信贷风险。

表 11.3 影响农户获贷额度的分位数回归结果

被解释变量：农户获贷额度的对数值（LNLoan）					
变量	10%分位点	25%分位点	50%分位点	75%分位点	90%分位点
LNShouru 家庭收入	0.273*** （5.24）	0.278*** （6.94）	0.281*** （10.01）	0.343*** （9.78）	0.32*** （7.31）
Age 户主年龄	0.007 （0.22）	−0.017 （−1.05）	−0.006 （−0.64）	−0.008 （−0.42）	−0.013 （−0.4）

续表

被解释变量：农户获贷额度的对数值（LNLoan）					
变量	10%分位点	25%分位点	50%分位点	75%分位点	90%分位点
age^2 户主年龄平方	0.000 2 （-0.05）	0.000 2 （1.5）	0.000 1 （0.85）	0.000 1 （0.47）	0.000 2 （0.45）
Renshu 家庭人口	-0.073*** （-3.35）	-0.039** （-2.24）	-0.012 （-1.15）	0.023 （1.07）	0.054* （1.88）
Zhichu 家庭支出	0.000 09 （0.14）	-0.000 1 （-0.23）	-0.000 1 （-0.22）	-0.000 3 （-0.33）	-0.000 4 （-0.42）
Fuzhai 家庭负债	-0.000 1 （-0.27）	0.000 5 （0.72）	-0.000 2 （-0.34）	-0.000 2 （-0.28）	-0.000 5 （-1）
Jilu 借贷记录	0.075 （1.42）	-0.015 （-0.3）	0.031 （0.88）	0.132** （2.02）	0.265*** （3.6）
Touzi 经营项目投资规模	0.000 8 （1.45）	0.001*** （2.66）	0.003*** （3.95）	0.004*** （3.91）	0.005*** （5.97）
_cons 常数项	0.976 （1.72）	1.591*** （4.17）	1.525*** （7.36）	1.431*** （3.77）	1.598*** （2.35）

*、**、***分别表示 10%、5%、1%的显著性水平

注：小括号中的值代表 T 值；在计量分析中，对有家庭借贷记录的样本赋值为 1，没有家庭借贷记录的样本赋值为 0

11.2.3　普惠金融体系构建与农村反贫困战略失调的问题揭示

农贷资金特别是优惠性质的信贷资金仅流向农村中的高收入农户，排斥农村中的一般农户和贫困农户，不是普惠金融体系建设和金融精准扶贫的应有之义。本章的理论分析表明，监管部门对优惠性质的农户贷款提供强有力的监管，就会有更多低收入水平的农户获得贷款，因此越有利于普惠金融发展和农村反贫困战略目标的实现；反之，优惠性质贷款则会被“精英俘获”，从而不利于普惠金融体系构建与农村反贫困战略协同。

对 844 户获贷农户的抽样数据分析结果表明，无论从单一指标还是结合获贷农户的家庭收入、资产、经营项目投资规模等综合指标看，这些带有优惠性质的贷款确实流向了家庭收入更高、资产更多、经营项目投资规模更大及项目年收入更高的农户群体，即优惠性质的农户贷款更多地被农村中的中高收入阶层甚至是富裕阶层获得，从而形成了“精英俘获”现象。

计量分析进一步表明：家庭收入越高、曾获得过正规金融机构贷款、经营项目投资规模越大的农户，越能获得更多的信贷资金。且随着分位数的提高，家庭收入、信贷记录、经营项目投资规模这 3 个要素在农户获贷额度大小的决定中，发挥的作用越来越大，这些因素对农户获贷额度高端部分（75%和 90%分位点处）的影响远大于其对其他分位点的影响，即优惠性质的农户贷款在其发放过程存在明显的“精英俘获”现象，当前中国的农村普惠金融发展仍然严重滞后，普

惠金融体系构建与农村反贫困战略协同任重道远。

从政策设计的角度看，政银保贷款、农村青年创业贷款、妇女创业贷款、扶贫贴息贷款、再就业小额担保贷款等优惠性质的贷款，本身就是为解决市场失灵而由政府参与推出的信贷品种，如果这些有政府干预、参与的贷款都流向了农村中的精英阶层，那么可以想象没有政府干预的、完全市场化、商业化运作的农贷资金就更不可能惠及农村中的一般农户、低收入农户和贫困农户，这是金融经济发展、普惠金融发展当中值得重视的问题。鉴于优惠性质的贷款确实存在“精英俘获”现象，进而影响普惠金融体系构建和农村反贫困战略协同，为此总体上需要从以下三个方面入手进行针对性的改进：一是监管部门要加强对优惠性质贷款发放的监督管理，加强对涉农金融机构的贷后检查，对于信贷资金投放偏离政策设计目标的涉农金融机构要给予一定的处罚；二是由于信贷资金投放出现目标偏离主要是涉农金融机构出于安全性考虑，监管部门可以提高涉农金融机构的不良容忍程度；三是涉农金融机构要积极创新优惠性质贷款的发放模式，大力运用“涉农金融机构+中介机构（如农业龙头企业、地方政府国资企业）+农户”等模式发放涉农优惠性质贷款，确保资金流向中低收入农户和贫困农户。上述三个问题，也是普惠金融体系构建与农村反贫困战略协同能力培育的主要方向。

11.3 普惠金融体系构建与农村反贫困战略协同能力培育：促进机会

Hayek（1960）指出，增加机会使个人的资质与环境以特定的组合造成新工具的产生和旧工具的改善。在普惠金融体系构建与农村反贫困战略协同能力培育过程中，促进机会部分是通过促进经济增长来增加穷人经济上的机会的，另外部分是扩大穷人的资产基础和增加这些资产的回报。个人贫困的主要原因是缺少财产或财产回报率低。重要的财产能够使人们摆脱贫困，这些财产包括自然财产，如土地；人力财产，如教育和健康；金融财产，如借贷渠道；社会财产，如人际网络。一次性获得财产回报依赖于一个国家的制度安排、经济绩效和世界经济的运行。国家在扩大穷人的财产中发挥着重要作用，因为穷人缺乏渠道、权力和担保品，市场对他们不能很好地发挥作用。国家可以通过三个重要途径为穷人提供帮助：第一，使用自身权力重新分配资源；第二，通过制度改革提供更有效率的服务，尤其是在卫生和教育领域；第三，通过促进对穷人的雇用计划来帮助他们获得财产，如土地和信贷（Thirlwall，2011）。

11.3.1　促进机会：创新普惠金融组织体系

促进机会，首先应该创新普惠金融组织体系。因为要解决贫困型农户的金融供给严重不足问题，肯定不能简单地依靠金融机构的传统性扩张，否则就会形成马太效应。只能通过创新金融组织体系，提高金融服务供给广度，促进贫困型农户获取金融服务的机会，确保更多的穷人能够通过金融服务积累财富，进而摆脱贫困。创新普惠金融组织体系的具体措施如下。

（1）创新普惠金融组织体系，应适度放宽市场准入，缓解金融供给不足问题。放宽市场准入，引导社会资本和民间资本有序参与，以金融市场差序化布局为最终目标，加快构建多层次、多元化、多渠道、广覆盖的普惠金融组织体系，引导商业性—政策性—合作性“三位一体”的金融服务体系向着定位明确、职能清晰、服务实体经济的方向前进。建立扶贫贷款风险补偿基金，提高扶贫贷款风险损失准备金计提标准，鼓励金融机构加强扶贫信贷产品与服务创新，为中低收入农户定制合适的信贷产品，扩大信贷对贫困农户支持的覆盖面，提高贫困农户的金融需求满足率。

（2）创新普惠金融组织体系，应丰富普惠金融市场层次，满足金融机构拓展业务的需求。我国农村金融业已形成各种金融机构同时并存的新格局，但是，由于制度和政策的缺陷，加之金融机构展开金融创新的激励严重不足，现有各类农村金融机构在机构设置、业务范围及产品与服务品种等方面高度重合，不但不能适应农业农村发展和贫困型农户需求的动态变化，而且金融服务效率低下、目标偏移严重。因此，必须精准定位各类金融的服务对象，明确金融机构之间的分工与协作，有效提升金融服务供给水平和金融服务效率，才能充分发挥金融促进贫困型农户增收的功效。

（3）创新普惠金融组织体系，离不开各类金融组织的分工与协作。这种分工与协作不但要做到宏观战略上的互补，而且要反映到具体的产品和服务分类的提供与创新上，其重点在于不同类型金融（商业、合作、政策）产品和服务各自的针对性及协调配合。要立足于各类农村金融需求与农村金融市场环境特点，制定适宜的新产品设计目标，明确新产品设计的基本原则、要求与程序。要根据农村经济发展的要求，从政府主导、市场主导、政府与市场协调配合等层面探索各类金融产品开发的动力机制、激励机制、约束机制、调控机制等。要建立商业性、合作性、政策性金融有机结合的运营模式，并立足于农村金融市场各种类型金融机构的企业能力确定其独立开发、协作开发、技术引进开发等多种模式的现实选择。要针对我国农村市场的不同客户定位，科学设计具体的金融服务和产品，包括产品发明、产品改进、产品组合、产品模仿及产品定价，并探索各类产品适用范围、营销与推广策略。

11.3.2 促进机会：丰富普惠金融工具体系

丰富普惠金融工具体系，促进贫困型农户获取更多机会的具体措施如下：

（1）拓宽农贷资金来源，拓展和延伸农村金融服务范围。综合运用多种货币政策工具，拓宽涉农信贷资金来源，严控优惠性质农户贷款流向，切实为贫困型农户提供有效的金融服务。鼓励有条件的地方安排一定的再贷款额度，专供金融机构为农村反贫困开展的普惠金融产品和服务创新业务；适当调剂再贴现规模，专门用于支持开展普惠金融产品和服务创新的银行业金融机构办理涉农企业商业汇票再贴现。做好农村地区支付结算工作，提高农村支付结算服务水平。充分发挥中国邮政储蓄银行、农村信用社、农村商业银行在资金异地存取和农村支付结算服务中的主导作用，加快推进农村地区支付服务基础设施建设，逐步扩展和延伸支付清算网络在农村地区的辐射范围。大力推广非现金工具支付，减少农村地区现金使用。继续加强和完善支付结算业务代理制，促进城乡支付结算服务的互补发展。

（2）鼓励金融创新，丰富金融产品，更好地满足不同收入水平农户的差异化金融服务需求。实证研究表明：处于收入不同层次的农民，因为自身资本积累水平和外源融资能力的不同，可能面临着不同性质和不同层次的融资约束。并且在提升农民收入水平、促进“道义小农”（即低收入农户和低水平生产农户）逐渐向“理性小农”（高收入农户、高水平生产农户和新型农业经营主体）转变这一动态过程中，金融服务机构不但有所作为，而且是大有作为。鼓励现有金融机构在风险可控的前提下，积极地向欠发达地区或落后产业延伸服务、拓展功能，寻求更广阔的发展空间。与其他收入层次可以完全利用商业金融提供的服务的农民不同，最低收入阶段和中低收入阶段的农民，国家主导的政策性农户贷款及一些普惠金融机构发放的优惠性质的农户贷款对这些农户有积极的作用。

（3）积极探索直接对接新型农业经营主体的贷款模式，推动农业龙头企业、专业合作社、专业大户发展适应市场、具有区域特色、体现规模化和集约化的现代农业。金融机构应通过“互联网+大数据”更好地识别潜在的有效需求，通过金融创新更精准地满足潜在的有效需求；引导和积极鼓励民营金融资本下乡，支持新型农业经营主体培育、农业现代化发展和乡村振兴战略目标实现。具体而言，开展“互联网+”与“公司+贫困型农户”“合作社+贫困型农户”“公司+合作社+贫困型农户”的多种贷款模式，简化信用状况良好的自然人主体的农户贷款流程，通过金融服务的流程优化、专业定位和产品创新来帮助企业掌握市场行情、理顺组织运行、拓宽业务范畴、提高经济实力。农贷要做好特色品牌的服务，跟进县、乡、村特色农业的发展，支持农村产业结构调整，与新型农业经营主体直接对接。同时在有条件的地区强调农业科技创新的驱动作用，重点扶持智能农业、生物育种、现代农机装备。

11.3.3　促进机会：拓宽普惠金融渠道体系

拓宽普惠金融渠道体系，确保金融产品供应促进贫困型农户致富机会，具体措施如下：

（1）鼓励数据化金融平台模式创新，展开不同性质金融机构之间的合作。金融机构应该充分学习和借鉴不断出现的互联网金融、直销银行、民营银行等好的经验和理念，引进和运用新的金融服务手段，利用其决策链短、灵活快捷等优势不断创新，用创新思维引领业务发展，打造属于自己风格的、特色的精品银行。如果将金融机构服务对象看作一个金字塔，那么金融机构在实现普惠金融发展与农村反贫困战略过程中，首先面临的是金字塔的底层，即一般农户和贫困型农户。这就需要积极推进数据化金融平台模式创新，如蚂蚁金服与中和农信展开合作，通过蚂蚁金服发起成立的网商银行、支付宝平台、蚂蚁金服保险平台为全国范围的涉农用户提供综合金融服务，包括支付、保险、信贷等。除此之外，各银行类金融机构同样可以通过平台模式创新与保险和其他金融机构展开合作，实现优势互补，更好地为金字塔底层提供金融服务。

（2）积极开展“线上+线下”熟人信贷模式创新。金字塔的中间层是具有一定经营能力和生产能力的一般农户，他们对贫困型农户具有很好的带头示范和帮扶作用。因此，各银行类金融机构需要有针对性地解决一般农户小规模经营的资金需求，即在信息化和金融服务欠缺的县域、乡村，各银行类金融机构应充分利用自身的信息及线下“熟人”，特别是利用村里能人、富人或者村干部掌握的信息，逐步完善农村信用体系，更好地筛选有潜在价值的客户，逐步拓宽金融服务的深度和广度，为更广泛的用户提供经营性贷款等优质金融服务，实现金融机构的财务价值目标和社会价值目标，脱离传统金融观念。

（3）积极展开供应链金融模式创新。随着党中央及地方政府对“三农”的重视和对现代农业的逐步推进，农业经营方式发生了很大变化。新型农业经营主体不断涌现，不但解决了农户就业，而且进一步保障了农民收入来源多样化和收入增长，在农村扶贫方面有着举足轻重的作用。居于金融机构服务金字塔顶层的种养大户，就需要依靠升级农业产业来解决他们的金融服务需求，需要积极努力去探索与保险公司等生态伙伴的创新合作，向他们寻求供应链金融服务，为了确保信息有效和信息对称，金融机构应与农业部合作开发新型经营主体直报系统。

11.4 普惠金融体系构建与农村反贫困战略协同能力培育：赋予权力

赋予贫困人群权力意味着增强穷人在决策中的参与力量；消除各种形式的歧视（如种族、宗教、性别等），并且制定更多的考虑和响应穷人想法的国家制度（Thirlwall，2011）。这里最大的挑战是改革金融制度结构，这些金融制度结构使社会中一部分弱势群体遭受歧视，被金融机构持续地边缘化，并被剥夺享受服务的权利。国家可以通过如下手段向贫困人群赋权：深化普惠金融改革措施，并使用政府权力重新分配可行的金融资源，使穷人受益；确保给穷人的优质金融服务不被地方精英所侵占，进一步解决农村贫困问题。

11.4.1 赋予权力：强化普惠金融政策体系

赋予权力，首先应该强化普惠金融政策支持体系。这其中，需要不断加强产业、财税、科技、土地、就业政策的协调配合。强化普惠金融政策体系的具体措施如下：

（1）建立普惠金融体系构建与农村反贫困的激励性产业政策支持体系。普惠金融体系构建与农村反贫困战略协同，归根结底是要依靠政府通过产业管理制度和产业政策的实施，实现农业现代化、新型城镇化、工业化、信息化协同发展。一是以合作社为中心打造现代农业产业组织。对贫困地区的贫困型农户而言，生产力明显不足，政府有必要制定适合贫困地区和贫困型农户发展的产业政策，积极引导和规范农民经济合作组织，以龙头企业为依托，组建专业合作组织，形成“龙头企业+专业合作组织+贫困型农户”的产业化运行模式，把基地、市场和广大的贫困型农户连接起来，结成紧密的“产业—加工—销售”一条龙、农工贸一体化的生产经营体系，增强贫困型农户的增收能力。二是建立现代化的农业社会服务体系。各级政府应进一步增加农业社会化服务预算投入，构建便捷高效、覆盖全程、层次分明、形式多样、内容完备、主体多元的农业社会服务体系，为贫困型农户和现代农业经营组织提供必要的技术、信息和市场服务，激励和引导农户与市场有效对接。三是推进第一、第二、第三产业融合发展，提高贫困农民收入、提升农业产业效益。以现代产业理念加快农村产业结构调整、促进产业融合发展，构建起资源可持续回流的产业支撑；对于有条件发展第二、第三产业的贫困地区，应结合本地资源优势，积极发展农村现代工业与农村现代服务业，引导农民转移就业，增加贫困型农户家庭收入来源。

（2）建立普惠金融体系构建与农村反贫困的激励性财税政策支持体系。完善的财税政策支持体系是农村反贫困的关键，其核心在于充分利用财政投资政策、税收政策、补贴政策、价格政策等一系列政策工具，夯实现代农业发展基础，建立农业支持保护体系，促进农村产业融合，改造农村人力资本，推动城乡基本公共产品和公共服务均等化，引导和激励农民各项收入增长。一是在中央政府的积极引导下，各级政府要用财政预算机制扶持新型农村金融机构，促使其向不同地域、不同产业和不同阶段对弱势群体和资本实力较弱的农村企业贷款；同时，要探索民间资本进入新型农村金融机构的产权结构，通过扩大资本实力逐步提供多元化、多层次、有特色和可持续的信贷服务，进而解决农户“小、频、急”的信贷资金需求。二是加大财政对贫困农民增收的战略性投入，同时做好资源的合理调配，既要保证转移性支出、补贴支出的合理水平，更要加大能够促进贫困农民增收的战略性投入力度，做到“授人以鱼不如授人以渔”。三是促进农业要素优化配置，需要政府提供必要的财政补贴支持，以保护农业生产积极性。加大财政的粮食直补、养老金、社会福利救济、农资综合补贴等，直接增加农民的二次分配收入，使城乡居民收入差距和农民内部收入差距得到有效控制。四是在经济发展不均衡、资源有限的情况下，鼓励国家重点期望带动扶贫的领域和产业优先发展的税收优惠政策。例如，不管什么金融机构，只要是切实践行了普惠金融发展理念、大力推进了金融精准扶贫模式创新、取得了农村反贫困绩效的，都可以获得政府提供的财政贴息。

（3）建立普惠金融体系构建与农村反贫困的激励性科技政策支持体系。科技政策支持体系是指政府通过科技体制机制改革与政策激励，为现代要素进入农业农村创造条件，引导科技创新激发农业农村经济活力，通过创新驱动实现农业农村现代化，从而带动农民收入增长和农村贫困减少。一是立足于经济社会发展的全局和战略高度，不断加强农业科技基础实力，把农业发展重心转到依靠农业科技进步、农业劳动者素质提高和农业经营管理创新的轨道上来。二是建立农村科技公共服务平台，提供科技创新基本信息、科技应用推广数据库、农民技术应用辅导等，帮助解决科技工作者与农业经营主体之间信息不对称问题，提升农民成功应用现代科技发展生产经营的可能性。三是推动农业科技创新创业发展，充分利用科技资源，促进科技投入结构优化，构筑科技创新创业投资风险的多元化分担机制，构筑金融、财政、科技与地区产业政策协同支持科技创新的机制。抵消农业要素边际报酬递减规律的作用，提高单产，稳定我国主要农产品供应，培育新型农业经营主体和新型职业农民。

（4）建立普惠金融体系构建与农村反贫困的激励性土地政策支持体系。土地政策支持体系是指在政府引导和农民自愿的前提下，通过相关土地制度与政策措施调整，按照中央统一部署，坚持土地改革试点，探索可复制、可推广的土地改革成果，在总结完善后将其宝贵经验逐步推广，为农民收入超常规增长的土地要素优化配置提供一个优良的环境，提升农业农村土地资源要素的优化配置能力，形成土地要素的适度规模经营，促进土地与金融要素有机融合。一是在坚守农民根本利益不受损害的基础上深入推进农村土地制度改革，为农民创造更多的、可靠的财产性收益，采用的政策手段主要包括：落实和明确农村土地集体所有权，稳定和强化农户承包权，“放活”土地经营权，引导和鼓励农地经营权有序流转。二是政府必须通过合理政策设计，引导各类主体行为规划，促进土地要素优化配置。例如，根据农民的分工分业修改完善相关土地政策、发挥市场机制在土地经营权流转中的积极作用、实时扩大新型农业经营主体对土地转入的有效需求、改革配套制度促进土地有序流转。三是政府需要通过职能转变和政策引导，使相关主体树立起客观、准确的理念，提升农村土地的流转效率，如加强农民土地流转的权益保护，完善新型农业经营主体的经营指导，改革农村土地流转的政绩考核。

（5）建立普惠金融体系构建与农村反贫困的激励性就业政策支持体系。就业政策支持体系是指政府通过相关制度和政策调整，为低收入农民提供一个优良的就业和创业发展环境，大力提升农民自身对资源要素的优化配置能力，从而确保其收入稳定增长。一是长期以来，中国特殊的城乡二元经济结构，使得生产要素的流动受到了严重的阻碍，尤其是农村地区的人力资本，长期处于落后状态。为了有效保障农民的非农就业，提升其工资性收入水平，就必须建立起城乡一体化的就业制度。二是为了促使经济健康、可持续地发展，党中央创新性地提出“新型城镇化”、“创新驱动”及“产业布局”等战略，为中国的经济发展指明了前进的方向，也为农村剩余劳动力的非农就业创造了新的机遇。因此，将国家战略与农民的非农就业创业有效结合，能够为实现农民收入超常规增长提供的一条可行路径。三是加快形成政策组合拳，支持农民创业就业发展。主要包括以下五种政策组合：城乡统一的就业制度和政策、有利于农民工市民化的户籍制度改革、城镇化建设的就业机会培育、培育新型农业经营主体促进剩余劳动力转移就业和引导并支持农户自主非农创业。

11.4.2 赋予权力：完善普惠金融法律体系

赋予权力，其次应该完善普惠金融法律体系。一是需要通过法律保障贫困型农户能够公平享受金融权利，二是通过法律保障金融机构能够展开公平竞争并更好地提供普惠金融服务，符合国家发展目标和贫困农民的现实需求。完善普惠金融法律体系具体措施如下：

（1）立法保障普惠金融有效运行。国家有义务通过构建法律满足贫困主体获得平等金融服务并谋求发展的权利。作为践行普惠金融排头兵的新型农村金融机构，虽然对其组织发展进行了一定的规范，但按照法律效力层级来看，对应这些新型农村金融机构的指导意见或者暂行规定的位阶都很低，有一些规定可以说是基本没有法律效力（如对小额贷款公司的指导意见）。所以，进一步推进普惠金融体系构建与农村反贫困战略协同，应该理清现有行政规章和政策规定，并做到可以与时俱进地予以完善，提升新型农村金融机构的立法效率和立法层次。

（2）赋予民营金融资本的合法地位，引导现有民间金融和非正规金融规范发展。虽然民间资本设立中小型银行等金融机构已经在十八届三中全会明确予以肯定，但是，中国的非正规金融和民间金融资本规模在逐渐扩大的同时迫切需要加快立法，制定专门的法律法规，所以迫切需要加快民营金融立法。良法是善治之前提，要形成"良法"首先需要有民主的立法过程，其次需要与时俱进地对法律进行完善。中国的金融相关法律亟待修订，重新进行顶层设计，应尽快制定、完善和落地相关的法律法规。一是可以对切实践行普惠金融发展的金融机构实施定向降准等一系列措施。同时，政府也应当赋予其必要的法律地位，为它们的健康成长提供法律制度条件，并纳入政府适度而有效的监管范围，使它们逐渐步入健康成长的轨道。二是既要充分发挥民间金融进入门槛低、贴近大众的特点，又要合理引导民间信贷阳光化、正规化、透明化、合法化，通过建立健全检测、监管、防范的机制、组织和制度，在宏观调控体系内管理民间信贷的资金规模、流向和风险特征。

（3）允许股东风险自担，明确新设民营银行加入存款保险的条件。应重点吸取 20 世纪 90 年代放开民间资本的相应教训，特别注意防止"一放就乱""一哄而起"的不良现象。真正落实风险自担机制，需要借鉴国外有益的金融立法经验，在修改后的《中华人民共和国商业银行法》中增加股东加重义务的规定，同时还应在《中华人民共和国公司法》中规定银行等特殊类型公司股东特殊义务的条款，保证《中华人民共和国公司法》与《中华人民共和国商业银行法》能够有效衔接。为有效防范道德风险，避免民营银行风险自担原则落空，建议中国银行保险监督管理委员会与中国人民银行加强监管协调。给予新设民营银行发展空间，如可以设置为期 2 年的过渡期，同时在《存款保险公司条例》中规定具体操作内容，在新设民营银行建立起独立商业信用以后，批准其加入存款保险制度，并根据实际风险程度缴纳存款保险费，以此有效衔接商业银行危机自救机制和存款保险制度。

11.5 普惠金融体系构建与农村反贫困战略协同能力培育：提升安全

提升安全意味着减少穷人对各种不安全因素的脆弱性，这些不安全因素呈现出多种形式，如经济冲击、自然灾害、作物歉收、疾病、暴力、战争等，提升安全也可以帮助人们应对各种不利冲击，如疾病和伤害、老无所养、老无所依、失业和其他劳动力市场风险、歉收和食物价格波动等。穷人对这种风险具有明显的脆弱性，这种风险的脆弱性要求有一系列风险管理的保险机制，如健康和老年保险、失业保险和劳动力培训计划、社会基金和现金转移支付、微型金融项目、抗作物歉收和价格不稳定的保险等（Thirlwall，2011）。普惠金融体系构建，即通过普惠金融信用体系的构建和普惠金融监管体系的强化，更好地落实金融机构开展金融精准扶贫模式。

11.5.1 提升安全：完善普惠金融基础设施

要破解金融扶贫的准入难这一问题，必须要将信用体系、担保体系和支付体系作为普惠金融基础设施构建的重点，其中信用体系建设最为基础，而这三大体系在农村地区的建设和完善是保障普惠金融体系能够安全、有效运行的基础和前提，基础设施的建立健全能够防范农村金融交易的风险，同时降低金融服务的成本，促进金融机构进一步延伸金融服务广度和提高金融服务深度，更好地为贫困型农户提供其需要的金融服务。具体体现在以下几个方面。

（1）构建普惠金融信用体系，必须推动征信系统建设，做好基础信息收集与处理。一是必须推动征信系统建设。完善的征信系统，既可以做到有效降低借贷双方的信息不对称，进而避免或者减少可能存在的道德风险和逆向选择，也可以减少交易双方的交易费用并控制金融风险，同时使得农村金融机构在整体上可以进一步优化信贷组合管理，提高其市场竞争力和稳定性。二是做好点滴积累贫困户的金融信用记录。各地政府和金融机构要加大金融下乡行等活动的力度，普及金融意识和理念；要从新农保、低保发放、农民工异地汇款等方面入手鼓励农户以存款、结算、代收付等方式与金融机构展开交往，做到积累信用从点滴开始。三是建立扶贫信息精准获取机制和快速处理能力。政府为保障实施精准扶贫和扶贫精准，在贫困户的精准识别、确认和信息采集上费了很多心思和精力。为减少信息不对称、降低信息采集成本，国有大型商业银行可以与国务院扶贫开发领导小组办公室进行系统直联，获取全部建档立卡贫困户的信息，从中筛选出具有产业基础和劳动能力贫困户的精准信息；股份制商业银行和城市商业银行等金融机构可以与中国人民银行系统互联，掌握金融扶贫的数据信息；农村信用社、农村商业银行及新型农村金融机构可以与当地扶贫开发办公室联系，借助“五老”[①]和驻村书记等获取贫困户的软信息。

（2）构建普惠金融信用体系，必须明确各类金融的业务范围和边界。政策性金融具有低成本融资的优势，过多的政策性金融注入农村地区无疑会导致竞争秩序的混乱，进而导致农村金融市场结构扭曲、供需关系的横向断裂。因此，政策性金融存在的作用在于覆盖商业性金融较少涉及的领域，通过政策性金融的准公共性的特征，在保障市场公平竞争的条件下增加市场的宽度和广度，惠及更多区域、主体和具体项目。商业性金融主要在农村地区或县域地区寻求利润，相应地，农村金融机构的经营形式通常表现为“大扶大、小扶小”，大型商业银行服务大企业、大客户，小型金融机构服务小资金需求者等零散客户。商业性金融与政策性金融需要注意其作用的边界，形成互补的状态，不过适度、有差别的竞争也是必要的。合作性金融则要在较大程度上与商业性金融和政策性金融有所区别，内生于农村的合作金融直接满足的是农民就地就近的金融需求，并通过合作加以满足。合作性金融需要多个层次的合作，既包括农户之间的非正规合作，也包括农户与组织、企业和社会团体的合作，通过资金的合作不仅可以激发农户的协作能力，更能够增加资金的利用效率和回报率。农村金融市场的政策性金融、商业性金融和合作性金融需要通过合理地分工、协作，才能更好地服务“三农”。

（3）构建普惠金融担保体系，重点解决农村土地要素资本化、金融化、市场化问题。担保体系的完善需要创新，既有的担保方式主要是由机械、设备及应收账款等构成的，而贫困型农户缺乏金融机构认可的抵押物是限制其获得贷款的关键因素。在控制风险硬敞口的前提下，应积极推进农业土地要素资本化、金融化、市场化，挖掘农村产权抵押融资的潜力，以此满足农户的信贷需求。一是要做好确权、颁证工作，为农民的土地要素赋权。各地要积极稳妥地开展工作，不求一定“齐步走”，不搞“一刀切”，不能为赶进度而放松质量要求；从严掌控确权、确股、不确地，确保进度服从质量，把每个阶段、每个节点的工作做细、做实，给农民“确实权、颁铁证”。二是要建立高效的农村土地流转市场、规范的交易制度和第三方监管公证机制，确保农民有较强的价格谈判能力。三是要鼓励农业用地通过入股、联营、转让、出租等多种方式实现农民对土地承包权的财

① “五老”是指在革命战争年代为革命做出贡献的老地下党员、老游击队员（包括参加红军后因伤残回乡的同志）、老接头户、老交通员、老苏区区乡干部（包括老赤卫队员）。

产权益。四是要大力推广农村三权抵押贷款制度，促进农民土地承包权、经营权的资本化、金融化，盘活农村沉睡资产，通过土地要素带动资金要素，实现土地与金融的结合，解决农村资金要素短缺问题，促进农村土地、资本和劳动力要素之间的优化配置，以实现农民收入超常规增长。

（4）构建普惠金融支付体系，为贫困型农户提供高质量的金融服务。当前中国农村村级银行网点覆盖率仍然相对较低，仅仅依靠银行网点已经难以满足分散兼业的广大农户的支付需求，必须综合推广移动手机终端、ATM、POS 机等设备，突破地理障碍，获取高效金融服务。一是将人民银行、各级政府部门、各类金融机构、移动运营商等联结起来，确保农村的有限资源充分利用，共同推进农村支付体系建设工程。二是合理运用税收优惠和财政资金直接支持政策，引导金融机构提高金融扶贫的积极性。要因时因地加大对农村贫困地区营业网点的补助力度，积极引导和扶持涉农金融机构增设网点，消除金融空白区域，降低外在约束；对那些在乡镇及行政村设立助农取款点、金融服务站和ATM等自助设备的金融机构给予必要的财政补贴。同时给予那些带有扶贫性质的、难以盈利的金融基础设施项目一定的税收减免。三是改进贫困地区落后的通信设施和网络设施，注重贫困地区的通信优惠政策倾斜，保障新兴结算工具在贫困地区的推广应用的基础设施建设；加大“POS 机+网上支付+手机支付”助农取款点建设力度，继续推进“电商服务点+惠农支付点+农户”支付服务新模式。四是不断普及和持续加大对金融知识的宣传和培训力度。农村地区的居民基本上都是老人和孩子，其中老人接受新事物的能力相对较弱，因此，需要有针对性地开展金融知识的宣传和金融业务的培训，普及互联网知识，提高农户对互联网支付的认知。五是创新符合贫困型农户需求的支付产品。引导金融机构加强对贫困型农户金融需求的调研，根据不同贫困地区的经济发展状况、农户家庭人口分布情况、农户消费习惯和消费需求、农户信用文化水平，创新支付结算产品，改善菜单设计，简化业务办理流程，研发出适合贫困型农户使用并且操作简单、安全稳定的互联网支付产品和离行式的自助服务终端，吸引贫困型农户主动去使用非现金结算工具。

11.5.2 提升安全：强化普惠金融监管体系

（1）完善普惠金融监管框架，加强监管协调，保障监管的一致性和协同性。普惠金融监管框架分为政府部门的监管、金融机构的内部控制、行业自律组织和市场纪律四个层次。政府部门的监管在我国主要是中国人民银行、中国银行保险监督管理委员会和中国证券监督管理委员会，中国人民银行在普惠金融的发展中的作用主要体现在改善金融基础设施、降低金融服务的成本这两个方面；金融机构应该积极主动地优化内部控制，如此，有助于降低监管成本，同时也可以保障金融机构与金融市场的健康运行；行业自律组织主要是对政府部门监管和金融机构内部控制起到一种重要的补充和支持作用，具体体现在制定行业标准、加强市场纪律教育等方面；市场纪律有利于金融机构逐步践行普惠金融发展理念，因为在社会舆论和社会公众的约束下，金融机构会自觉地在一定程度上为弱势群体、弱势产业和弱势地区提供金融服务，进一步体现企业社会责任。

（2）注重对不同金融机构展开分类监管，特别是践行普惠金融的农村金融机构。农村金融机构在践行普惠金融发展过程中要实现财务可持续和金融扶贫开发模式创新可持续，这两个方面都离不开有效的和差别化的金融监管支持，特别是针对中国农业银行、中国邮政储蓄银行、农村商业银行、农村合作银行、农村信用社这类传统金融机构和新型农村金融机构应采取不同的监管措施，体现分类监管的要求，如对切实践行普惠金融发展支持农村反贫困的农村金融机构，可以适当降低注册资本金标准、一级资本充足率、法定存款准备金缴存比例。

（3）转变金融风险监管方法，改进金融风险监管手段。普惠金融机构应明显区别于传统商业银行的经营业务和风险特征，根据普惠金融发展阶段，防范阶段性金融风险，引导机构发展、鼓励机构金融创新、扩大金融服务。遵循风险为本的监管方式，与时俱进地改进金融风险监管手段，特别应运用互联网等技术手段，建立远程监管平台，向科学监管为主和行政管理监督为辅进行转变；建立有效的公司治理结构和内部控制程序，满足一系列风险管理程序标准，特别是独立的风险控制和审计机构，以及有效的风险报告系统；建立金融机构内部稽核为主、社会审计部门共同监督为补充的金融风险监管社会网络系统；建立有效的政策协调机制和信息共享机制，共同协调和防范金融风险；建立普惠金融经营风险分析体系，出现问题及时发布预警信号。

参考文献

巴曙松. 2006. 小额信贷与农村金融空白的填补——在“首届甘肃金融论坛”上的演讲[J]. 甘肃金融，（4）：8-10.

蔡四平，张强，罗杨依子. 2010. 农村金融组织体系：一种交易费用理论的解释[J]. 湖南大学学报（社会科学版），24（4）：58-62.

蔡则祥. 2002. 我国农村金融组织体系的完善与创新[J]. 农业经济问题，23（4）：22-28.

曹凤岐. 2010. 建立多层次农村普惠金融体系[J]. 农村金融研究，（10）：64-67.

陈斌开，林毅夫. 2012. 金融抑制、产业结构与收入分配[J]. 世界经济，（1）：3-23.

陈三毛，钱晓萍. 2014. 中国各省金融包容性指数及其测算[J]. 金融论坛，（9）：3-8.

陈银娥，师文明. 2010. 中国农村金融发展与贫困减少的经验研究[J]. 中国地质大学学报（社会科学版），10（6）：100-105.

陈雨露，马勇. 2009. 金融自由化、国家控制力与发展中国家的金融危机[J]. 中国人民大学学报，23（3）：45-52.

陈雨露，马勇. 2010. 中国农村金融论纲[M]. 北京：中国金融出版社.

陈悦，严伟涛. 2012. “三权”抵押的实际操作与相关机理：重庆个案[J]. 改革，（12）：98-102.

程恩江，刘西川. 2010. 小额信贷缓解农户正规信贷配给了吗?——来自三个非政府小额信贷项目区的经验证据[J]. 金融研究，（12）：190-206.

程郁，韩俊，罗丹. 2009. 供给配给与需求压抑交互影响下的正规信贷约束：来自 1874 户农户金融需求行为考察[J]. 世界经济，（5）：73-82.

褚保金，卢亚娟，张龙耀. 2009. 信贷配给下农户借贷的福利效果分析[J]. 中国农村经济，（6）：51-61.

崔德强，谢欣. 2008. 印尼小额信贷模式及借鉴[J]. 银行家，（4）：96-99.

崔艳娟，孙刚. 2012. 金融发展是贫困减缓的原因吗?——来自中国的证据[J]. 金融研究，（11）：116-127.

崔艳娟，孙刚. 2015. 金融包容、金融稳定与贫困减缓——基于 ARDL-ECM 模型的估计[J]. 商业研究，（6）：59-68.

邓大才. 2006. 社会化小农：动机与行为[J]. 华中师范大学学报（人文社会科学版），45（3）：9-16.

邓大才. 2009. “圈层理论”与社会化小农——小农社会化的路径与动力研究[J]. 华中师范大学学报（人文社会科学版），48（1）：2-7.

邓大才. 2012. 社会化小农：一个尝试的分析框架——兼论中国农村研究的分析框架[J]. 社会科学研究，（4）：89-96.

丁志国，赵晶，赵宣凯，等. 2011. 我国城乡收入差距的库兹涅茨效应识别与农村金融政策应对路径选择[J]. 金融研究，（7）：142-151.

杜晓山. 2002. 农村金融体系框架、农村信用社改革和小额信贷[J]. 中国农村经济，（8）：4-9，19.

杜晓山. 2006. 小额信贷的发展与普惠性金融体系框架[J]. 中国农村经济，（8）：70-73，78.

杜晓山. 2008. 非政府组织小额信贷机构可能的发展前景[J]. 中国农村经济，（5）：4-10，55.

杜晓山. 2010. 小额信贷与普惠金融体系[J]. 中国金融，（10）：14-15.

杜晓山. 2015. 发展农村普惠金融的思路和对策[J]. 金融理论探索，161（3）：3-12.

杜吟棠，孙若梅. 1995. 马来西亚 AIM 扶贫信贷组织的考察报告[J]. 中国农村经济，（1）：59-64.

樊纲，王小鲁，朱恒鹏. 2011. 中国市场化指数：各地区市场化相对进程 2011 年报告[M]. 北京：经济科学出版社.

范香梅，张晓云. 2012. 社会资本影响农户贷款可得性的理论与实证分析[J]. 管理世界，（4）：177-178.

方迎风，邹薇. 2013. 能力投资、健康冲击与贫困脆弱性[J]. 经济学动态，（7）：36-50.

冯春艳，吕德宏. 2013. 农民专业合作社参与农户贷款担保的优势、运作模式及政策建议[J]. 南方金融，（9）：52-55.

高帆. 2002. 我国农村中的需求型金融抑制及其解除[J]. 中国农村经济，（12）：68-72.

高圣平. 2016. 承包土地的经营权抵押规则之构建——兼评重庆城乡统筹综合配套改革试点模式[J]. 法商研究，（1）：3-12.

高晓光. 2015. 新型农村金融机构的脆弱性与可持续发展[J]. 管理世界，（8）：176-177.

高远东，温涛，王小华. 2013. 中国财政金融支农政策减贫效应的空间计量研究[J]. 经济科学，35（1）：36-46.

葛永波，周倬君，马云倩. 2011. 新型农村金融机构可持续发展的影响因素与对策透视[J]. 农业经济问题（月刊），35（12）：48-54，111.

郭连强，祝国平. 2017. 中国农村金融改革 40 年：历程、特征与方向[J]. 社会科学战线，（12）：39-51.

郭兴平. 2010. 基于电子化金融服务创新的普惠型农村金融体系重构研究[J]. 财贸经济，（3）：13-19，12，136.

郭于华. 2002. “道义经济”还是“理性小农”——重读农民学经典论题[J]. 读书，（5）：104-110.

韩俊. 2009. 加快建立普惠型的农村金融体系[J]. 农村经营管理，（2）：20-23.

韩俊，罗丹，程郁. 2007. 农村金融现状调查[J]. 农村金融研究，（9）：9-20.

韩学红. 2006. 小额信贷的国际经验[J]. 银行家，（12）：103-105.

韩轶春. 2007. 信息改变小农：机会与风险[J]. 华中师范大学学报（人文社会科学版），46（4）：13-17.

何大安. 2009. 中国农村金融市场风险的理论分析[J]. 中国农村经济，（7）：59-67.

何德旭，苗文龙. 2015. 金融排斥、金融包容与中国普惠金融制度的构建[J]. 财贸经济，（3）：5-16.

何德旭，饶明. 2008. 我国农村金融市场供求失衡的成因分析：金融排斥性视角[J]. 经济社会体制比较，（2）：108-114.

何光辉，杨咸月. 2011. 印度小额信贷危机的深层原因及教训[J]. 经济科学，（4）：107-118.

何广文. 1999. 从农村居民资金借贷行为看农村金融抑制与金融深化[J]. 中国农村经济，（10）：42-48.

何广文. 2004. 中国农村金融转型与金融机构多元化[J]. 中国农村观察，（2）：12-20.

何广文，冯兴元，林万龙，等. 2005. 农户信贷、农村中小企业融资与农村金融市场[M]. 北京：中国财政经济出版社.

何广文，何婧，郭沛. 2018. 再议农户信贷需求及其信贷可得性[J]. 农业经济问题，（2）：38-49.

何广文，李莉莉. 2011. 大型商业银行的小额信贷之路——兼论与新型农村金融机构间的合作机制[J]. 农村金融研究，（5）：21-26.

洪正. 2011. 新型农村金融机构改革可行吗?——基于监督效率视角的分析[J]. 经济研究，46（2）：44-58.

洪正，王万峰，周轶海. 2010. 道德风险、监督结构与农村融资机制设计——兼论我国农村金融体系改革[J]. 金融研究，（6）：189-206.

胡国晖，郑萌. 2013. 农业供应链金融的运作模式及收益分配探讨[J]. 农村经济，（5）：45-49.

胡联，汪三贵，王娜. 2015. 贫困村互助资金存在精英俘获吗——基于5省30个贫困村互助资金试点村的经验证据[J]. 经济学家，（9）：78-85.

胡士华，卢满生. 2011. 信息、借贷交易成本与借贷匹配——来自农村中小企业的经验证据[J]. 金融研究，（10）：100-111.

黄惠春. 2014. 农村土地承包经营权抵押贷款可得性分析——基于江苏试点地区的经验证据. 中国农村经济，（3）：48-57.

黄宗智. 2000a. 华北的小农经济与社会变迁[M]. 北京：中华书局.

黄宗智. 2000b. 长江三角洲小农家庭与乡村发展[M]. 北京：中华书局.

黄祖辉，俞宁. 2010. 新型农业经营主体：现状、约束与发展思路——以浙江省为例的分析[J]. 中国农村经济，（10）：16-26，56.

姬顺玉，王晶，刘伟. 2015. 农村妇女小额担保贷款发放的对象特征及影响因素研究——基于甘肃省微观调查数据[J]. 西北人口，（1）：123-128.

贾晋，肖建. 2017. 精准扶贫背景下农村普惠金融创新发展研究[J]. 理论探讨，（1）：70-75.

江春，赵秋蓉. 2015. 关于构建我国普惠金融体系的理论思考——国外金融发展如何更好地减缓贫困理论的启示[J]. 福建论坛（人文社会科学版），（3）：24-29.

姜安印，张庆国. 2016. 中国减贫经验在“一带一路”建设中的互鉴性[J]. 中国流通经济，30（4）：55-63.

李建军，卢盼盼. 2016. 中国居民金融服务包容性测度与空间差异[J]. 经济地理，36（3）：118-124.

李明贤，叶慧敏. 2012. 普惠金融与小额信贷的比较研究[J]. 农业经济问题（月刊），33（9）：44-49，111.

李锐，朱喜. 2007. 农户金融抑制及其福利损失的计量分析[J]. 经济研究，（2）：146-155.

李似鸿. 2010. 金融需求、金融供给与乡村自治——基于贫困地区农户金融行为的考察与分析[J]. 管理世界，（1）：74-87.

李晓龙，冉光和. 2018. 中国金融抑制、资本扭曲与技术创新效率[J]. 经济科学，（2）：60-74.

李延敏，房琳. 2014. 农企合作与农村金融联结中介组织的筛选[J]. 金融发展研究，（6）：51-56.

李莹星. 2015. 小额信贷能改善穷人福利吗?——微观影响评估研究综述[J]. 农业经济问题（月刊），36（10）：86-95，112.

列宁. 1972. 帝国主义是资本主义的最高阶段[M]. 北京：人民出版社.

林毅夫. 1988. 小农与经济理性[J]. 农村经济与社会，（3）：31-33.

林毅夫. 2000. 再论制度、技术与中国农业发展[M]. 北京：北京大学出版社.

林毅夫，蔡昉，李周. 1999. 中国的奇迹：发展战略与经济改革. 上海：上海三联书店，上海人民出版社.

林毅夫，孙希芳. 2008. 银行业结构与经济增长[J]. 经济研究，（9）：31-45.

刘畅，刘冲，马光荣. 2017. 中小金融机构与中小企业贷款[J]. 经济研究，（8）：65-77.

刘福毅，邹东海. 2004. 从金融抑制到政策导向型金融深化：农民增收的金融支持研究[J]. 金融研究，（12）：128-134.

刘吉运，王长德. 2011. 农村正规金融的融资创新现状及政策建议[N]. 金融时报，2011-12-12.

刘金海. 2007. 社会化小农的历史进程：中国的经验[J]. 华中师范大学学报（人文社会科学版），46（4）：2-7.

刘金海. 2013. “社会化小农”：含义、特征及发展趋势[J]. 学术月刊，45（8）：12-19.

刘奇. 2018. 中国乡土社会面临十大转变[J]. 中国发展观察，（7）：55-57.

刘升. 2015. 精英俘获与扶贫资源资本化研究——基于河北南村的个案研究[J]. 南京农业大学学报（社会科学版），15（5）：25-30，127-138.

刘西川. 2012. 村级发展互助资金的目标瞄准、还款机制及供给成本——以四川省小金县四个样本村为例[J]. 农业经济问题，（8）：65-72.

刘西川，陈立辉，杨奇明. 2014a. 农户正规信贷需求与利率：基于 Tobit Ⅲ模型的经验考察[J]. 管理世界（月刊），（3）：75-91.

刘西川，杨奇明，陈立辉. 2014b. 农户信贷市场的正规部门与非正规部门：替代还是互补[J]. 经济研究，（11）：145-158，188.

刘锡良，陈鹏. 2011. 农村商业金融与熟人社会信用联结机制——双水村担保合作社模式[J]. 金融发展评论，（1）：127-140.

罗来武，刘玉平，卢宇荣. 2004. 从“机构观”到“功能观”：中国农村金融制度创新的路径选择[J]. 中国农村经济，（8）：20-25.

吕家进. 2014. 普惠金融体系如何构建[N]. 光明日报，2014-06-12（016）.

马丁丑，刘发跃，杨林娟，等. 2011. 欠发达地区农民专业合作社信贷融资与成长发育的实证分析——基于对甘肃省示范性农民专业合作社的调查[M]. 中国农村经济，（7）：34-41.

马克思. 2004. 资本论（第 2 卷）[M]. 中共中央马克思恩格斯列宁斯大林著作编译局译. 北京：人民出版社.

马克思，恩格斯. 1973. 马克思恩格斯全集[M]. 中共中央马克思恩格斯列宁斯大林著作编译局译. 北京：人民出版社.

马晓青，黄祖辉. 2010. 农户信贷需求与融资偏好差异化比较研究——基于江苏省 588 户农户调查问卷[J]. 南京农业大学学报（社会科学版），10（1）：57-63.

孟昭坤. 2008. 东盟四国小额信贷发展研究[D]. 厦门大学硕士学位论文.

米运生，戴文浪，董丽. 2013. 农村金融的新范式：金融联结——比较优势与市场微观结构[J]. 财经研究，（5）：112-122.

米运生，曾泽莹，高亚佳. 2017. 农地转出、信贷可得性与农户融资模式的正规化[J]. 农业经济问题（月刊），（5）：36-45，110-111.

农业银行国际业务部课题组. 2007. 印尼人民银行在农村的商业化运作[J]. 农村金融研究，（10）：50-56.

潘纬. 2013. 订单农业贷款运作模式及其功能拓展研究——以安徽省霍邱柳编订单农业贷款为案例[J]. 金融纵横，（8）：56-63.

恰亚诺夫 A. 1996. 农民经济组织[M]. 萧正洪译. 北京：中央编译出版社.

钱水土. 2006. 县域经济发展中的县域金融体系重构：浙江案例[J]. 金融研究，（9）：148-157.

石俊志. 2007. 小额信贷发展模式的国际比较及其对我国的启示[J]. 国际金融研究，（10）：4-9.

苏静，胡宗义. 2015. 农村金融减贫的直接效应与中介效应——基于状态空间模型和中介效应检验的动态分析[J]. 财经理论与实践（双月刊），36（196）：33-38.
苏士儒，段成东，李文靖，等. 2006. 农村非正规金融发展与金融体系建设[J]. 金融研究，（5）：167-180.
粟芳，方蕾. 2016. “有为政府”与农村普惠金融发展——基于上海财经大学 2015“千村调查”[J]. 财经研究，42（12）：72-83.
谭霖. 2013. 农村小额信贷中的村庄信任机制：基于清远案例[J]. 南方金融，（8）：62-65.
谭正航. 2016. 我国农村金融扶贫法律制度的变迁、检视与创新[J]. 理论导刊，（6）：20-24.
唐高原. 2009. 印度小额信贷发展及其对中国的启示[J]. 南亚研究季刊，（2）：68-71.
田霖. 2012. 我国农村金融包容的区域差异与影响要素解析[J]. 金融理论与实践，（11）：39-48.
童馨乐，褚保金，杨向阳. 2011. 社会资本对农户借贷行为影响的实证研究——基于八省 1003 个农户的调查数据[J]. 金融研究，（12）：177-191.
汪三贵，陈虹妃，杨龙. 2011. 村级互助金的贫困瞄准机制研究[J]. 贵州社会科学，（9）：47-53.
王春超，赖艳. 2017. 金融抑制与企业融资渠道选择行为研究[J]. 经济评论，（5）：51-63.
王定祥. 2006. 金融产业资本循环理论与政策研究[D]. 西南大学博士学位论文.
王定祥，李伶俐，冉光和. 2009. 金融资本形成与经济增长[J]. 经济研究，（9）：39-51.
王定祥，李伶俐，王小华. 2010. 中国农村金融制度演化逻辑与改革启示[J]. 上海经济研究，（11）：20-27.
王定祥，田庆刚，李伶俐，等. 2011. 贫困型农户信贷需求与信贷行为实证研究[J]. 金融研究，（5）：124-138.
王芳. 2005. 我国农村金融需求与农村金融制度：一个理论框架[J]. 金融研究，（4）：89-98.
王国刚. 2018. 从金融功能看融资、普惠和服务“三农”[J]. 中国农村经济，（3）：2-14.
王国华，李克强. 2006. 论我国农村金融抑制与金融制度创新[J]. 中央财经大学学报，（5）：27-33，46.
王宁，王丽娜，赵建玲. 2014. 普惠金融发展与贫困减缓的内在逻辑[J]. 河北大学学报（哲学社会科学版），39（2）：127-131.
王曙光. 2008. 新型农村金融机构运行绩效与机制创新[J]. 中共中央党校学报，12（2）：60-65.
王曙光，等. 2013. 普惠金融：中国农村金融重建中的制度创新与法律框架[M]. 北京：北京大学出版社.
王伟，朱一鸣. 2018. 普惠金融与县域资金外流：减贫还是致贫——基于中国 592 个国家级贫困县的研究[J]. 经济理论与经济管理，（1）：98-108.
王文成，周津宇. 2012. 农村不同收入群体借贷的收入效应分析——基于农村东北地区的农户调查数据[J]. 中国农村经济，（5）：77-84.
王小华. 2015. 农民收入超常规增长的要素配置与政策调控[D]. 西南大学博士学位论文.

王小华，田庆刚，王定祥. 2011. 东南亚国家农村扶贫信贷制度的比较与启示[J]. 上海金融学院学报，（2）：93-102.

王小华，王定祥，温涛. 2014a. 中国农贷的减贫增收效应：贫困县与非贫困县的分层比较[J]. 数量经济技术经济研究，（9）：40-55.

王小华，温涛，王定祥. 2014b. 县域农村金融抑制与农民收入内部不平等[J]. 经济科学，（2）：44-54.

王修华，关键. 2014. 中国农村金融包容水平测度与收入分配效应[J]. 中国软科学，（8）：150-161.

王瑜，汪三贵. 2016. 特殊类型贫困地区农户的贫困决定与收入增长[J]. 贵州社会科学，（5）：145-155.

王煜宇. 2011. 农村金融法制化：国际经验与启示[J]. 农业经济问题（月刊），32（8）：102-109，80，112.

王煜宇. 2012. 新型农村金融服务主体与发展定位：解析村镇银行[J]. 改革，（4）：116-123.

王煜宇. 2017. 农村金融法制化的他国镜鉴[J]. 改革，（4）：150-159.

王煜宇，刘乃梁. 2016. 新型农村金融机构的制度障碍与法律完善[J]. 西北农林科技大学学报（社会科学版），16（2）：117-125.

温涛. 2008. 农村金融风险控制与战略重组研究——基于中国新农村建设的现实背景[M]. 重庆：西南师范大学出版社.

温涛. 2011. 农村资金配置绩效评价与制度创新研究[M]. 重庆：西南师范大学出版社.

温涛，白继山，王小华. 2015. 基于Lotka-Volterra模型的中国农村金融市场竞争关系分析[J]. 中国农村经济，（10）：42-54.

温涛，等. 2014. 农村金融可持续发展的服务创新与动态竞争战略研究[M]. 北京：北京师范大学出版社.

温涛，刘达. 2019. 农村金融扶贫：逻辑、实践与机制创新[J]. 社会科学战线，（2）：65-71，281，2.

温涛，王煜宇. 2018. 改革开放 40 周年中国农村金融制度的演进逻辑与未来展望[J]. 农业技术经济，（1）：24-31.

温涛，王汉杰，王小华. 2015a. 发达国家农民增收经济政策的经验比较及启示[J]. 江西财经大学学报，（6）：84-94.

温涛，王汉杰，王小华，等. 2018. “一带一路”沿线国家的金融扶贫：模式比较、经验共享与中国选择[J]. 农业经济问题，（5）：114-129.

温涛，王小华，杨丹，等. 2015b. 新形势下农户参与合作经济组织的行为特征、利益机制及决策效果[J]. 管理世界，（7）：82-97.

温涛，熊德平. 2008. “十五”期间各地区农村资金配置效率比较[J]. 统计研究，25（4）：82-89.

温涛，朱炯，王小华. 2016. 中国农贷的“精英俘获”机制：贫困县与非贫困县的分层比较[J]. 经济研究，（2）：111-125.

温铁军，姜柏林. 2007. 把合作金融还给农民——重构“服务三农的农村金融体系”的建议[J]. 农村金融研究，（1）：43-44.

魏后凯. 2020. “十四五”时期中国农村发展若干重大问题[J]. 中国农村经济，（1）：1-16.

魏后凯，刘长全. 2019. 中国农村改革的基本脉络、经验与展望[J]. 中国农村经济，（2）：2-18.

吴本健，葛宇航，马九杰. 2019. 精准扶贫时期财政扶贫与金融扶贫的绩效比较——基于扶贫对象贫困程度差异和多维贫困的视角[J]. 中国农村经济，（7）：21-36.

吴国华. 2013. 进一步完善中国农村普惠金融体系[J]. 经济社会体制比较，（4）：32-45.

吴晓灵. 2003. 重构农村金融体系 支持县域经济发展[J]. 中国金融，（10）：4-6.

吴晓灵. 2006. 完善农村金融服务体系 支持社会主义新农村建设[J]. 中国金融，（11）：6-7.

吴晓灵. 2015. 普惠金融的根基[J]. 中国金融，（19）：31-33.

吴晓灵. 2017. 完善金融立法与强化金融监管[J]. 经济导刊，（10）：24-28.

武翔宇. 2008. 我国农村金融联结制度的设计[J]. 金融研究，（8）：156-165.

武翔宇，高凌云. 2009. 印度的小额信贷：自助小组—银行联结[J]. 农业经济问题（月刊），30（1）：104-109.

希法亭 R. 1994. 金融资本——资本主义最新发展的研究[M]. 福民等译. 北京：商务印书馆.

希法亭 R. 2017. 金融资本[M]. 李琼译. 北京：华夏出版社.

项俊波. 2011. 构建普惠农村金融体系 服务城乡统筹发展[J]. 中国农村金融，（2）：7-10.

谢平. 2001. 中国农村信用合作社体制改革的争论[J]. 金融研究，（1）：1-13.

谢平，徐忠，沈明高. 2006. 农村信用社改革绩效评价[J]. 金融研究，（1）：23-39.

谢玉梅，徐玮，程恩江，等. 2016. 精准扶贫与目标群小额信贷：基于协同创新视角的个案研究[J]. 农业经济问题，（9）：79-88.

邢成举. 2015. 村庄视角的扶贫项目目标偏离与“内卷化”分析[J]. 江汉学术，34（5）：18-26.

邢成举. 2017. 产业扶贫与扶贫“产业化”——基于广西产业扶贫的案例研究[J]. 西南大学学报（社会科学版），43（5）：63-70.

熊德平. 2009. 农村金融与农村经济协调发展研究[M]. 北京：社会科学文献出版社.

徐勇. 2006. “再识农户”与社会化小农的建构[J]. 华中师范大学学报（人文社会科学版），45（3）：2-8.

徐勇，邓大才. 2006. 社会化小农：解释当今农户的一种视角[J]. 学术月刊，38（7）：5-13.

徐璋勇，杨贺. 2014. 农户信贷行为倾向及其影响因素分析——基于西部 11 省（区）1664 户农户的调查[J]. 中国软科学，（3）：45-56.

许桂红. 2013. 政策激励与新型农村金融机构可持续发展[J]. 商业研究，（4）：164-171.

许圣道，田霖. 2008. 我国农村地区金融排斥研究[J]. 金融研究，（7）：195-206.

杨大光，陈美宏. 2010. 农村金融风险分担及补偿机制研究[J]. 经济学动态，（6）：39-42.

杨峰. 2011. 我国农户联保贷款的制度缺陷与优化[J]. 农村经济，（10）：67-70.

姚耀军. 2006a. 农村金融体系资金配置：金融功能观视角下的反思与展望[J]. 金融理论与实践，（4）：29-32.

姚耀军. 2006b. 中国农村金融体系的资金配置功能分析[J]. 财经理论与实践（双月刊），27（142）：26-30.

余红永. 2015. 我国农村金融立法初探[J]. 金融发展评论，（6）：107-116.

余泉生，周亚虹. 2014. 信贷约束强度与农户福祉损失——基于中国农村金融调查截面数据的实证分析[J]. 中国农村经济，（3）：36-47.

张兵，刘丹，李祎雯. 2014. 匹配经济学视角下农户借贷匹配决定因素的实证分析[J]. 经济科学，（4）：93-105.

张成思，刘贯春. 2016. 最优金融结构的存在性、动态特征及经济增长效应[J]. 管理世界（月刊），（1）：66-77.

张红宇. 2004. 中国农村金融组织体系：绩效、缺陷与制度创新[J]. 中国农村观察，（2）：2-11，80.

张杰. 2003. 中国农村金融制度：结构、变迁与政策[M]. 北京：中国人民大学出版社.

张杰. 2004. 解读中国农贷制度[J]. 金融研究，（2）：1-8.

张杰，刘东. 2006. 金融结构、金融生态与农村金融体系的建构——来自江苏农村地区的案例解析[J]. 当代经济科学，28（4）：40-48，125.

张立军，湛泳. 2006. 金融发展影响城乡收入差距的三大效应分析及其检验[J]. 数量经济技术经济研究，23（12）：73-81.

张龙耀，褚保金. 2010. 农村资产抵押化的前提与绩效：宁波样本[J]. 改革，（11）：86-90.

张龙耀，江春. 2011. 中国农村金融市场中非价格信贷配给的理论和实证分析. 金融研究，（7）：98-113.

张宁宁. 2016. 新常态下农村金融制度创新：关键问题与路径选择[J]. 农业经济问题，37（6）：69-74.

张琦. 2016. “2020 年后的扶贫减贫战略”笔谈——贫困形势研判与减贫策略调整[J]. 改革，（8）：64-67.

张伟. 2011. 微型金融理论研究[M]. 北京：中国金融出版社.

张晓山，何安耐. 2002. 关于农村金融体制改革的几点思考[J]. 农业经济问题，23（9）：41-45.

赵岩青，何广文. 2007. 农户联保贷款有效性问题研究[J]. 金融研究，（7）：61-77.

赵志华. 2004. 论县域金融服务中的深层次利益冲突与体系优化[J]. 金融研究，（9）：145-151.

周立，周向阳. 2009. 中国农村金融体系的形成与发展逻辑[J]. 经济学家，（8）：22-30.

周小川. 2013. 坚定不移推进金融改革 提高金融配置资源和服务实体经济能力[N]. 金融时报，2013-11-27（001）.

周振，伍振军，孔祥智. 2015. 中国农村资金净流出的机理、规模与趋势：1978～2012 年[J]. 管理世界，（1）：63-74.

朱玲，何伟. 2018. 工业化城市化进程中的乡村减贫 40 年[J]. 劳动经济研究，6（4）：3-31.

朱喜，李子奈. 2006. 我国农村正式金融机构对农户的信贷配给——一个联立离散选择模型的实证分析[J]. 数量经济技术经济研究，23（3）：37-49.

Adams M，Hillier D. 2000. The effect of captive insurer formation on stock returns：an empirical test from the UK[J]. Journal of Banking & Finance，24（11）：1787-1807.

Adetiloye K A. 2012. Agricultural financing in Nigeria：an assessment of the agricultural credit guarantee scheme fund（ACGSF）for food security in Nigeria（1978-2006）[J]. Journal of Economics，3（1）：39-48.

Aghion P，Bolton P. 1997. A theory of trickle-down growth and development[J]. Review of Economic Studies，64（2）：151-172.

Aghion P，Howitt P W. 2009. The Economics of Growth[M]. Cambridge：The MIT Press.

Alkire S，Santos M E. 2011. Acute multidimensional poverty：a new index for developing countries[R]. Queen Elizabeth House，University of Oxford.

Allen F，Gale D. 2000. Comparing Financial Systems[M]. Cambridge：The MIT Press.

Alwang J，Siegel P B，Jorgensen S L. 2001. Vulnerability：a view from different disciplines[J]. Social Protection & Labor Policy & Technical Notes，5（6）：1-60.

Argent N M，Rolley F. 2010. Financial exclusion in rural and remote new south wales，Australia：a geography of bank branch rationalisation，1981-98[J]. Geographical Research，38（2）：182-203.

Arora R U. 2010. Measuring financial access[R]. Discussion Papers in Economics：201007，Griffith University，Department of Accounting，Finance and Economics.

Augsburg B，de Haas R，Harmgart H，et al. 2013. Microfinance and poverty alleviation[R]. Tilburg：Center Discussion Paper（2013-075）.

Awojobi O，Bein M A. 2011. Microfinancing for poverty reduction and economic development：a case for Nigeria[J]. International Research Journal of Finance and Economics，1（72）：159-168.

Ayuub S. 2013. Impact of microfinance on poverty alleviation. A case study of NRSP in Bahawalpur of Pakistan[J]. International Journal of Academic Research in Accounting，Finance & Management Sciences，3（1）：119-135.

Banerjee A，Duflo E，Glennerster R，et al. 2015. The miracle of microfinance? Evidence from a randomized evaluation[J]. American Economic Journal：Applied Economics，7（1）：22-53.

Banerjee S B，Jackson L. 2017. Microfinance and the business of poverty reduction：critical perspectives from rural Bangladesh[J]. Human Relations，70（1）：63-91.

Barboni G，Cassar A，Demont T. 2017. Financial exclusion in developed countries：a field experiment among migrants and low-income people in Italy[J]. Journal of Behavioral Economics for Policy，1（2）：39-49.

Barslund M，Tarp F. 2008. Formal and informal rural credit in four provinces of Vietnam[J]. Journal of Development Studies，44（4）：485-503.

Baum C F，Schafer D，Talavera O. 2011. The impact of the financial system's structure on firms' financial constraints[J]. Journal of International Money & Finance，30（4）：678-691.

Beck T，Demirgüç-Kunt A，Honohan P. 2009a. Access to financial services：measurement，impact，and policies[J]. World Bank Research Observer，24（1）：119-145.

Beck T，Demirgüç-Kunt A，Laeven L，et al. 2009b. Finance，firm size，and growth[J]. Journal of Money，Credit and Banking，40（7）：1379-1405.

Beck T，Demirgüç-Kunt A，Levine R. 2004. Finance，inequality，and poverty：cross-country evidence[R]. Policy Research Working Paper Series 3338.

Beck T，Demirgüç-Kunt A，Levine R. 2007. Finance，inequality and the poor[J]. Journal of Economic Growth，12（1）：27-49.

Benhabib A，Ziani T，Bettahar S，et al. 2007. The analysis of poverty dynamics in Algeria：a multidimensional approach[R]. Topics in Middle Eastern and African Economies，Vol.9，Middle East Economic Association and Loyola University Chicago.

Bentley K. 2004. Women's human rights and the feminisation of poverty in South Africa[J]. Review of African Political Economy，31（100）：247-261.

Besley T. 1994. How do market failures justify interventions in rural credit markets?[J]. World Bank Research Observer，9（1）：27-47.

Besley T. 1995. Nonmarket institutions for credit and risk sharing in low-income countries[J]. Journal of Economic Perspectives，9（3）：115-127.

Betti G，Verma V. 2008. Fuzzy measures of the incidence of relative poverty and deprivation：a multi-dimensional perspective[J]. Statistical Methods & Applications，17（2）：225-250.

Binswanger H P，Khandker S R. 1995. The impact of formal finance on the rural economy of India[J]. Journal of Development Studies，32（2）：234-262.

Borne F V D. 2018. Trying to survive in times of poverty and AIDS：women and multiple partner sex in Malawi[J]. Amsterdam，18（4）：404.

Boucher S R，Guirkinger C. 2007. Risk，wealth，and sectoral choice in rural credit markets[J]. American Journal of Agricultural Economics，89（4）：991-1004.

Boucher S R，Guirkinger C，Trivelli C. 2009. Direct elicitation of credit constraints：conceptual and practical issues with an application to peruvian agriculture[J]. Economic Development and Cultural Change，57（4）：609-640.

Burgess R，Pande R. 2005. Do rural banks matter? Evidence from the Indian social banking experiment[J]. American Economic Review，95（3）：780-795.

Camfield L，Crabtree A，Roelen K. 2013. Editorial：poverty，vulnerability and resilience in a post-2015 world[J]. Social Indicators Research，113（2）：599-608.

Caporale G M，Rault C，Sova A D，et al. 2015. Financial development and economic growth：evidence from 10 new European Union members[J]. International Journal of Finance & Economics，20（1）：48-60.

Cerioli A，Zani S. 1990. A fuzzy approach to the measurement of poverty[C]//Dagum C，Zenga M. Income and Wealth Distribution，Inequality and Poverty. Berlin：Heidelberg：272-284.

Cetorelli N，Gambera M. 2001. Banking structure，financial dependence and growth：international evidence from industry data[J]. Journal of Finance，56（2）：617-648.

Cetorelli N，Peretto P F. 2000. Oligopoly banking and capital accumulation[R]. Working Paper，Federal Reserve Bank of Chicago.

CGAP. 2004. Building inclusive financial systems：donor guidelines on good practice in microfinance[Z]. The World Bank.

Chakravarty S R，Pal R. 2010. Measuring financial inclusion：an axiomatic approach[R]. Microeconomics Working Papers.

Chambers R. 1995. Poverty and livelihoods：whose reality counts?[J]. Environment and Urbanization，7（1）：173-204.

Chapple D G，Mccoull C J，Swain R. 2002. Changes in reproductive investment following caudal autotomy in viviparous skinks（niveoscincus metallicus）：lipid depletion or energetic diversion?[J]. Journal of Herpetology，36（3）：480-486.

Chaudhuri S，Jalan J，Suryahadi A. 2002. Assessing household vulnerability to poverty from cross-sectional data：a methodology and estimates from Indonesia[R]. Columbia University Department of Economics Discussion Paper Series.

Cheli B，Lemmi A. 1995. A "totally" fuzzy and relative approach to the multidimensional analysis of poverty[J]. Economic Notes，24（1）：115-134.

Chibba M. 2009. Financial inclusion，poverty reduction and the millennium development goals[J]. European Journal of Development Research，21（2）：213-230.

Cho D C. 1984. On testing the arbitrage pricing theory：inter battery factor analysis[J]. The Journal of Finance，39（5）：1485-1502.

Corrado G，Corrado L. 2017. Inclusive finance for inclusive growth and development[J]. Current Opinion in Environmental Sustainability，24：19-23.

Darrat A. 1999. Are financial deepening and economic growth causally related? Another look at the evidence[J]. International Economic Journal，13（3）：19-35.

de Koker L，Jentzsch N. 2013. Financial inclusion and financial integrity：aligned incentives?[J]. World Development，44：267-280.

Deaton A. 1991. Saving and liquidity constraints[J]. Econometrica，59（5）：1221-1248.

Deaton A. 2004. Erratum：measuring poverty in a growing world（or measuring growth in a poor world）[J]. The Review of Economics and Statistics，87（2）：395.

Demirgüç-Kunt A，Klapper L F. 2012. Measuring financial inclusion：the global findex database[R]. World Bank Policy Research Working Paper（6025）.

Demirgüç-Kunt A，Levine R. 2009. Finance and inequality：theory and evidence[J]. Annual Review of Financial Economics，1（1）：287-318.

Dercon S，Krishnan P. 2000. Vulnerability，seasonality and poverty in Ethiopia[J]. The Journal of Development Studies，36（6）：25-53.

Dollar D，Kraay A. 2002. Growth is good for the poor[J]. Journal of Economic Growth，7（3）：195-225.

Duflo E，Dupas P，Kremer M，et al. 2006. Education and HIV/AIDS prevention：evidence from a randomized evaluation in western Kenya[R]. Policy Research Working Paper Series.

Dowla A. 2006. In credit we trust：building social capital by Grameen Bank in Bangladesh[J]. The Journal of Socio-Economics，35（1）：102-122.

Duara P. 1991. Culture，Power，and the State：Rural North China，1900-1942[M]. Palo Alto：Stanford University Press.

Duong P B，Izumida Y. 2002. Rural development finance in Vietnam：a microeconometric analysis of household surveys[J]. World Development，30（2）：319-335.

Feder G，Feeny D. 1991. Land tenure and property rights：theory and implications for development policy[J]. World Bank Economic Review，5（1）：135-153.

Feder G，Lau L J，Lin J Y，et al. 1990. The Relationship between credit and productivity in Chinese agriculture：a microeconomic model of disequilibrium[J]. American Journal of Agricultural Economics，72（5）：1151-1157.

Fernández-Olit B，Paredes-Gázquez J D，de la Cuesta-González M. 2018. Are social and financial exclusion two sides of the same coin? An analysis of the financial integration of vulnerable people[J]. Social Indicators Research，135（1）：245-268.

Ford J，Rowlingson K. 1996. Low-income households and credit：exclusion，preference and inclusion[J]. Environment and Planning A：Economy and Space，28（8）：1345-1360.

Fry M J. 1980a. Saving，investment，growth and the cost of financial repression[J]. World Development，8（4）：317-327.

Fry M J. 1980b. Money and capital or financial deepening in economic developments?[C]//Coates W L，Jr，Khatkhate D R. Money and Monetary Policy in Less Developed Countries. Oxford：

Pergamon Press：107-113.

Fry M J. 1982. Models of financially repressed developing economies[J]. World Development，10（9）：731-750.

Fry M J. 1993. Foreign debt accumulation：financial and fiscal effects and monetary policy reactions in developing countries[J]. Journal of International Money and Finance，12（4）：347-367.

FSA. 2000. Better Informed Consumers：Assessing the Implications for Consumer Education of Research by BMRB[M]. London：Financial Services Authority.

Fuchs V R. 1967. Redefining poverty and redistributing income[J]. The Public Interest，14（8）：88.

Gaiha R，Imai K，Nandhi M A. 2009. Millennium development goal of halving poverty in Asia：progress，prospects and priorities[J]. Journal of Asian and African Studies，44（2）：215-237.

Galbis V. 1977. Financial intermediation and economic growth in less-developed countries：a theoretical approach[J]. Journal of Development Studies，13（2）：58-72.

Galor O，Zeira J. 1993. Income distribution and macroeconomics[J]. Review of Economic Studies，60（1）：35-52.

Geda A，Shimeles A，Zerfu D. 2006. Finance and poverty in Ethiopia：a household level analysis[R]. Working Papers RP2006 /51，World Institute for Development Economic Research.

Ghalib A K，Malki I，Imai K S. 2015. Microfinance and household poverty reduction：empirical evidence from rural Pakistan[J]. Oxford Development Studies，43（1）：84-104.

Gine X，Townsend R M. 2004. Evaluation of financial liberalization：a general equilibrium model with constrained occupation choice[J]. Journal of Development Economics，74（2）：269-307.

Goldblatt B. 2009. The right to social security-addressing women's poverty and disadvantage[J]. South African Journal on Human Rights，25（3）：442-466.

Goldsmith R W. 1969. Financial Structure and Development[M]. New Haven：Yale University Press.

Gonzalea-Vega C. 1984. Credit-rationing Behavior of Agricultural Lenders：The Iron Law of Interest Restrictions[M]. Boulder：Westview Press.

Greenwood J，Jovanovic B. 1990. Financial development，growth，and the distribution of income[J]. The Journal of Political Economy，98（10）：1076-1107.

Greenwood J，Smith B D. 1997. Financial markets in development，and the development of financial markets[J]. Journal of Economic Dynamics and Control，21（1）：145-181.

Gulli H. 1998. Microfinance and Poverty：Questioning the Conventional Wisdom[M]. New York：IDB Publications.

Gupte R，Venkataramani B，Gupta D. 2012. Computation of financial inclusion index for India[J]. Procedia Social and Behavioral Sciences，37（1）：133-149.

Gurley J G，Shaw E S. 1955. Financial aspects of economic development[J]. The American

Economic Review，45（4）：515-538.

Hannig A，Jansen S. 2010. Financial inclusion and financial stability：current policy issues[R]. Asian Development Bank Institute Working Paper，No. 259，December 21.

Harper M，Berkhof A，Ramakrishna R V. 2005. SHG-Bank linkage：a tool for reforms in cooperatives?[J]. Economic and Political Weekly，40（17）：1720-1725.

Hasan I，Horvath R，Mares J. 2016. What type of finance matters for growth? Bayesian model averaging evidence[J]. World Bank Economic Review，32（2）：383-409.

Hashemi S，Rosenberg R. 2006. Graduating the poorest into microfinance：linking safety nets and financial services[J]. The Consultative Group to Assist the Poor：Focus Note，（34）：1-8.

Hassan M K，Sanchez B，Yu J S. 2011. Financial development and economic growth：new evidence from panel data[J]. The Quarterly Review of Economics and Finance，51（1）：88-104.

Hayek F. 1960. The Constitution of Liberty[M]. Chicago：University of Chicago Press.

Hoddinott J，Quisumbing A. 2010. Methods for microeconometric risk and vulnerability assessment[C]// Fuentes-Nieva R，Seck P A. Risk，Shocks，and Human Development. London：Palgrave Macmillan：62-100.

Huang Y P，Wang X. 2011. Does financial repression inhibit or facilitate economic growth? A case study of chinese reform experience[J]. Oxford Bulletin of Economics & Statistics，73（6）：833-855.

Hulme D，Mosley P. 1996. Finance Against Poverty[M]. London：Routledge.

Ihugba O A，Bankong B，Ebomuche N C. 2014. The impact of Nigeria microfinance banks on poverty reduction：IMO state experience[J]. Mediterranean Journal of Social Science，4（16）：97-113.

Imai K，Azam S. 2012. Does microfinance reduce poverty in Bangladesh? New evidence from household panel data[J]. Journal of Development Studies，48（5）：633-653.

Imai K，Arun T，Annim S K. 2010a. Microfinance and household poverty reduction：new evidence from India[J]. World Development，38（12）：1760-1774.

Imai K，Gaiha R，Thapa G. 2010b. Is the millennium development goal on poverty still achievable? The role of institutions，finance and openness[J]. Oxford Development Studies，38（3）：309-337.

Imai K，Gaiha R，Thapa G，et al. 2012. Microfinance and poverty—a macro perspective[J]. World Development，40（8）：1675-1689.

Ivatury G. 2009. Using technology to build inclusive financial systems[R]. CGAP Focus Notes，NO. 32.

Jalilian H，Kirkpatrick C. 2002. Financial development and poverty reduction in developing countries[J]. International Journal of Finance & Economics，7（2）：97-108.

Jamal H. 2009. Assessing Vulnerability to Poverty：Evidence from Pakistan[R]. MPRA Paper，NO. 40228.

Jansson K H，Huisman C J，Lagerkvist C J，et al. 2013. Agricultural credit market institutions：a comparison of selected European countries[R]. Working Paper.

Jeanneney S G，Kpodar K. 2005. Financial development，financial instability and poverty[R]. CSAE Working Paper.

Kaidi N，Mensi S，Amor M B. 2019. Financial development，institutional quality and poverty reduction：worldwide evidence[J]. Social Indicators Research，141（1）：131-156.

Kapur B K. 1976. Alternative stabilization policies for less-developed economies[J]. Journal of Political Economy，84（1）：777-795.

Kempson E，Collard S，Moore N. 2005. Measuring financial capability：an exploratory study[R]. Personal Finance Research Centre，University of Bristol，Financial Services Authority.

Kempson E，Whyley C. 1998. Access to Current Accounts[M]. London：British Bankers Association.

Kempson E，Whyley C. 1999a. Kept Out or Opted Out? Understanding and Combating Financial Exclusion[M]. Bristol：Policy Press.

Kempson E，Whyley C. 1999b. Understanding and combating financial exclusion[J]. Insurance Trends，21：18-22.

Khandker S. 1998. Fighting Poverty with Microcredit：Experience in Bangladesh[M]. New York：Oxford University Press.

Khandker S. 2001. Does microfinance really benefit the poor? Evidence from Bangladesh[R]. Paper Delivered at Asia and Pacific Forum on Poverty：Reforming Policies and Institutions for Poverty Reduction，Asian Development Bank，Manila.

Khandker S. 2003. Microfinance and poverty：evidence using panel data from Bangladesh[R]. World Bank Policy Research Paper 2945，World Bank，Washington.

Khandker S. 2005. Microfinance and poverty：evidence using panel data from Bangladesh[J]. The World Bank Economic Review，19（2）：263-286.

Khandker S R，Koolwal G B. 2016. How has microcredit supported agriculture? Evidence using panel data from Bangladesh[J]. Agricultural Economics，47（2）：157-168.

Khandker S R，Samad H A，Khan Z H. 1998. Income and employment effects of micro-credit programmes：village-level evidence from Bangladesh[J]. The Journal of Development Studies，35（2）：96-124.

Klasen S，Waibel H. 2015. Vulnerability to poverty in South-East Asia：drivers，measurement，responses，and policy issues[J]. World Development，71：1-3.

Klychova G S. 2014. Priorities of agricultural credit cooperation development[J]. Mediterranean Journal of Social Sciences，5（18）：215.

Kochar A. 1997. An empirical investigation of rationing constraints in rural credit markets in India[J]. Journal of Development Economics，53（2）：339-371.

Lenoir R，Les E. 1974. Un Francis Sur Dix[M]. Paris：Seuil.

Levine R. 1997. Financial development and economic growth：views and agenda[J]. Journal of Economic Literature，35（2）：688-726.

Lewis W A. 1954. Economic development with unlimited supplies of labour[J]. The Manchester School，22（2）：139-191.

Leyshon A，Thrift N. 1993. The restructuring of the UK financial services industry in the 1990s：a reversal of fortune?[J]. Journal of Rural Studies，9（3）：223-241.

Leyshon A，Thrift N. 1994. Access to financial services and financial infrastructure withdrawal：problems and policies[J]. Area，26：268-275.

Leyshon A，Thrift N. 1995. Geographies of financial exclusion：financial abandonment in Britain and the United States[J]. Transactions of the Institute of British Geographers，New Series，20：312-241.

Leyshon A，Thrift N，Pratt J. 1997. Inside/outside：geographies of financial inclusion and exclusion in Britain[R]. Work Paper，Nottingham University，Nottingham.

Ligon E，Schechter L. 2003. Measuring vulnerability[J]. Economic Journal，113（486）：C95-C102.

Martinetti E C. 2000. A multidimensional assessment of well-being based on Sen's functioning approach[J]. Rivista Internazionale Di Scienze Sociali，108（10）：207-239.

Martins D，Tareen N，Zadshir A，et al. 2006. The association of poverty with the prevalence of albuminuria：data from the third national health and nutrition examination survey（NHANES iii）[J]. American Journal of Kidney Diseases，47（6）：965-971.

Matin I，Hulme D，Rutherford S. 2002. Finance for the poor：from microcredit to microfinancial services[J]. Journal of International Development，14（2）：273-294.

McCulloch N，Baulch B. 2000. Simulating the impact of policy upon chronic and transitory poverty in rural Pakistan[J]. Journal of Development Studies，36（6）：440-445.

McKinnon R I. 1973. Money and capital in economic development[R]. Brooking Institution，Washington DC.

Mosley P，Hulme D. 1998. microenterprise finance：is there a conflict between growth and poverty alleviation?[J]. World Development，26（5）：783-790.

Nurkse R. 1953. Problems of Capital Formation in Underdeveloped Countries[M]. New York：Oxford University Press.

Pal D，Laha A K. 2015. Sectoral credit choice in rural India[J]. Journal of Choice Modelling，14：1-16.

Park C Y，Mercado R. 2018. Financial inclusion，poverty，and income inequality[J]. The Singapore Economic Review，63（1）：185-206.

Patrick H T. 1966. Financial development and economic growth in undeveloped counties[J]. Economic Development and Cultral Change，34（4）：174-189.

Petersen M A，Rajan R G. 1995. The effect of credit market competition on lending relationships[J]. Quarterly Journal of Economics，110（2）：407-443.

Pickens M，Porteous D，Rotman S. 2009. Banking the poor via G2P payments[R]. Focus Note，NO.58.

Pitt M M，Khandker S R. 1998. The impact of group-based credit programs on poor households in Bangladesh：does the gender of participants matter?[J]. Journal of Political Economy，106（5）：958-996.

Polanyi K. 1957. The Great Transformation：The Political and Economic Origin of Our Time[M]. Boston：Beacon Press.

Popkin S L. 1979. The Rational Peasant：The Political Economy of Rural Society in Vietnam[M]. Berkely：University of California Press.

Pritchett L，Suryahadi A，Sumarto S. 2000. Quantifying vulnerability to poverty：a proposed measure，applied to Indonesia[R]. Policy Research Working Paper Series NO.2437.

Qian M，Huang Y. 2016. Political institutions，entrenchments，and the sustainability of economic development–a lesson from rural finance[J]. China Economic Review，40：152-178.

Ram R. 1999. Financial development and economic growth：additional evidence[J]. Journal of Development Studies，35（4）：164-174.

Rewilak J. 2013. Finance is good for the poor but it depends where you live[J]. Journal of Banking & Finance，37（5）：1451-1459.

Rowntree B S. 1901. Poverty：A study of Town Life[M]. New York：Macmillan.

Runciman W G. 1966. Relative Deprivation and Social Justice：A Study of Attitudes to Social Inequality in Twentieth Century England[M]. London：Routldge & Paul.

Sarma M. 2008. Index of financial inclusion[R]. Indian Council for Research on International Economic Relations New Delhi Working Papers.

Sarma M. 2012. Index of financial inclusion–a measure of financial sector inclusiveness[J]. Social Science Electronic Publishing，71（71）：36-44.

Sarma M，Pais J. 2011. Financial inclusion and development[J]. Journal of International Development，23（5）：613-628.

Sawhill I V. 1988. Poverty in the US：why is it so persistent?[J]. Journal of Economic Literature，

26（3）：1073-1119.

Scholes M，Beston G J，Smith C W，Jr. A transactions cost approach to the theory of financial intermediation[J]. Journal of Finance，31（2）：215-231.

Schultz T W. 1964. Transforming Traditional Agriculture[M]. New Haven：Yale University Press.

Scott J C. 1977. The Moral Economy of the Peasant：Rebellion and Subsistence in Southeast Asia[M]. New Haven：Yale University Press.

Sehrawat M，Giri A K. 2016. Financial development，poverty and rural-urban income inequality：evidence from South Asian countries[J]. Quality & Quantity，50（2）：577-590.

Sen A. 1976. Poverty：an ordinal approach to measurement[J]. Econometrica，44（2）：219-231.

Sen A. 1981. Poverty and Famines：An Essay on Entitlement and Deprivation[M]. Oxford：Oxford University Press.

Sen K. 2010. Towards inclusive financial development for achieving the MDGs in Asia and the Pacific[R]. MPDD Working Paper.

Shaw E S. 1973. Financial Deepening in Economic Development[M]. Oxford：Oxford University Press.

Sheremenko G，Escalante C L，Florkowski W J. 2017. Financial sustainability and poverty outreach：the case of microfinance institutions in Eastern Europe and Central Asia[J]. European Journal of Development Research，29（1）：230-245.

Stiglitz J E，Weiss A. 1981. Credit rationing in markets with imperfect information[J]. American Economic Review，71（3）：393-410.

Strobel P. 1996. From poverty to exclusion：a wage-earning society or a society of human rights?[J]. International Social Science Journal，48（148）：173-189.

Swain R B，Floro M. 2012. Assessing the effect of microfinance on vulnerability，poverty and risk in low income households[J]. Journal of Development Studies，48（5）：605-618.

Tax S. 1953. Penny Capitalism：A Guatemalan Indian Economy[M]. New York：Octagoa Books.

Thirlwall A P. 2011. Economics of Development：Theory and Evidence[M]. New York：Palgrave Macmillan.

Tobin J，Brainard W C. 1962. Financial intermediaries and the effectiveness of monetary controls[J]. American Economic Review，53（2）：383-400.

Todaro M P. 1969. A model of labor migration and urban unemployment in less developed countries[J]. The American Economic Review，59（1）：138-148.

Townsend P. 1979. Poverty in the United Kingdom：A Survey of Household Resources and Standards of Living[M]. Berkely：University of California Press.

Uddin G S，Shahbaz M，Arouri M，et al. 2014. Financial development and poverty reduction nexus：a cointegration and causality analysis in Bangladesh[J]. Economic Modelling，36（1）：

405-412.

Udry C. 1994. Risk and insurance in a rural credit market：an empirical investigation in northern Nigeria[J]. The Review of Economic Studies，61（3）：495-526.

Ujunwa A，Salami O P，Nwakoby I，et al. 2012. Financial structure and economic growth in Nigeria：theory and evidence[J]. International Journal of Economics and Finance，4（4）：227-238.

UNDP. 1996. Human Development Report[M]. Oxford：Oxford University Press.

Ward K. 2016. Wealth，poverty，and economic inequality：a christian virtue response[D]. PhD. Dissertation of Boston College.

Weber R，Musshoff O. 2012. Is agricultural microcredit really more risky? Evidence from Tanzania[J]. Agricultural Finance Review，72（3）：416-435.

Woller G. 2002. The promise and peril of microfinance commercialization[J]. Small Enterprise Development，13（4）：12-21.

World Bank. 2011. Measuring changes in client lives through microfinance：contributions of different approaches[R]. World Bank Other Operational Studies.

Wright G. 2000. Microfinance Systems：Designing Quality Financial Services for the Poor[M]. London：Zed Books.